Bildlexikon der Handlesekunst

Peter Ripota

Bildlexikon der Handlesekunst

Vorherbestimmtes sichtbar machen

Gondrom

Grafiken: Hildegard Schneider

Sonderausgabe für den Gondrom Verlag,
Bindlach, 1990

CIP-Kurztitelaufnahme der Deutschen Bibliothek
Ripota, Peter:
Bildlexikon der Handlesekunst: Vorherbestimmtes sichtbar machen /
Peter Ripota. –

Buch- und Presserechte:
Dörnersche Verlagsges. mbH
Postfach 1106
2057 Reinbek b. Hamburg

ISBN 3-8112-0582-x

Vorwort

Die Hand ist ein Abbild des Menschen. Diese Weisheit finden wir bei allen Kulturvölkern der Antike. Besonders im indischen Raum wurde daraus eine Kunst, die uns durch die Zigeuner übermittelt und lebendig erhalten wurde. In der Hand spiegeln sich Eigenschaften des Menschen, Vorgänge in seinem Körper, Fähigkeiten seines Geistes. Aber auch die Erlebnisse der Vergangenheit und die Entwicklungsmöglichkeiten der Zukunft sind in ihr eingezeichnet. Es ist nicht immer leicht, die Zeichen der Hand zu deuten. Dazu gehört Erfahrung ebenso wie Einfühlungsvermögen. Dieses Buch – als Bildlexikon konzipiert – soll dem Leser einen raschen Überblick über die wichtigsten Zeichen der Hand und ihre Deutung geben. Das Buch ist kein Lehrbuch. Grundwissen wird vorausgesetzt, desgleichen Übung und Erfahrung. Möge es als Anreiz dienen, sich mit dem eigenen Wesen und dem Charakter der Mitmenschen intensiver auseinanderzusetzen.

Peter Ripota

Formen

Man unterscheidet drei Grundformen, die sowohl für Hände als auch für Finger und Fingernägel gelten. Es sind dies:

- die *spatelige* (stumpfe, bei Händen: ovale) Form. Sie bedeutet gestaute Energien, Sinn fürs Praktische, Zähigkeit, Fleiß, Gestaltungskraft im Materiellen (zum Beispiel als Handwerker, Bildhauer), Einsatz des Körpers (zum Beispiel als Vorliebe für körperliche Betätigung: laufen, schwimmen, Sport).
- die *eckige* (gerade) Form. Sie bedeutet Sinn für Systematik und Ordnung, Gründlichkeit, aber auch Anpassung an gesellschaftliche Normen, also Konservativismus.
- die *konische* (spitze) Form. Sie bedeutet Aufgeschlossenheit, Geselligkeit, Beeinflußbarkeit, Sinn für Schönes, Eleganz, aber auch Oberflächlichkeit, Haltlosigkeit, Eitelkeit. Die Interessen gehen mehr ins Geistige, ins Reden, Lesen, Genießen. Eindrücke und Anregungen von außen sind wichtiger als Eigeninitiativen.

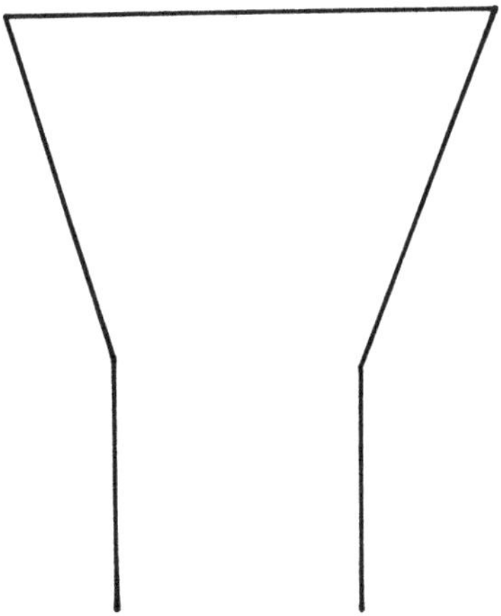

spatelig

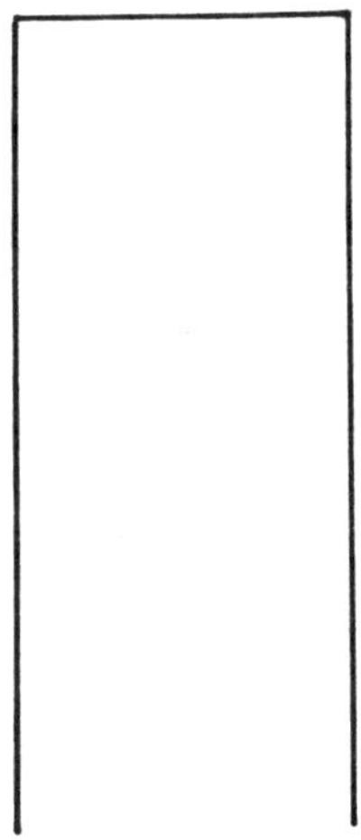

eckig

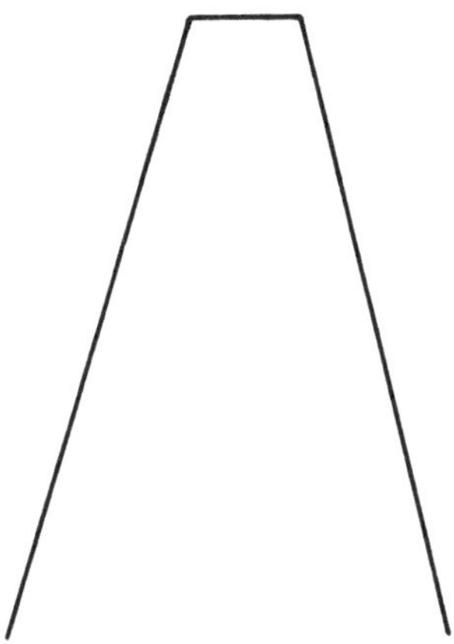

konisch

Hände

Die *Handform* zeigt eine angeborene und im allgemeinen unveränderliche Grundtendenz an, wie man mit dem Leben fertig wird, welche Bereiche (Materielles oder Geistiges) bevorzugt werden, welche Bedeutung die Mitmenschen für uns haben.
Betrachtet man die Außenhand, so gliedert sie sich horizontal in drei Teile:

- Der *Handrumpf* (Innenteil) steht für die Innenwelt, die Triebe, Instinkte, vitalen Bedürfnisse. Er bezieht sich auf den Körper, das Unbewußte, das Greifbare, Faßbare, unmittelbar Erlebbare.
- Die *Knöchel* (Mittelteil) stehen für den ordnenden Verstand. Sie stellen die Verbindung zwischen innen und außen her, lenken Lebensenergien und Antriebe in geordnete Bahnen, bringen Struktur in die Eindrücke, die von außen auf uns einströmen.
- Die *Finger* (Außenteil) stehen für die Aufnahmefähigkeit, die Sinneseindrücke, den Kontakt zur Umwelt. Sie repräsentieren unser Bewußtsein und unser Einfühlungsvermögen. Mit ihnen gestalten wir bewußt unsere Beziehungen zur Außenwelt.

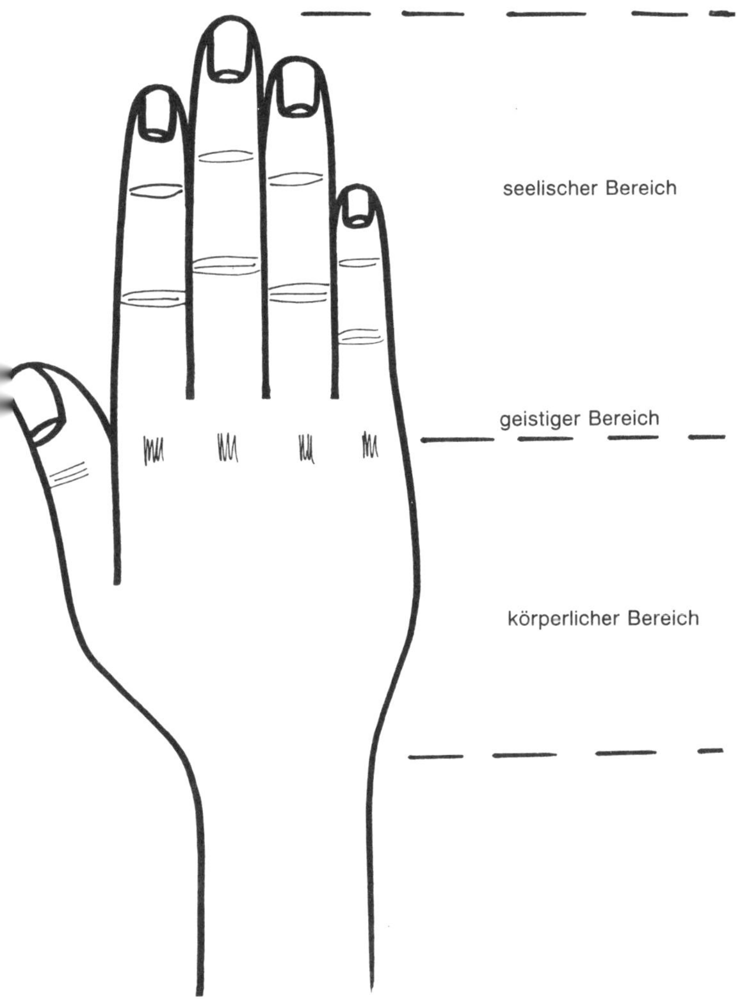

seelischer Bereich
geistiger Bereich
körperlicher Bereich

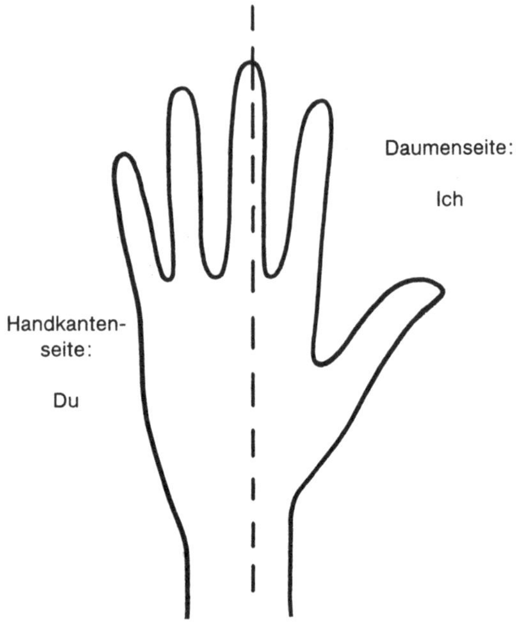

Betrachtet man die Innenhand, dann gliedert sie sich vertikal in zwei Hälften:

- Die *Daumenseite* (Radialseite) steht für das eigene Ich, seine Bedürfnisse und Antriebe; sie ist die aktive (gebende) Seite.
- Die *Handkantenseite* (Ulnarseite) steht für die Beziehungen zum Du und zur Umwelt; sie ist die passive (empfangende) Seite.

Verhältnis Handrumpf – Finger

Das Verhältnis von Handrumpf zu Fingern bestimmt man so: Man faltet die Finger flach nach innen, so daß die Fingerkuppen (nicht die Nägel!) auf der Handinnenfläche aufliegen. Reichen die Finger etwa bis zur Hälfte der Innenhand, dann sind sie kurz. Reichen sie bis fast zum Armband, dann sind sie lang. Reichen sie über das Armband hinaus, dann sind sie überlang.

Großer Rumpf, kurze Finger

Die Betonung liegt auf dem Triebhaften und Materiellen. Ein Mensch mit diesem Merkmal kann sich in der Welt des Greifbaren, Faßbaren gut zurechtfinden. Er kann mit Materie umgehen – etwa als Handwerker – und er hat einen guten Instinkt für Situationen, Menschen und Handlungen, durch die seine unmittelbaren Bedürfnisse befriedigt werden. Meist ist er seelisch stabil, dazu fleißig und zäh. Er kann aber auch egoistisch werden, also nur noch an sich denken, und damit die Mitmenschen aus seiner Welt ausschließen, so daß er letzten Endes einsam wird. – Zum Geistigen fehlt der Bezug. Dieser Mensch gibt sich lieber mit Gegenständen als mit Büchern ab.

Menschen mit diesem Merkmal haben Sinn für Formen und sind im allgemeinen gespannt (gehemmt, verkrampft).

Die Extremform dieser Hand (Hand sehr breit, sehr kurz) ist die *primitive Hand.* Sie gehört zu einem triebbeherrschten, primitiven Menschen ohne höhere geistige Werte.

Kurzer Rumpf, lange Finger

Die Betonung liegt auf dem Geistigen, auf der Einfühlung, dem Kontakt zu anderen. Ein Mensch mit diesem Merkmal ist sensibel und geistig aufgeschlossen. Er liest gerne, unterhält sich gerne, verabscheut aber Arbeit mit seinen Händen. Er ist auch eher beeinflußbar durch Meinungen und Ansichten der Umwelt. Seine Geselligkeit kann zur Haltlosigkeit entarten, sein Interesse an Gesprächen zur Oberflächlichkeit, seine Vorliebe für Nicht-Stoffliches zur Lebensuntüchtigkeit.
Menschen mit diesem Merkmal haben Sinn für Farben und sind im allgemeinen gelöst (entspannt).
Die Extremform dieser Hand (Hand sehr schmal, sehr lang) ist die *gotische Hand*, wie man sie an manchen Heiligenstatuen aus der Gotik findet. Sie gehört zu einem vergeistigten Menschen, der den Bezug zum täglichen Leben und zum Daseinskampf völlig verloren hat und nur noch in höheren geistigen Sphären schwebt oder sich durchs Leben treiben läßt.

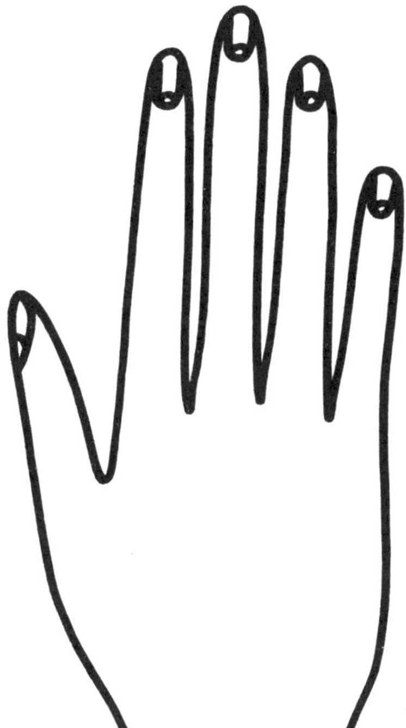

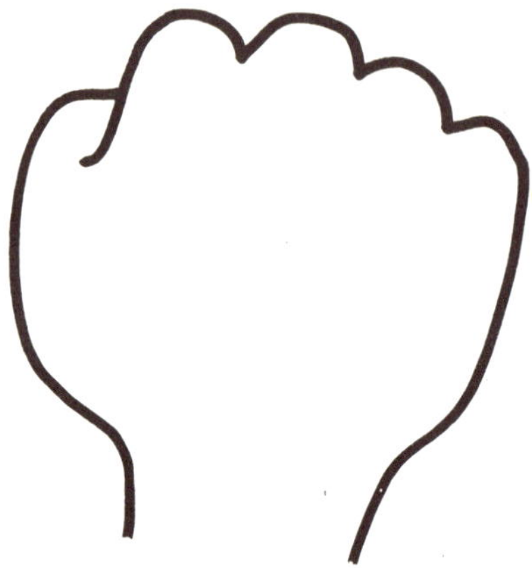

Knöchel

Treten die Knöchel *stark* hervor, ist der Mensch überlegt und im Geistigen differenziert. Er kann Gedanken bewerten und Sinneseindrücke unterscheiden. Er kann sich ein Urteil bilden, ist aber bisweilen zu vorsichtig und zögernd. Er hat Sinn für Systematik und Ordnung, aber es fehlt ihm die Begeisterung.

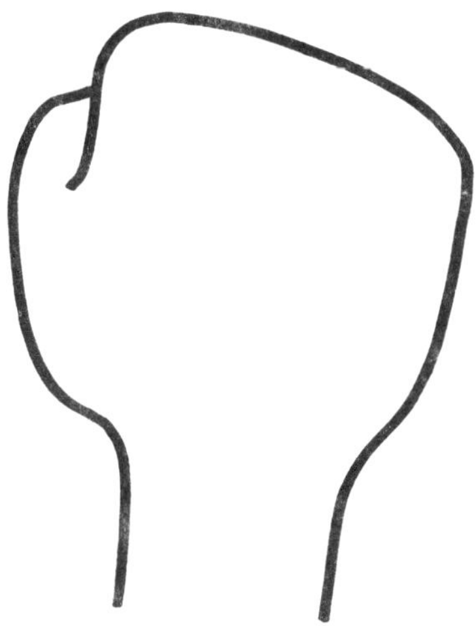

Sind die Knöchel *schwach* ausgeprägt, trifft der Mensch schnelle Entschlüsse, das geistige Unterscheidungsvermögen ist jedoch schwach entwickelt. Dafür ist er begeisterungsfähig und im besten Sinne kindlich. Bei Kindern fehlen die Knöchel fast völlig.

Handgröße

Die Handgröße bestimmt man folgendermaßen: Man legt die Hände nebeneinander und bedeckt mit ihnen das Gesicht. Wenn sie das Gesicht vollständig bedecken, haben sie normale Größe.
Große Hände gehören meist auch zu großen Menschen. Sie zeigen Sinn für Kleinigkeiten. Solche Menschen können sorgfältige, saubere und exakte Arbeiten mit kleinen Gegenständen durchführen. Beispiele dafür sind Optiker, Uhrmacher, Elektroniker, technischer Zeichner, aber auch Menschen, die im Geistigen Sinn für das Detail haben müssen, wie etwa Mathematiker und Programmierer. Menschen mit großen Händen sind vorsichtig, halten Distanz und können durch zu viel Nörgeln unangenehm werden.

Kleine Hände gehören meist auch zu kleinen Menschen (Beispiel: Napoleon). Sie zeigen Sinn fürs Große, Übergreifende. Solche Menschen sind weitblickend, lebhaft und spontan. Geduld ist nicht ihre Stärke, dafür haben sie Sinn für Entscheidungen zur richtigen Zeit und für das Wesentliche an einer Situation. Sie bewahren den Überblick und können schnelle Entschlüsse fassen. Sie sind großzügig, flüchtig und manchmal oberflächlich. Frauen und Kinder haben häufig kleine Hände.

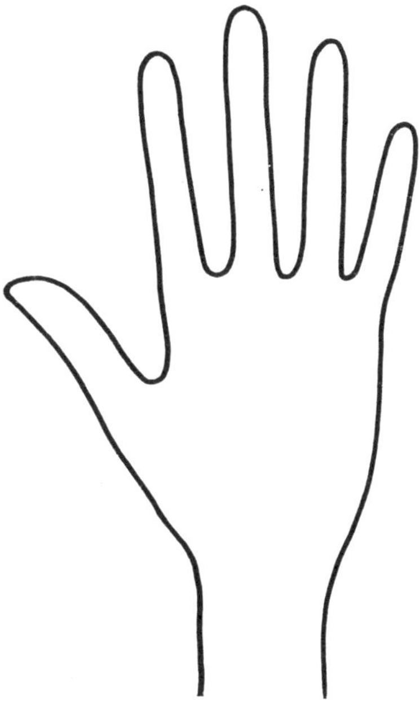

Handformen

Handformen sind nicht leicht zu unterscheiden, zumal sie selten in reiner Form vorkommen. Man sollte mit dem Urteil vorsichtig sein. Wer keinen Blick für Handformen hat, sollte sich lieber an andere, eindeutig erkennbare Merkmale halten.

Spatelhand (ovale Hand). Sie ist in der Handmitte (Knöchelbereich) am breitesten. Die Handwurzel ist schmal, die Finger meist zueinander gebogen. Wie die Eiform zeigt, herrscht hier eine Abgeschlossenheit, eine Abgerundetheit des Wesens. Menschen mit dieser Hand sind in sich geschlossen, brauchen nicht unbedingt die anderen, können ihr Leben selbst gestalten und ihre Handlungen selbst bestimmen. Sie sind gern in Bewegung, setzen also ihren Körper ein. Meist können sie mit Materie (mit festen Gegenständen ebenso wie mit Geld) gut umgehen und sich im Leben erfolgreich durchsetzen. Sie scheuen die Auseinandersetzung nicht, suchen sie aber nicht von sich aus. Sie sind ursprünglich und fühlen sich in sich selbst geborgen. Dieses Gefühl der Geborgenheit können sie auch anderen Menschen vermitteln. – Das Schlimmste, was dem Träger einer Spatelhand widerfahren kann, ist, aus seiner selbstgewählten Ruhe gestört zu werden.
Astrologisch entsprechen diesem Menschentyp die Planeten Sonne und Mars. Soziologisch entspricht ihm der innengeleitete Mensch.
Man beachte die Formen der Finger und Fingernägel und modifiziere bei Bedarf die obigen Aussagen!

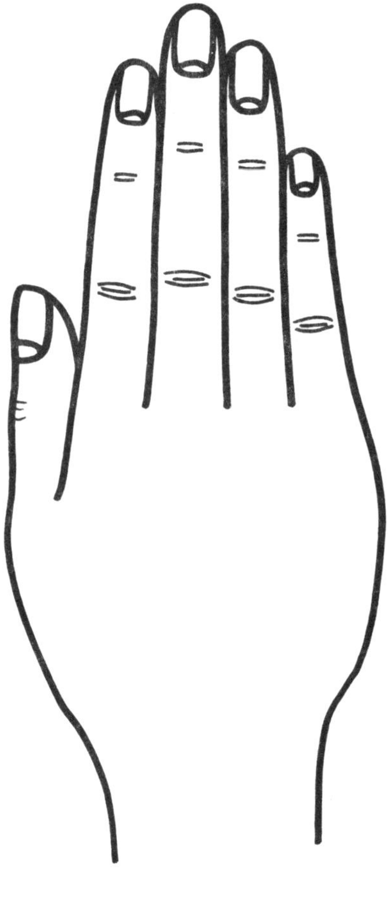

Eckige Hand. Sie ist am Daumenansatz gleich breit wie in der Knöchelgegend. Die Seitenlinien laufen parallel zueinander. Sie hat eine festgefügte Form, und dementsprechend sind auch ihre Träger. Sie haben Sinn für Ordnung und Systematik. Sie sind nüchtern, pedantisch und etwas phantasielos. Sie können ihre Umgebung gut gestalten und in Ordnung bringen. Das bezieht sich sowohl auf den materiellen Teil (z. B. die Möbel oder die Akten im Büro) als auch auf den Bereich der zwischenmenschlichen Beziehungen. Sie haben also auch Organisationstalent. In ihrer Weltanschauung sind sie eher begrenzt. Sie halten sich an Bewährtes, Überkommenes; sind also manchmal konservativ oder auf bestimmte Ideen fixiert. Sie besitzen Moralvorstellungen und glauben an Gott oder den Staat. Sie sind objektiv, unauffällig und treu. Meist sind sie auch sehr erfolgreich. Man findet sie oft in Führungspositionen in Wirtschaft und Verwaltung. – Das Schlimmste, was dem Träger einer eckigen Hand widerfahren kann, ist, daß gesellschaftliche Konventionen oder Moralvorstellungen übertreten werden.
Astrologisch entsprechen diesem Menschentyp die Planeten Saturn und Jupiter. Soziologisch entspricht ihm der traditionsgeleitete Mensch.
Man beachte die Formen der Finger und Fingernägel und modifiziere bei Bedarf die obigen Aussagen.

Konische Hand. Sie ist am breitesten an der Handwurzel und wird nach oben zu immer schmäler. Die Finger laufen spitz zu, und meist macht die Hand einen kleinen oder zarten, schönen Eindruck. Die Ausrichtung ist nach außen. Während bei der Spatelhand der eigene Körper und bei der eckigen Hand der Geist dominiert, ist es hier die Seele, also Stimmungen, Wahrnehmungen, Gefühle. Der Bezug zu anderen Menschen ist wichtig. Man liebt Gespräche und lockere Beziehungen. Menschen mit dieser Hand scheuen die Auseinandersetzung und den harten Lebenskampf. Oft findet man sie an Künstlern (auch an Lebenskünstlern), die Geschmack, Sinn für Ästhetik und für Zärtlichkeit besitzen, aber in den Beziehungen zur Umwelt meist unverbindlich und oberflächlich bleiben. Sie sind anpassungsfähig und feinfühlig, und sie lieben das Schöne auch an sich selbst (sind also eitel). In ihren Meinungen und Aktionen richten sie sich mehr nach der Umwelt, sie sind also abhängig von Modeströmungen. – Das Schlimmste, was dem Träger einer konischen Hnad widerfahren kann, ist, allein gelassen zu werden oder in einer schmutzigen, primitiven Umwelt leben zu müssen.
Astrologisch entsprechen diesem Menschentyp die Planeten Mond und Venus. Soziologisch entspricht ihm der außengeleitete Mensch.
Man beachte die Formen der Finger und Fingernägel und modifiziere bei Bedarf die obigen Aussagen.

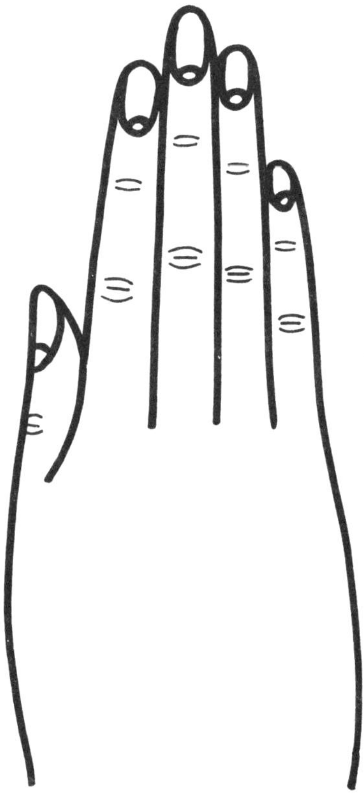

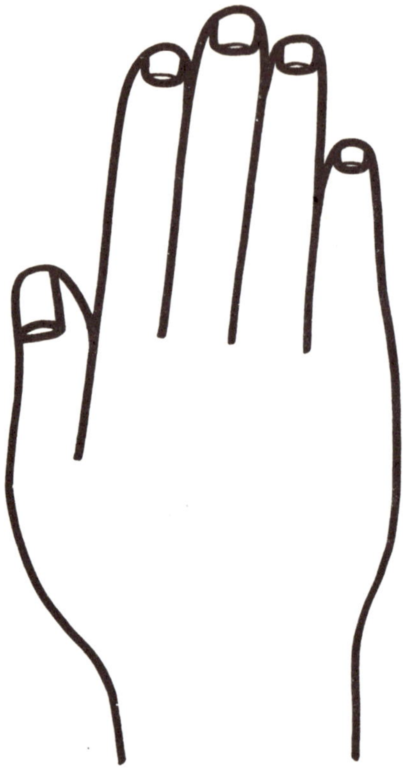

Handbreite

Eine *breite Hand* gehört zu großzügigen, verständnisvollen Menschen, die gerne mit anderen zusammenarbeiten und viel innere Energie besitzen. Sie brauchen den Kontakt zur Umwelt und sind im allgemeinen umgänglich und freundlich.

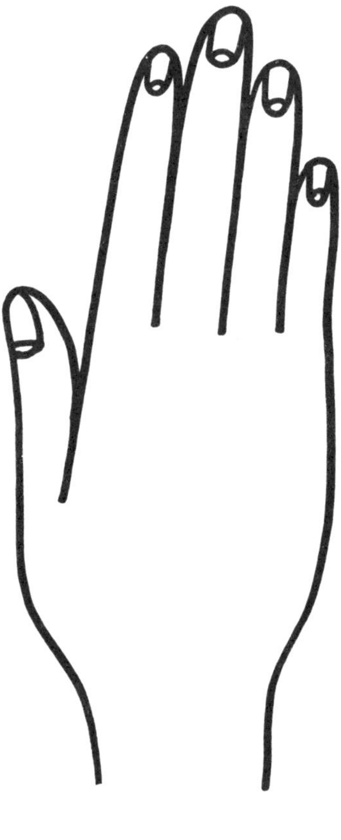

Eine *schmale Hand* gehört zu kleinlichen Menschen mit einer „schmalen" Seele. Sie sind lieber allein und bringen wenig Verständnis für die Sorgen ihrer Mitmenschen auf. Die Energien verschwinden rasch.

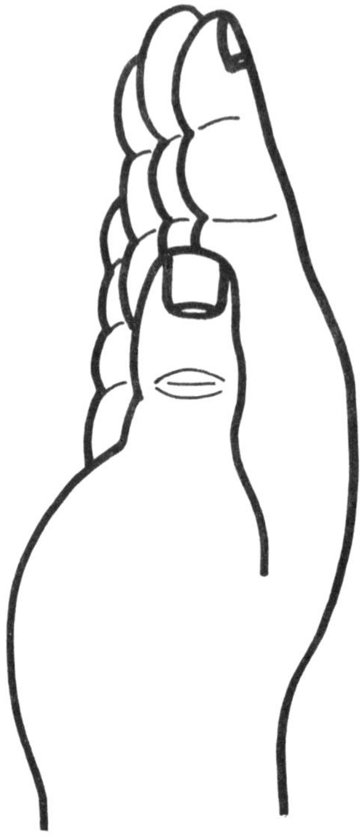

Handdicke

Betrachtet man die Hand von der Seite, kann sie in manchen Fällen besonders dick oder besonders dünn erscheinen. Das wird folgendermaßen gedeutet:

Eine *dicke Hand* zeigt an, daß ihr Besitzer viel innere Energie besitzt und Zeiten harter körperlicher Arbeit gut durchstehen kann. Er besitzt Ausdauer, Durchhaltevermögen und Zähigkeit.

Eine *dünne Hand* zeigt an, daß ihr Besitzer wenig innere Energien besitzt und körperliche Anstrengung schlecht verträgt. Er verausgabt sich schnell und leidet an Erschöpfungszuständen.

Beschaffenheit der Hand

Nimmt man die Hand zwischen Zeigefinger und Daumen und drückt, dann erkennt man, ob die Hand hart oder weich ist.

Harte Hände gehören zu harten Menschen. Sie können sich im Leben energisch durchsetzen, sind praktisch und erfolgreich. Meist sind sie gespannt und gefühlsmäßig gehemmt. Sie sind energisch, widerstandsfähig und ausdauernd. Sie sind mutig, zäh, und manchmal hartherzig. Sie lieben klare Entschlüsse, sind aber unflexibel und manchmal egoistisch. – Die Extremform der harten Hand ist die *verknöcherte Hand.* Sie deutet auf einen verknöcherten, geizigen Menschen hin, der von sich nichts hergibt, weder Geld noch Gefühle, und der sich an die Umwelt und die Mitmenschen nicht mehr anpassen kann. – In der Psychologie entspricht diesem Typ der introvertierte Mensch.

Weiche Hände gehören zu weichen Menschen. Sie lieben die Ruhe und Bequemlichkeit und können das Leben gut genießen. Sie sind phantasievoll, einfühlend und wandlungsfähig. Sie können sich gut anpassen, aber es mangelt ihnen an Eigeninitiative und Durchsetzungskraft. Sie sind gutmütig und nachgiebig und lassen sich leicht beeinflussen. – Die Extremform der weichen Hand ist die *schwammige Hand.* Sie deutet auf einen trägen, genußsüchtigen, schwammigen Menschen hin, der sich treiben läßt und nur seinen Trieben und Instinkten lebt. – In der Psychologie entspricht diesem Typ der extravertierte Mensch.

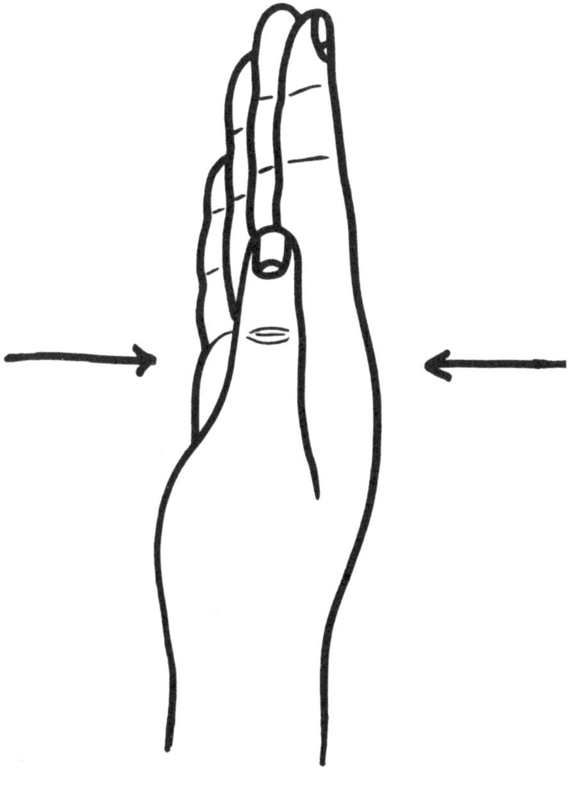

Versucht man, die Knöchel der Außenhand zusammenzuschieben, erkennt man, ob die Hand fest oder elastisch ist.
Ist die Hand *fest*, deutet dies auf einen festen Charakter hin. Ein solcher Mensch besitzt Ausdauer und Standvermögen.
Ist die Hand *elastisch*, deutet dies auf einen elastischen Charakter hin. Ein solcher Mensch besitzt Anpassungsfähigkeit und Wendigkeit.
Meist sind die Eigenschaften hart – fest und weich – elastisch kombiniert. Ist dies nicht der Fall, kann es zu eigentümlichen Widersprüchen im Charakter kommen, die sich aber keineswegs negativ auswirken müssen.

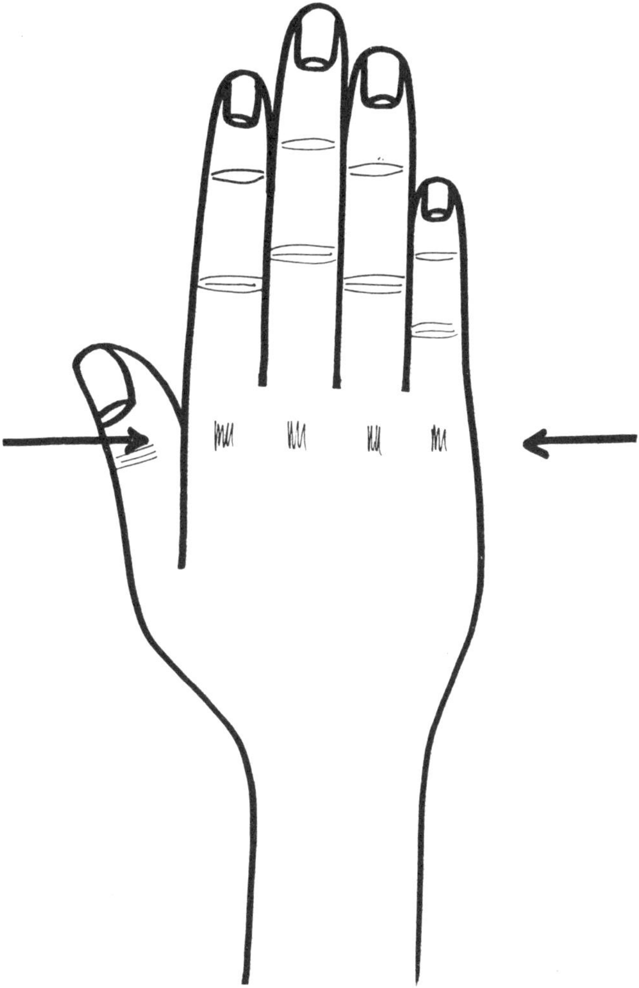

Beschaffenheit der Haut

Die Beschaffenheit der Haut erkennt man, indem man mit den Fingern über die Handinnenfläche streicht. In den meisten Fällen kann über die Hautbeschaffenheit keine Aussage getroffen werden, da die Haut sich normal anfühlt, also weder als „ledrig“ noch als „seidig“ eingestuft werden kann.

Ist die Haut *rauh* (ledrig), besitzt der betreffende Mensch eine robuste Gesundheit. Er liebt die Bewegung, den Einsatz des eigenen Körpers, die frische Luft. Er scheut keine manuelle Arbeit, ist aber dem Geistigen gegenüber nicht so aufgeschlossen. Bücherlesen ist nicht seine Stärke. Von Krankheiten erholt er sich gut, aber er neigt dazu, zuviel zu essen (und zu trinken). Außerdem begibt er sich öfter in Gefahr, so daß er verstärkt Unfälle und Verletzungen erleidet. – Astrologisch entsprechen diesem Typus die Feuer- und Erdzeichen.

Ist die Haut *glatt* (seidig), besitzt der betreffende Mensch Geschmack und Kultur. Er liebt das Feine und Schöne im Leben, die Genüsse, das Gespräch. Von Natur aus ist er ein Genießer, also eher als faul zu bezeichnen. Verstand und Wahrnehmungsvermögen sind gut entwickelt, und er versteht es durchaus, seine Fähigkeiten des Charmes und der Überredungskunst für seine eigenen Ziele einzusetzen. Er neigt zu Luxus und Verschwendung. Er ist eher eitel, aber das ist nur ein Ausfluß seiner künstlerischen Begabung und seines Sinns für Ästhetik. Seine Gesundheit ist eher zart und anfällig. Er neigt zu Kreislaufbeschwerden und Konstitutionskrankheiten (angeborene Schwächen). Körperliche Arbeit meidet er so gut es geht. – Astrologisch entsprechen diesem Typus die Luft- und Wasserzeichen.

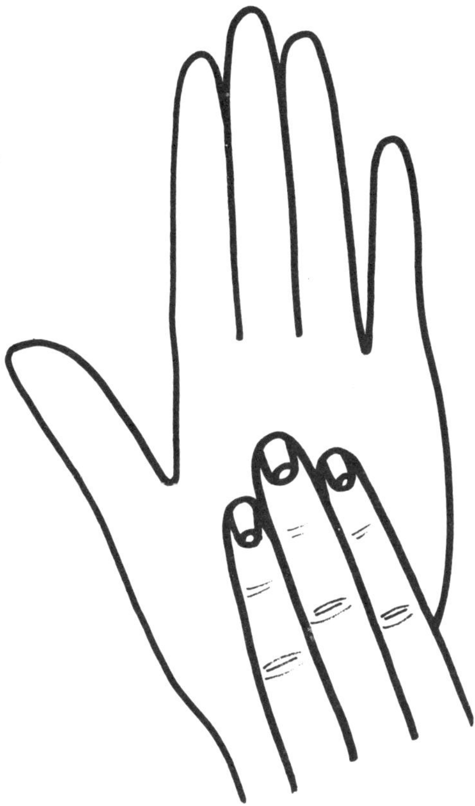

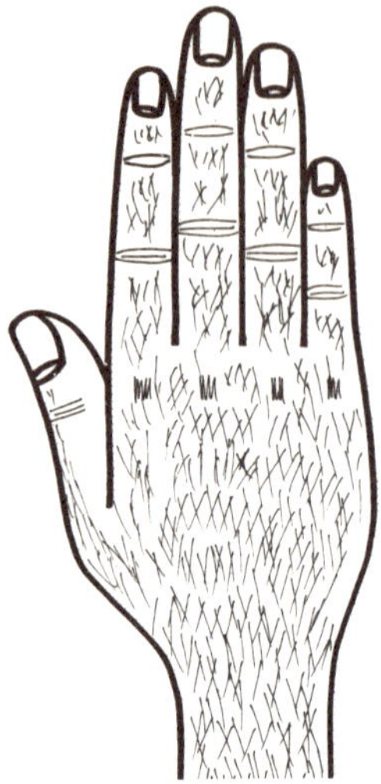

Behaarung

Die männliche Hand hat normalerweise mehr und dickeres Haar als die weibliche Hand. Kinderhände sind haarlos. Affenhände sind vollständig behaart.
Die meisten Menschen haben normal behaarte Hände, was auf Ausgewogenheit der Charaktereigenschaften hinweist.

Starke Behaarung. Ein paar Stichworte: Viel Lebensenergie (Vitalität), starke Triebe und Antriebe; etwas „Animalisches" ist vorhanden. Die Liebe zur körperlichen Betätigung (auch im Bett) ist stark ausgeprägt. Menschen mit diesen Händen können körperliche Arbeit gut verrichten, vertragen aber geistige Anstrengung oder längerdauernde geistige Konzentration weniger gut. Im allgemeinen sind sie warmherzig und beschützend. Sie können aber auch aufbrausen und die Kontrolle über sich verlieren. Ihre Aggressivität und körperliche Kraft kann gefährlich werden.

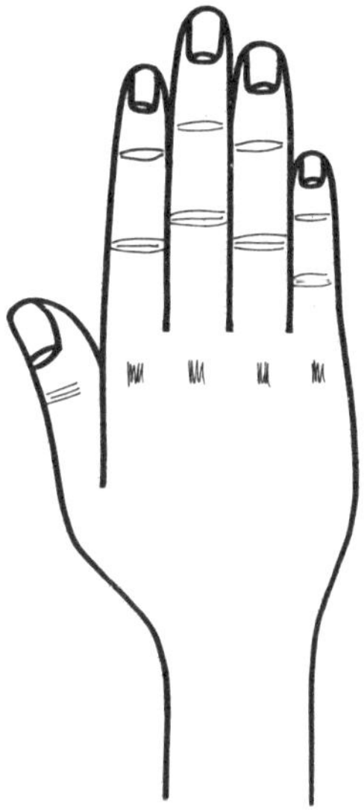

Schwache (fehlende) Behaarung. Ein paar Stichworte: Anpassungsfähig, weich, geschmackvoll. Es mangelt an Durchsetzungsvermögen und ausgeprägtem Eigenwillen. Bei Männern kann es zu Minderwertigkeitskomplexen kommen. Menschen mit diesen Händen haben Sinn für das Schöne und Geschmackvolle im Leben, für geistige Betätigungen und Genüsse. Die Gesundheit ist häufig angegriffen, die Abneigung gegen körperliche Arbeit ausgeprägt. Durchhaltevermögen und Konzentrationsfähigkeit bei manueller Betätigung sind gering. Dafür können sich diese Menschen anpassen und Situationen geschickt zum eigenen Vorteil ausnützen.

Farbe der Haut

Die Aussagen über die Bedeutung der Hautfarbe (an der Innenfläche der Hand) sind mit Vorsicht zu verwenden. Sie gelten meist nur für den Augenblick, und auch nur für Angehörige der weißen Rasse. Sie sagen etwas über den Augenblickszustand aus und geben Hinweise auf Organ- und Funktionsveränderungen.

Rosa ist die normale Hautfarbe eines gesunden Weißen. Sie deutet auf normale Durchblutung des Körpers und auf einen lebhaften, offenen, optimistischen Menschen. Nach der Galenschen Temperamentslehre entspricht dies dem Sanguiniker.

Rot bis *dunkelrot* deutet auf eine Blut-Überfülle im Körper hin. Biologisch kann dies auch einen zu hohen Blutdruck oder durch extreme Weitung der peripheren Blutgefäße (durch Hitze oder Alkohol) erklärt werden. Vom Temperament her sind diese Menschen eher cholerisch, also temperamentvoll, aufbrausend, jähzornig, heftig.

Weiße (blasse) Hände zeigen, daß die Durchblutung gestört ist. Meist sind diese Hände auch feucht und kalt. Biologisch kann dies durch einen zu niedrigen Blutdruck oder durch extreme Verengung der peripheren Blutgefäße (durch Nikotin) erklärt werden. Vom Temperament her sind diese Menschen eher phlegmatisch. Sie sind träge, passiv und ohne Initiative.

Gelbe Hände zeigen, daß in der Haut Gifte eingelagert sind (z. B. Nikotin). Sie deuten auf eine mangelnde Funktion der Leber hin. Vom Temperament entspricht dies dem melancholischen Menschenschlag, der alles zu ernst nimmt und sich das Leben durch Kummer und Sorgen schwer macht.

Fleckige Hände zeigen, daß die Harmonie des Körpers irgendwo gestört ist. Aus der Region des Durchblutungsmangels (also aus den weißen Stellen der Haut) kann man auf die entsprechenden Funktionen und Organe schließen (siehe Kapitel über Berge).

Blaue Stellen in der Innenhand (meist entlang von Linien oder als kleine Flecken bzw. Punkte) zeigen einen Mangel an arteriellem (sauerstoffhaltigem) Blut. Das kann als Durchblutungsmangel des entsprechenden Organs gedeutet werden. Finden sich diese Stellen beispielsweise auf der Kopflinie, kann dies auf Kopfschmerzen infolge Sauerstoffmangels hinweisen.

Grüne Stellen in der Innenhand zeigen eine Ansammlung von Giften an der entsprechenden Stelle.

Dunkle oder *schwarze* Flecken verweisen auf akute Vergiftungen, meist durch Schwermetalle (Quecksilber, Blei).

Temperatur

Für die Temperatur der Haut gilt das Gleiche wie für die Farbe: Sie zeigt den Augenblickszustand an, kann aber auch auf Organ- oder Funktionsstörungen hinweisen. Insbesondere gilt:

Warme Hand: Überfunktion der Schilddrüse. Der Stoffwechsel ist beschleunigt, der Mensch lebhaft bis überaktiv. Meist ist die Haut weich (seidig).

Kalte Hand: Unterfunktion der Schilddrüse. Der Stoffwechsel ist verlangsamt, der Mensch träge bis geistig zurückgeblieben. Meist ist die Haut rauh (ledrig).

Linke und rechte Hand

Bei einem *Rechtshänder* gilt:
Die *linke* Hand verkörpert die Erbanlagen, die Möglichkeiten des Menschen, die mütterliche Linie. Ist sie besser ausgeprägt als die Rechte, hat der betreffende Mensch sein Potential nicht ausgeschöpft, also aus seinen Anlagen nicht das herausgeholt, was in ihm steckt. Die Aussagen der linken Hand gelten für die Jugend und für das hohe Alter.
Die *rechte* Hand verkörpert die Umwelt, die erworbenen Fähigkeiten, die väterliche Linie. Ist sie besser ausgeprägt als die Linke, hat der betreffende Mensch mehr aus sich gemacht, als in ihm steckt. Das kann durch eine sorgfältige oder strenge Erziehung ebenso geschehen sein wie durch harte, herausfordernde Lebensumstände. Die Aussagen der rechten Hand gelten für die aktive Zeit des Menschen.
Bei einem *Linkshänder* ist die Sache komplizierter. Infolge unserer seltsamen Auffassung von „links“ als „linkisch“ oder gar gefährlich (englisch „sinister“ = unheimlich) werden Linkshänder früh gezwungen, die rechte Hand zu benutzen. Darum sind die meisten Linkshänder ambidexter, das heißt, sie können beide Hände beinahe gleich gut gebrauchen. Bei einem reinen Linkshänder kehren sich die für einen Rechtshänder geltenden Aussagen um. Bei denen, die mit der Rechten schreiben und andere wichtige Arbeiten verrichten, gelten eingeschränkt die auch für Rechtshänder gültigen Aussagen.

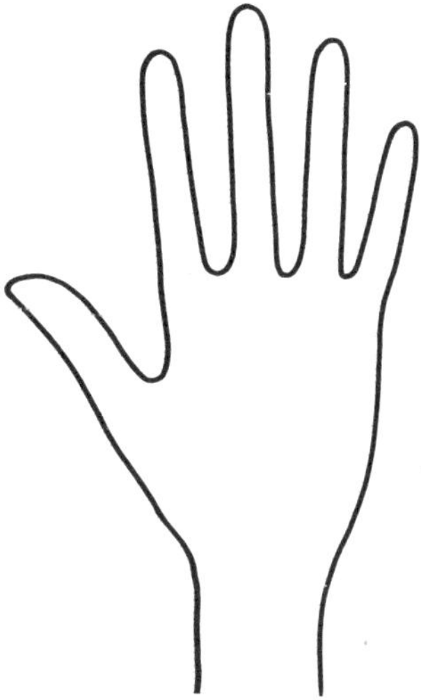

Finger

Die Finger repräsentieren die Aufnahme- und Kontaktfähigkeit des Menschen. Sie stehen auf einer höheren Stufe als der Handrumpf, sie sind differenzierter, beweglicher, „geistiger". Mit den Fingern können wir nicht nur fühlen, wir können auch gestalten.
Deutungselemente bei den Fingern sind: Länge des Fingers im Vergleich zum Handrumpf, im Vergleich zu den anderen Fingern, Länge der Fingerglieder (im Vergleich zueinander), Beschaffenheit des Fingers (glatt oder knotig), Haltung (nach innen, nach außen), Zustand (starr, flexibel), Fingerform (spatelig – rechteckig – konisch), sowie weitere Elemente wie Ansatz am Handrumpf und Tropfenform.
Die Fingernägel sind ein wichtiges Diagnosemittel für den medizinisch tätigen Chirologen. Ihnen wird deswegen ein eigenes Kapitel gewidmet.

Fingerglieder

Die Einteilung der Fingerglieder ist die gleiche wie bei der Hand:
- das *unterste Glied (Wurzelglied)* gehört zum körperlich-materiellen Bereich;
- das *Mittelglied* gehört zum geistig-ordnenden Bereich;
- das *oberste Glied (Nagelglied)* gehört zum seelisch-empfindenden Bereich.

Je nachdem, welches Glied am stärksten oder längsten ausgeprägt ist, dementsprechend ist die betreffende Persönlichkeitsschicht am deutlichsten vertreten, wobei noch nach der Bedeutung der einzelnen Finger unterschieden werden kann.

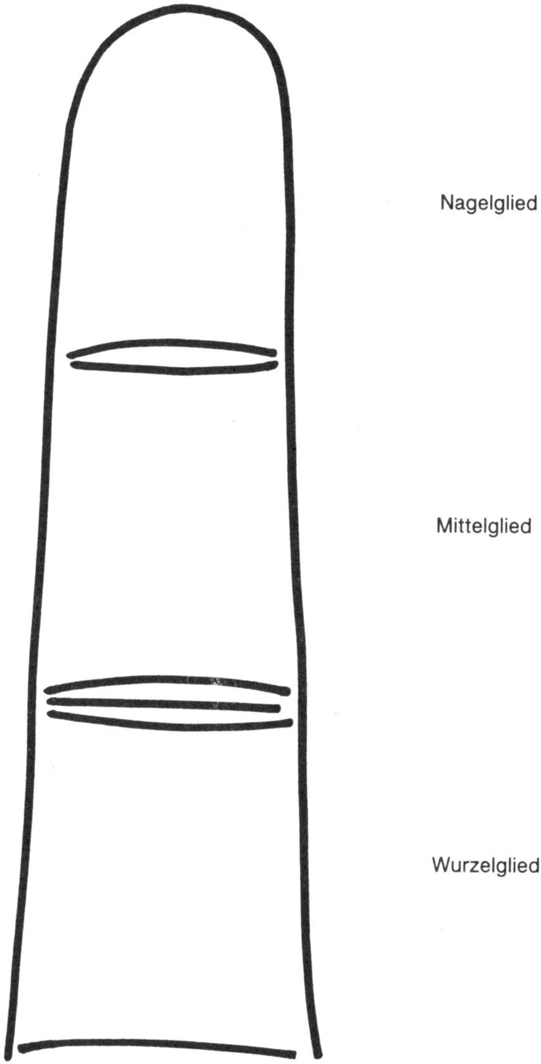
Nagelglied
Mittelglied
Wurzelglied

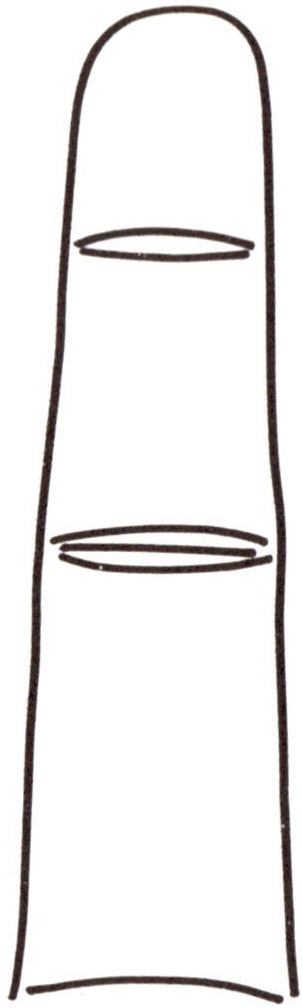

Langes Wurzelglied: Bereitschaft zum Handeln, zum Einsatz des eigenen Körpers, zur Realisierung von Plänen. Sinn fürs Praktische, für Greif- und Faßbares; auch für die eigenen Bedürfnisse und Wünsche. Verstärkt werden diese Eigenschaften, wenn das unterste Glied *breit* und *fleischig* ist.

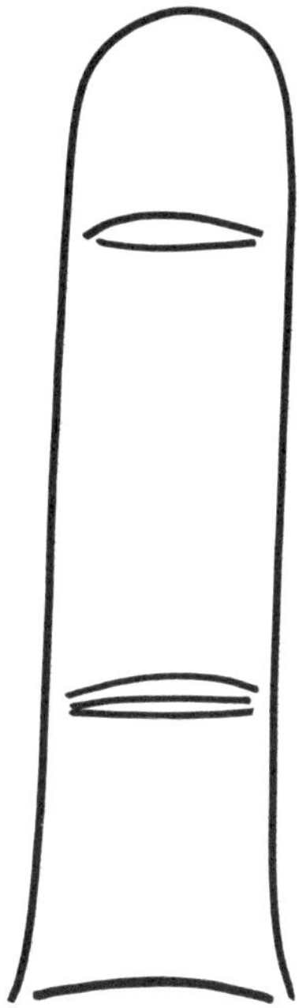

Langes Mittelglied: Gute geistige Verarbeitung von Eindrükken, Erkenntnissen und Erfahrungen. Sinneseindrücke werden geordnet und systematisch aufbereitet, das heißt in den richtigen Schubladen verstaut. Unterscheidungs- und Kritikvermögen sind gut entwickelt, der Mensch kann geistig differenzieren (er schert nicht alles über den gleichen ideologischen Kamm).
Verstärkt werden diese Eigenschaften, wenn die Finger knotig sind, also eine zusätzliche Struktur besitzen.

Langes Nagelglied: Gute Auffassungsgabe, Beweglichkeit und Anpassungsvermögen. Der Mensch ist wach und offen und kann Stimmungen der Umwelt gut aufnehmen und rasch erfassen. Er ist eher gesellig, kontaktfreudig und feinfühlig. Verstärkt werden diese Eigenschaften durch spitz zulaufende Finger (Geselligkeit) und *Tropfen* an den Fingerkuppen, welche stets besonderes Einfühlungsvermögen anzeigen. (Bei Blinden sind diese Tropfen stark ausgeprägt.)

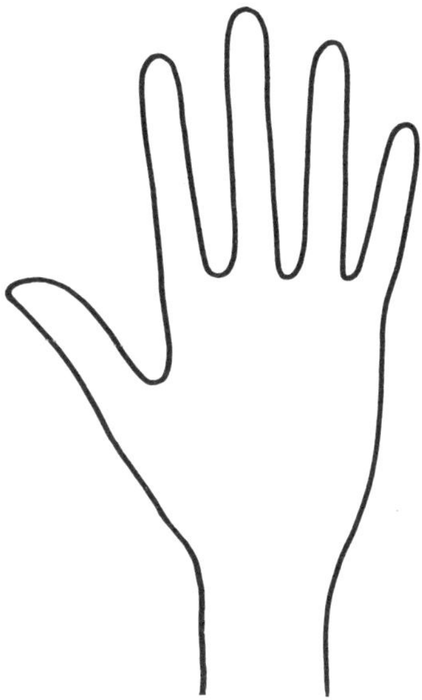

Glatt – knotig

Glatte Finger zeigen, daß der Energiestrom ungehindert fließen kann. Das fördert rasche Entschlossenheit, schnelles Urteilen, Sinn für Zusammenhänge. Reaktionen sind spontan, Phantasie und Intuition gut entwickelt. Menschen mit solchen Fingern sind eher sorglos, leicht begeistert und beeinflußbar. Lange, mühsame Gedankenarbeit liegt ihnen nicht.

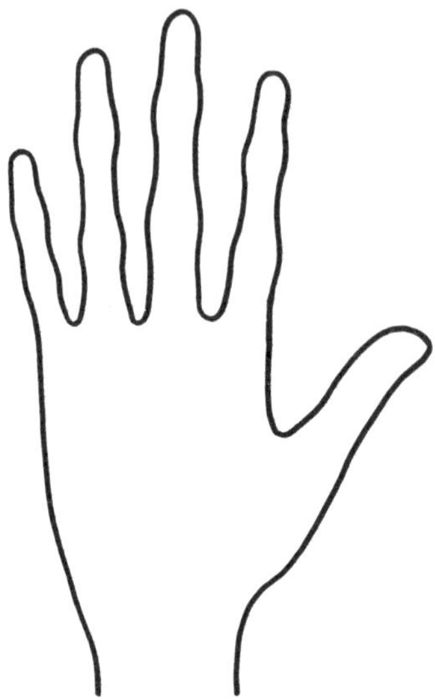

Knotige Finger zeigen, daß der Energiestrom gehemmt wird. Menschen mit Knoten sind eher vorsichtig und genau. Sie können Eindrücke und Handlungen gut ordnen und haben Sinn fürs Detail, aber Schwierigkeiten bei Entschlüssen. Sie drükken sich langsam aus (in Sprache und Aktionen) und gehen methodisch vor. – Man unterscheidet zwei Arten von Knoten:

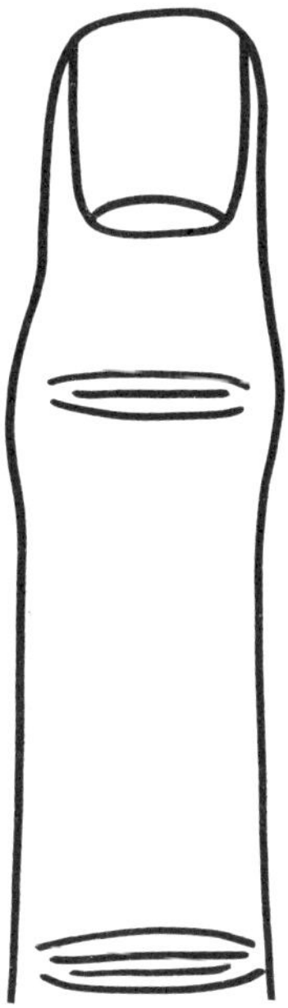

Oberknoten (auch „Philosophenknoten“ genannt) zeigen, daß sich die Eigenschaften von Fingerknoten auf den geistigen Bereich beziehen. Menschen mit diesen Knoten denken analytisch, logisch und kritisch. Im Denken sind sie präzise und pingelig. Entschlüsse können erst dann gefaßt und ausgeführt werden, wenn alle Einzelheiten eines Problems bekannt und durchdacht sind. Sie gehen gern in die philosophische Tiefe (oder Höhe) und eignen sich hervorragend zur Vorbereitung von Sammelwerken (Lexika, Kataloge) und von Computer-Programmen. Der Umwelt erscheinen diese Menschen grüblerisch, pedantisch und langweilig, dazu übervorsichtig bis mißtrauisch. Durch ihre grüblerische Veranlagung leiden sie an nervösen Spannungen.

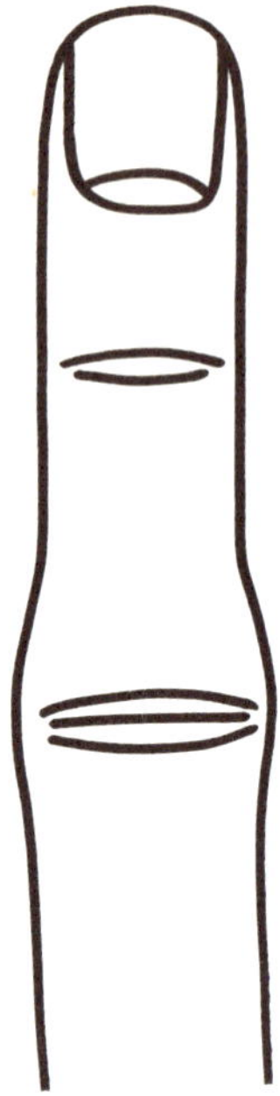

Unterknoten (auch „Materielle Ordnungsknoten“ genannt) zeigen, daß sich die Eigenschaften von Fingerknoten auf den materiellen Bereich beziehen. Menschen mit diesen Knoten sind praktisch orientiert. Sie möchten in ihrer unmittelbaren Umgebung Ordnung und Systematik. Das bezieht sich auch auf Handlungen, die in geordneter Weise verlaufen sollen. Darum wird die Routine, der berechenbare Alltag, bevorzugt. Sie sind diszipliniert und vorsichtig, realistisch und nüchtern. Sie wissen, was nützlich ist und wie man die Dinge ordnet. Handlungen werden nicht durch abstrakte Überlegungen beeinflußt.

Längs- und Querlinien

An den Fingergliedern beobachtet man häufig Längslinien oder Querlinien.

Längslinien verstärken die Eigenschaften des Glieds und des Fingers. Sie machen den Energiefluß (im unteren Teil: von innen nach außen; im oberen Teil: von außen nach innen) leichter, glatter, flüssiger. Verstärkt wird diese Tendenz durch glatte Finger.

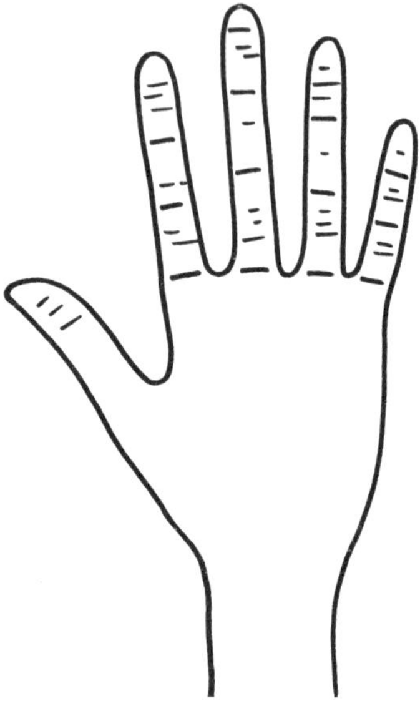

Querlinien hemmen, bieten dem ungehinderten Energiefluß Widerstand, bereiten Schwierigkeiten, sich zu entfalten. Verstärkt wird diese Tendenz durch knotige Finger.

Fingerlänge

Lange Finger gehören zu Menschen, bei denen alles etwas länger dauert. Sie sehen mehr auf die Einzelheiten, kümmern sich um Details, können gut unterscheiden und differenzieren. Sie reagieren stark auf Kleinigkeiten und können durch eine deplazierte Bemerkung sehr verletzt werden. Sie sind analytisch und geduldig, und sie verlieren leicht den Überblick. Verstärkt werden diese Eigenschaften durch *schmale* und *knotige* Finger.

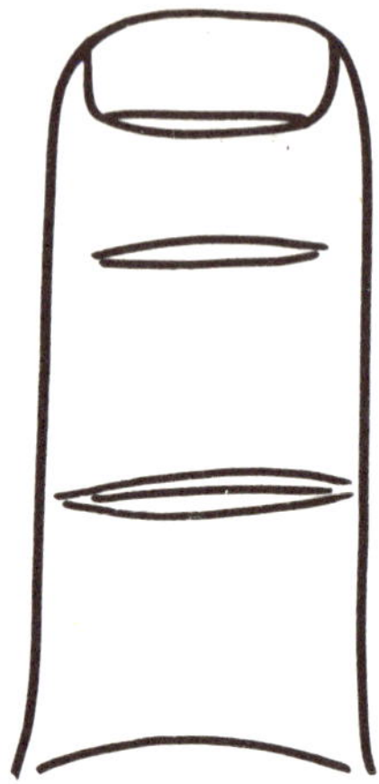

Kurze Finger gehören zu Menschen, die meist kurzentschlossen sind. Sie kümmern sich nicht um Details und sehen mehr die großen Zusammenhänge. Ihre Entschlüsse sind rasch (was nicht heißt, daß sie immer richtig sind), ihre Urteile auch. Die Sprache ist eher kurz und offen, manchmal für andere schokkierend. Geistige Konzentration fällt ihnen schwer, Routine-Arbeiten liegen ihnen nicht. Sie sind synthetisch und ungeduldig.
Verstärkt werden diese Eigenschaften durch *dicke* und *glatte* Finger.

Fingerformen

Die Fingerformen entsprechen den Handformen; die Deutung ist ähnlich. Zur Beurteilung der Fingerform betrachtet man auf der Rückseite der Hand das Nagelglied. Ist ein Finger an der Spitze bereiter als an der Nagelwurzel, dann handelt es sich um einen spateligen Typ. Ist er oben und unten gleich breit, handelt es sich um den eckigen Typ. Läuft der Finger spitz zu, ist er also an der Spitze schmäler als am Nagelgrund, dann spricht man vom konischen Typ.

Die Finger können durchaus unterschiedliche Formen haben, was bei der Besprechung der einzelnen Finger jeweils getrennt gedeutet wird. Die folgenden Aussagen gelten dann, wenn eine Fingerform überwiegt. Finger und Hände können verschiedene Formen haben, aber auch die Nägel können anders geformt sein als das Nagelglied, das sie beherbergt. So kann in einem konischen Fingerglied ein gerader Nagel stekken. Dadurch werden Deutungen nicht aufgehoben. Es wird nur klar, daß der betreffende Mensch aus widersprüchlichen Eigenschaften besteht. Das muß kein Nachteil sein. Im Gegenteil, ein Mensch, der seine Paradoxien vereinigen kann, zieht das Beste aus den jeweiligen Eigenschaften.

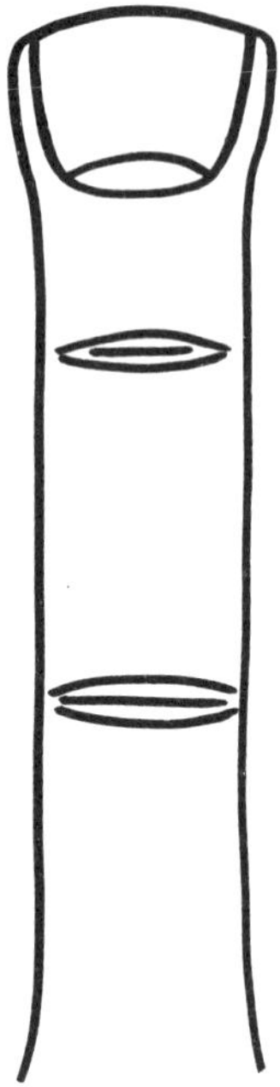

Spatelige (stumpfe) Finger kennzeichnen energische, aktive, realistische Menschen. Sie bewegen sich gern und unternehmen viel. Sie wissen, was sie wollen, und wie sie es erreichen. Sie können gut mit Materie umgehen und eignen sich für technische Berufe. In ihren Unternehmungen sind sie eher originell als konventionell. Sie halten viel aus und können ihre Energien zielgerichtet und konsequent einsetzen. Die Gesundheit ist normalerweise gut, und Krankheiten werden schnell überstanden. Menschen mit spateligen Fingern neigen zu Nervosität, wenn sie sich zu wenig bewegen oder ihre Energien nicht einsetzen.

Eckige Finger kennzeichnen ordnungsliebende, förmliche und nüchterne Menschen. Sie sind realistisch, pünktlich und vorsichtig. Sie halten sich an Vorschriften und arbeiten stetig, wenn auch phantasielos. Sie sind zuverlässige Mitarbeiter und haben Sinn für Ethik und soziale Gerechtigkeit. Sie halten das Getriebe der gesellschaftlichen Routine in Gang. Ihr Gedächtnis ist gut, die Fähigkeit zur Aufarbeitung und Integration geistiger Eindrücke ebenfalls.

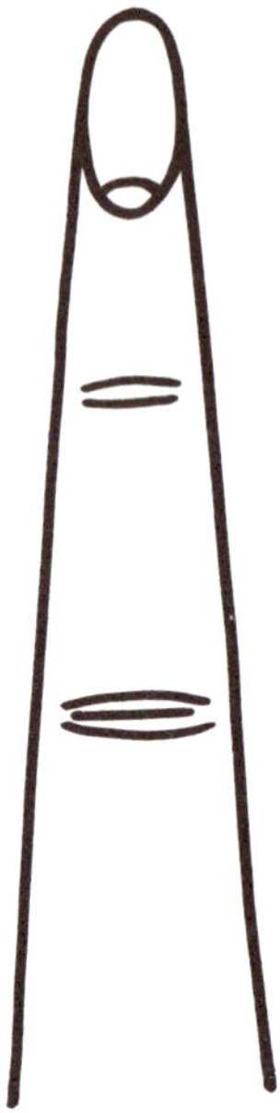

Konische (spitze) Finger kennzeichnen einfühlende, künstlerische, gesellige Menschen mit Anpassungsvermögen, geistigen Interessen und Geschmack. Sie lieben Luxus und Bequemlichkeit, sind nicht immer pünktlich und hassen Routine-Arbeiten. In ihren Ansichten, Entscheidungen und Handlungen richten sie sich eher nach der Meinung der Umwelt als nach ihren eigenen Vorstellungen. Die Intuition ist gut, das Urteilsvermögen rasch, die Konzentration gering. Mit Materie können sie nicht so gut umgehen, körperliche Arbeit lehnen sie eher ab, und oft ist die Verdauung angegriffen.

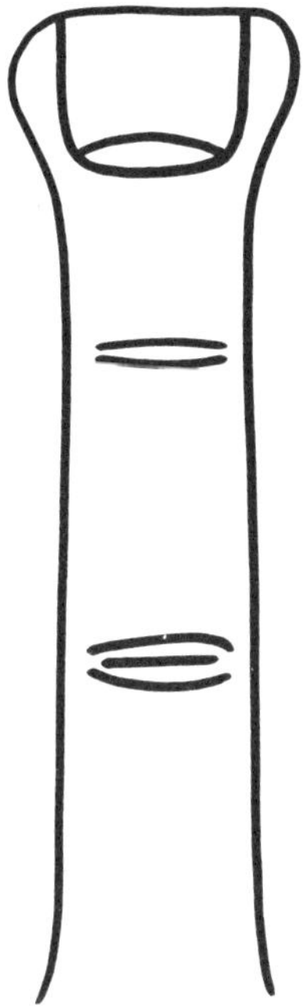

Eine Sonderform des Spatelfingers sind die sogenannten *Trommelschlegelfinger.* Sie deuten auf organische Herzfehler hin. Außderdem sind diese Menschen besondere Genießer, bei denen es mehr auf Vielfalt denn auf Geschmack ankommt.

Fingerhaltung

Betrachtet man die Hand von der Seite, dann gibt es drei Möglichkeiten der Fingerhaltung:

Nach innen gekrümmte Finger entsprechen in etwa der spateligen Form. Solche Menschen sind eher auf die eigenen Vorteile und Wunschbefriedigungen bedacht. Sie haben eine eigene Meinung, die sie nicht immer preisgeben. Sie sind eher verschlossen und geben ungern etwas her. Im Extremfall kann dies zu Geiz und Habgier führen (wenn die Finger krallenartig nach innen gekrümmt sind). Stark nach innen gekrümmte Finger sind häufig Anzeichen für chronische Krankheiten, doch bleibt die psychologische Deutung erhalten.

Gerade Finger entsprechen in etwa der eckigen Form. Solche Menschen besitzen ein natürliches Gleichgewicht zwischen Selbstliebe und Nächstenliebe. Sie können ihre eigenen Interessen vertreten, sind deswegen aber nicht blind gegenüber den Bedürfnissen der Mitmenschen.

Nach außen gezogene Finger entsprechen in etwa der konischen Form. Solche Menschen lassen sich eher durchs Leben treiben, sind neugierig, erfahrungshungrig und gesellig. Sie sind sorglos und geschwätzig. Sie geben gerne her was sie haben (auch wenn sie nichts haben) und genießen das Leben in angenehmer Gesellschaft. Im Extremfall lassen sie sich treiben und enden als Landstreicher.

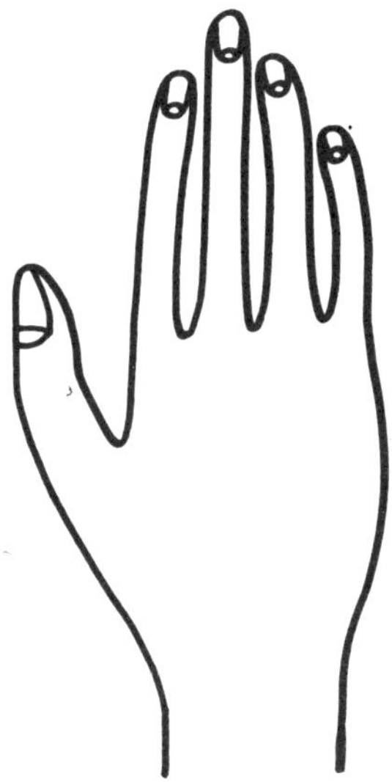

Betrachtet man die entspannte Hand von oben, dann gibt es zwei Extremformen der Fingerhaltung:

Finger eng zusammen. Die Bedeutung dieser Fingerhaltung ist ähnlich der für nach innen gekrümmte Finger. Menschen mit dieser Haltung sind vorsichtig, mißtrauisch und verschlossen. Sie geben nicht gern etwas her, weder Besitz noch etwas aus ihrem Inneren.

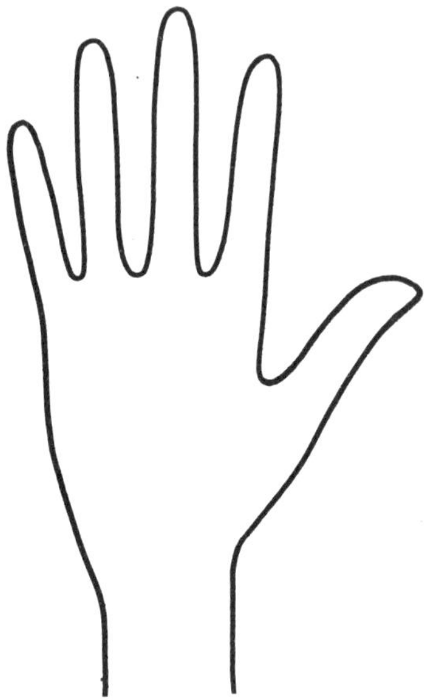

Finger fächerförmig auseinander. Die Bedeutung dieser Fingerhaltung ist ähnlich der für nach außen gekrümmte Finger. Menschen mit dieser Haltung sind zugänglich, offen und risikofreudig. Sie geben und nehmen gern und entscheiden sich schnell.

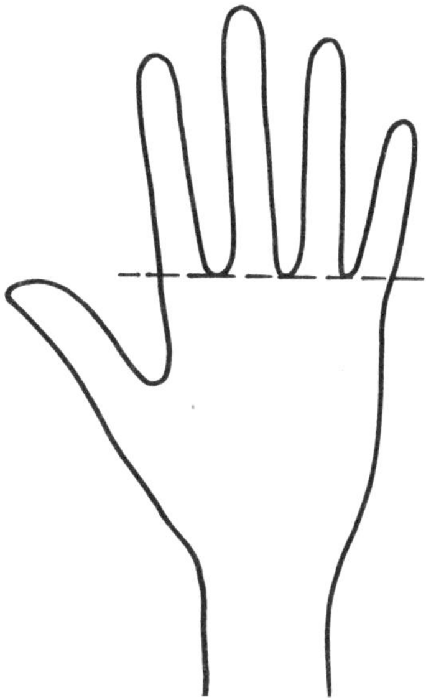

Fingeransatz am Handrumpf

Betrachtet man die Handinnenseite, können die Fingeransätze in einer Linie liegen; sie können aber auch in ungleicher Höhe ansetzen.

Fingeransätze in einer Linie: Alle Eigenschaften kommen in gleichem Maße zum Vorschein, können also gut gefördert und eingesetzt werden. Das verspricht Erfolg und die Fähigkeit, Probleme zu lösen.

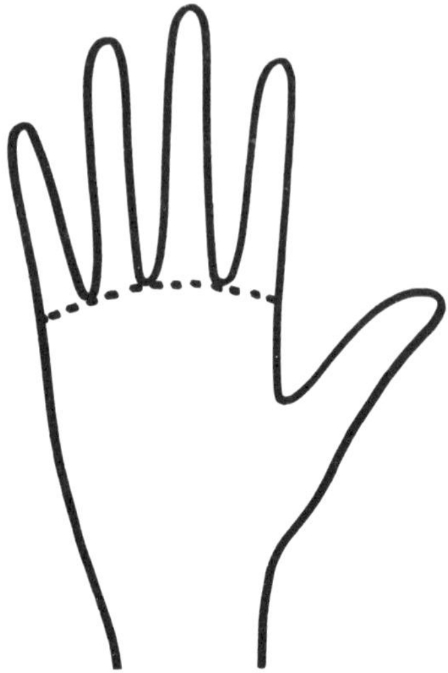

Fingeransätze ungleichmäßig: Die betreffenden Eigenschaften der zu tief angesetzten Finger kommen nicht so recht zur Geltung.

Senkung des kleinen Fingers und des Ringfingers: Künstlerische Fähigkeiten und kommerzielle Interessen können sich nicht entfalten.

Senkung des Zeige- und des Mittelfingers: Ehrgeiz und Pflichtgefühl können sich nicht richtig entfalten.

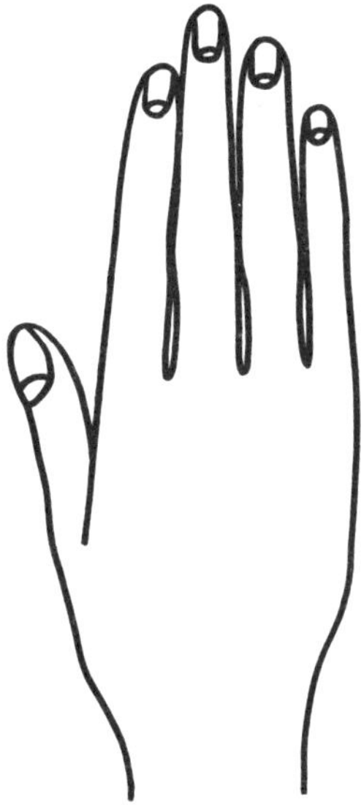

Lücken zwischen den Fingern

Betrachtet man die Hand bei geschlossenen Fingern, so gibt es Hände, bei denen die unteren Fingerglieder dicht aneinander liegen, während bei anderen Händen Lücken sichtbar sind. Das wird folgendermaßen gedeutet:

Lücken zwischen den unteren Fingergliedern (dünne Wurzelglieder):
Menschen mit diesem Merkmal halten viel aus und können Zeiten des Hungers und der Entbehrung gut vertragen.

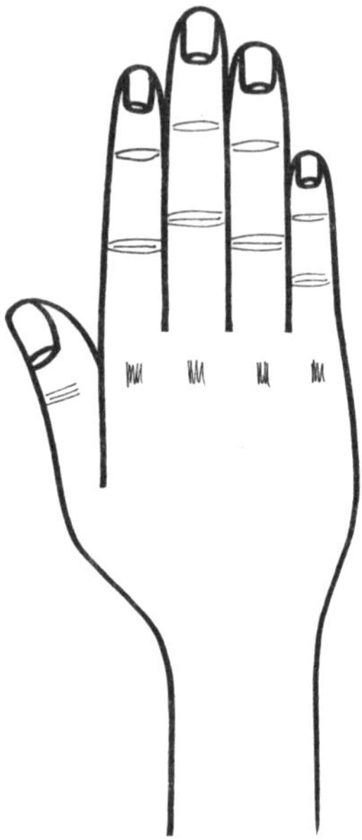

Untere Fingerglieder liegen lückenlos aneinander (dicke Wurzelglieder):
Menschen mit diesem Merkmal haben dicke Unterglieder, was bedeutet, daß sie gerne und viel essen und Hunger oder Entbehrung schlecht vertragen.

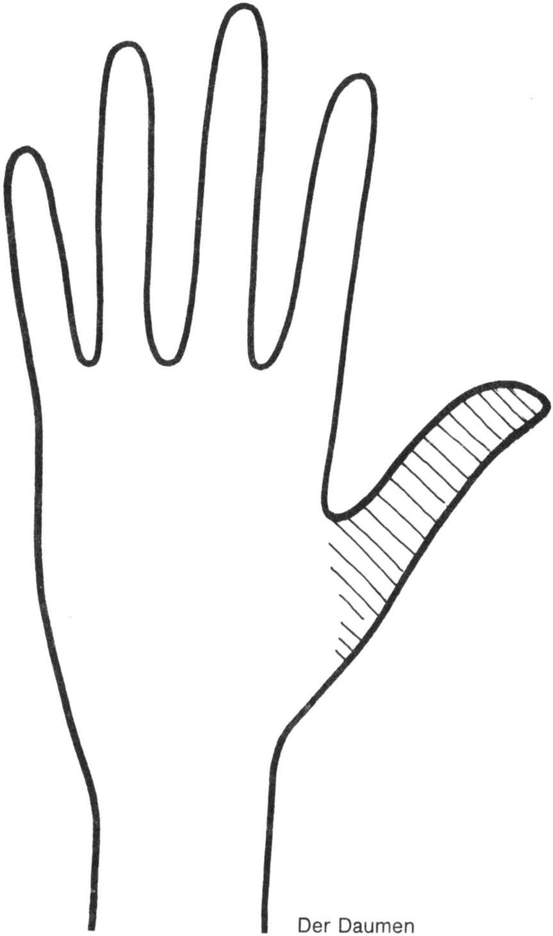

Der Daumen

Der Daumen

Der Daumen ist der wichtigste Finger der Hand. Er symbolisiert unsere Fähigkeit zur Selbstbehauptung, unsere Lebenskräfte, unseren Willen zum Überleben, unser Durchsetzungsvermögen. In früheren Zeiten wurde das Daumensiegel anstelle einer Unterschrift zur Bestätigung von Dokumenten oder zur Bekräftigung von Verträgen verwendet. Kriegsgefangenen und Sklaven schnitt man den Daumen ab und beraubte sie so symbolisch ihrer Willenskraft. – Astrologisch entspricht dem Daumen die Sonne, die den Kern unserer Persönlichkeit und unsere Vitalität repräsentiert.

Bedeutung der Glieder

Das *Wurzelglied* ist beim Daumen Teil der Innenhand (der Daumenberg). Es repräsentiert unsere Triebe und Antriebe, unsere Aktionsbereitschaft und Unternehmungslust aus dem Unbewußten heraus.

Das *Mittelglied* repräsentiert die verstandesmäßige Verarbeitung unserer Triebe und Handlungen. Es lenkt und ordnet unsere Vitalkräfte.

Das *Nagelglied* repräsentiert unseren Willen, die bewußte Selbstbehauptung, wie man seine Energien in der Umwelt ein- und durchsetzt.

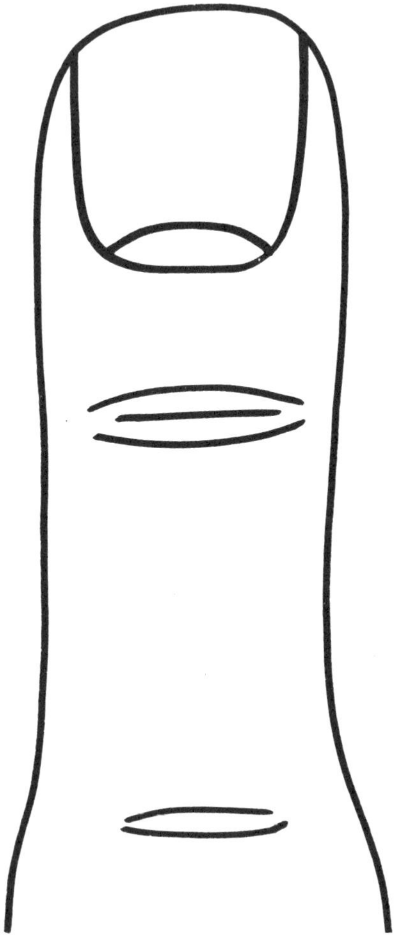

Daumen: Länge

Normale Länge: Der angelegte Daumen reicht bis zur Hälfte des untersten Zeigefingerglieds. Sein Eigner ist intelligent und mit einem gesunden Maß an Durchsetzungsvermögen ausgestattet. Gesunder Menschenverstand und Anpassungsbereitschaft dominieren.

Langer Daumen: Willenskraft, Durchsetzungsvermögen und Selbständigkeit sind stark entwickelt. Menschen mit langem Daumen wollen sich durchsetzen und die Führung übernehmen. Sie können Menschen und Umstände beeinflussen und werden dadurch mit jeder Situation fertig. Die Lebenskräfte sind gut entwickelt (besonders bei starkem Wurzelglied) und wollen in Taten umgesetzt sein. Wenn aber der Daumen dünn und schwach ist, besteht die Tendenz zur Vergeudung der Lebenskräfte und zu Erschöpfungszuständen.
Ist der Daumen *sehr lang*, kehren sich die guten Eigenschaften ins Negative. Menschen mit sehr langem Daumen sind ungeduldig, immer unzufrieden und autoritär. Sie wollen sich um jeden Preis durchsetzen, sind streitsüchtig und aggressiv. Sie sind die geborenen (wenn auch nicht gerade die liebenswürdigsten) Herrscher und Kritiker.

Kurzer Daumen: Willenskraft und praktische Intelligenz sind unterentwickelt, das Durchsetzungsvermögen gering. Menschen mit kurzem Daumen sind ängstlich und vorsichtig. Sie weichen Auseinandersetzungen aus und passen sich lieber Situationen und Menschen an. Den Mangel an Durchsetzungskraft kompensieren sie manchmal durch Sturheit und Penetranz, die der Umwelt unverständlich erscheint. Handlungen und Entscheidungen erscheinen unmotiviert und von plötzlichen Launen abhängig. – Verstärkt werden diese Eigenschaften, wenn der Daumen *dünn, kerzenförmig* und *steif* ist.

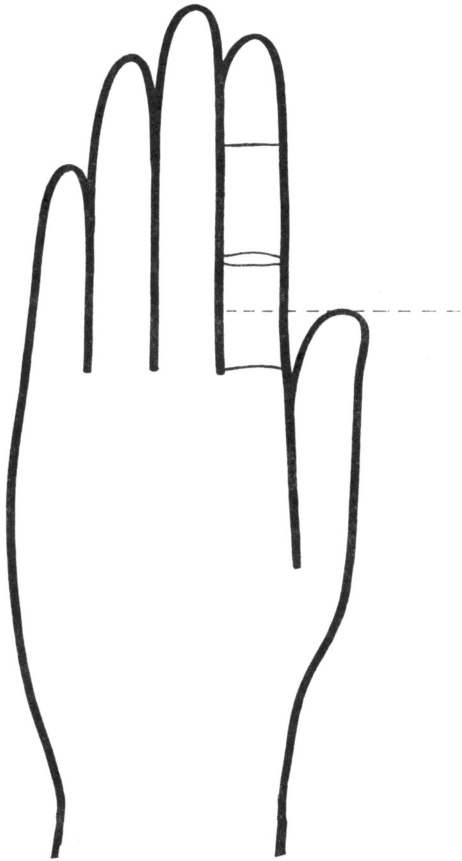

Beweglichkeit des Daumens

Faßt man den Daumen und versucht ihn kreisförmig zu drehen sowie vor- und zurückzubiegen, dann gibt es zwei Extremformen:

Der *steife (unbewegliche) Daumen* gehört einem Menschen mit einem festen (oder starren) Charakter. Dieser Mensch ist eigensinnig und kompromißlos und folgt festgefahrenen Verhaltensweisen. Er ist ein entschlossener und harter Arbeiter, kann aber durch Eigensinn und Rücksichtslosigkeit Schwierigkeiten mit seiner Umwelt bekommen. – Verstärkt werden diese Eigenschaften durch einen *geraden, unstrukturierten* und *langen* Daumen.

Der *biegsame (bewegliche) Daumen* gehört einem Menschen mit Anpassungsfähigkeit, Kontaktfreude und diplomatischem Geschick. Dieser Mensch hat eine rasche Auffassungsgabe und kann Situationen geschickt zu seinem Vorteil ausnutzen, ohne anzuecken. Er liebt Harmonie und schöne Umgebung. Im Extremfall (besonders beweglicher Daumen) wird ein solcher Mensch fahrig, unselbständig und nervös. Er kann sich auf nichts konzentrieren und nichts zu Ende durchführen. – Verstärkt werden die Eigenschaften des biegsamen Daumens, wenn das Nagelglied *nach außen gebogen* und das Mittelglied *eingeschnürt* (tailliert) ist.

Daumenansatz

Je tiefer der Daumen in der Hand angesetzt ist, desto sorgloser und offener ist der Mensch; je höher, desto steifer und gehemmter. Wir besprechen nur die beiden Extremfälle.

Ein *tiefer Ansatz* (meist verbunden mit einem großen Abspreizwinkel) deutet auf einen unabhängigen, kontaktfreudigen, intelligenten Menschen. Er ist anpassungsfähig und aufgeschlossen. Er kann andere Menschen nachahmen und Ideen übernehmen. Im Extremfall wird er sorglos und lehnt Verantwortung ab.

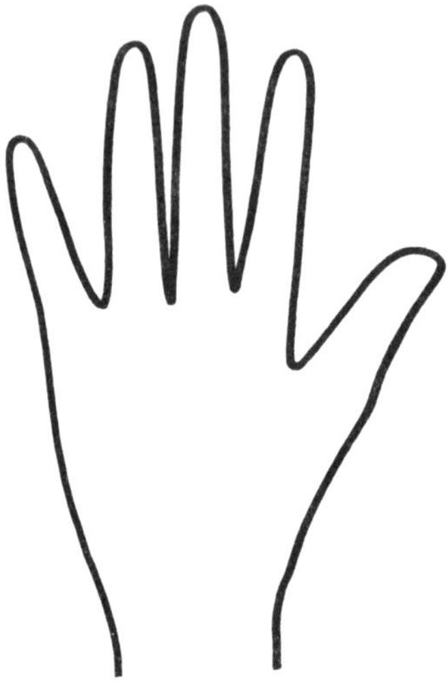

Ein *hoher Ansatz* (meist verbunden mit einem kleinen Abspreizwinkel) deutet auf einen vorsichtigen, unbeweglichen und eher sturen Menschen. Er ist eher langsam, gehemmt und kleinlich. Kontaktvermögen und Anpassungsfähigkeit sind gering entwickelt.

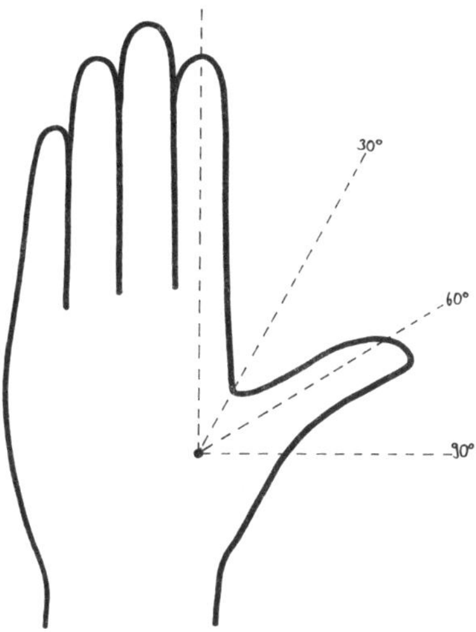

Abspreizwinkel

Die Größe des Abspreizwinkels gibt Aufschluß über die Unabhängigkeit der Person. Je größer der Winkel, desto unabhängiger, selbständiger, aber auch anpassungsunwilliger ist dieser Mensch.

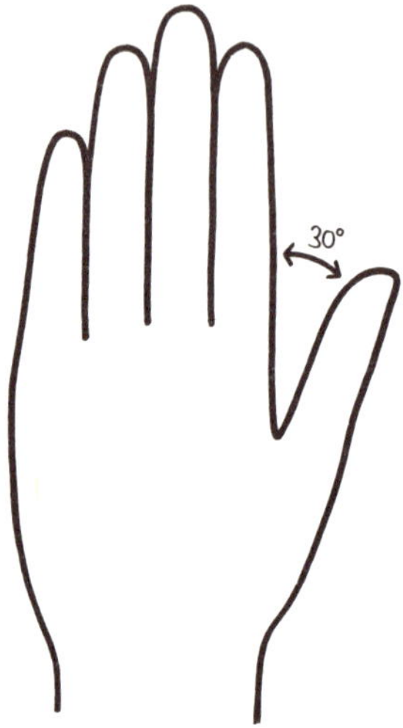

Kleiner Abspreizwinkel (um 30°): Die Willenskraft ist beschränkt, der Ausblick verengt. Solche Menschen haben Vorurteile und verlieren leicht den Überblick. Sie sind unselbständig, ängstlich und vorsichtig. Aber sie können den Mangel an Einsicht und Wagemut durch Sturheit wettmachen.

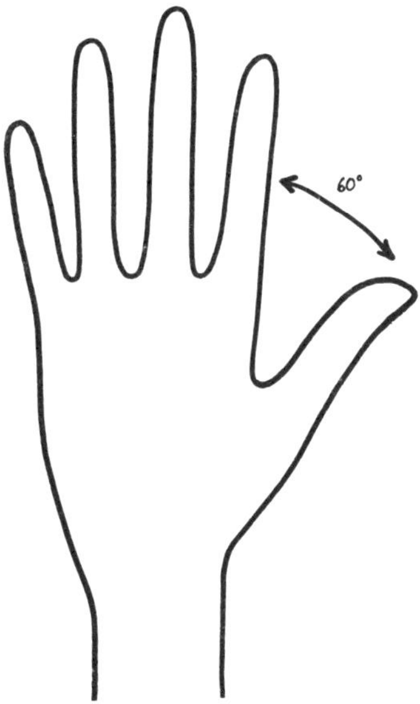

Normaler Abspreizwinkel (um 60°): Es besteht ein ausgewogenes Verhältnis zwischen dem Willen zur Unabhängigkeit und der Fähigkeit zur Anpassung. Solche Menschen führen ein normales Leben. Sie passen sich den Normen der Gesellschaft und den Verhaltensweisen ihrer Umwelt an, ohne deswegen ihre Selbständigkeit und Unabhängigkeit aufzugeben. Sie sind großzügig und tolerant, nüchtern und realistisch.

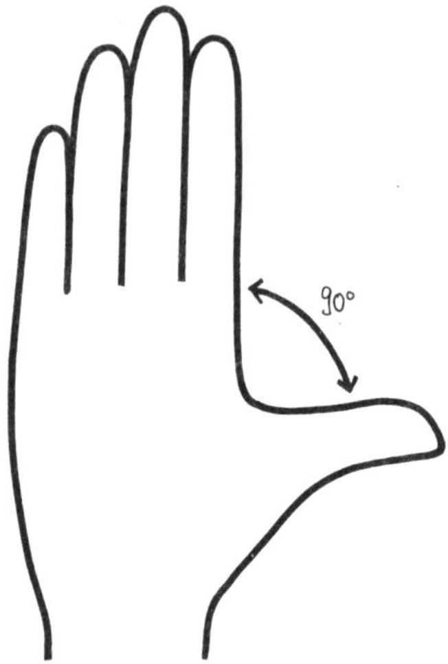

Großer Abspreizwinkel (um 90° oder größer): Freiheitswille und das Bedürfnis nach Unabhängigkeit sind stark (zu stark) ausgeprägt. Die Verträglichkeit mit gesellschaftlichen Normen oder mit anderen Menschen ist gering, die Fähigkeit zur Anpassung und Unterordnung ebenfalls. Jeglicher Zwang wird abgelehnt. Außenseiter der Gesellschaft haben oft große Abspreizwinkel. Dazu gehören geniale Reformer ebenso wie Kriminelle.

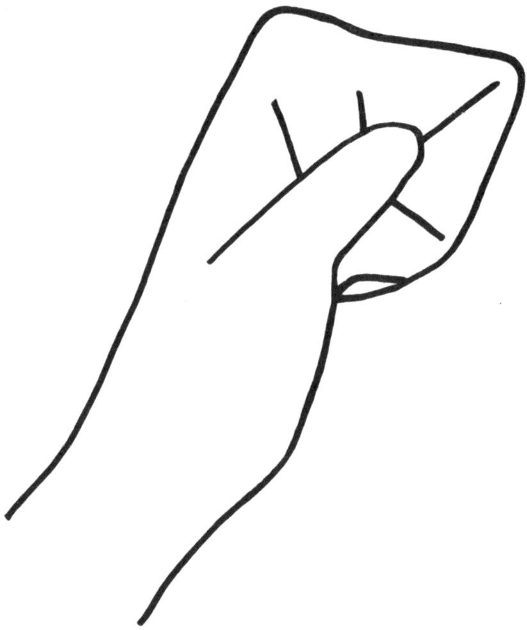

Daumen unter der Hand versteckt: Man versteckt sein eigenes Ich, will sich nicht behaupten, hat keine Persönlichkeit, möchte sich verkriechen. Dieser Fall tritt auf bei Säuglingen, bei geistig Behinderten, bei Schwerkranken und bei Sterbenden.

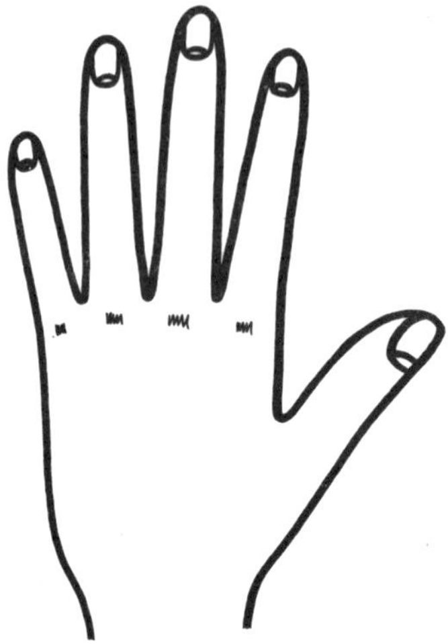

Drehung des Daumens

Legt man die Hand flach auf den Tisch, kann man in manchen Händen den Daumennagel sehen, in anderen nicht, je nach Verdrehung des Daumens. Je mehr man vom Nagel sieht, desto mehr ist der Daumen nach außen gedreht, desto offener und ungehemmter ist der betreffende Mensch. Wir besprechen wieder die beiden Extremfälle.

Daumennagel voll sichtbar: Offenheit, Begeisterungsfähigkeit und rasche Entschlossenheit kennzeichnen seinen Träger.

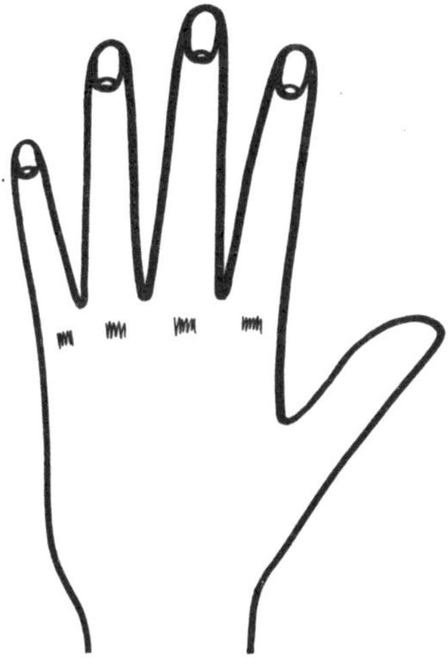

Daumennagel unsichtbar: Verschlossenheit, Lähmung und Hemmung kennzeichnen seinen Träger.

Daumen – Mittelglied

Langes Mittelglied: Die Fähigkeit, Menschen und Situationen zu analysieren und korrekt zu beurteilen, ist gut entwickelt, aber es mangelt an Durchsetzungs- und Realisierungsvermögen. Solche Menschen haben viele Ideen und Pläne, können diese aber schwer in die Tat umsetzen. Sie reagieren jedoch verärgert, wenn andere es für sie machen. Sie reden gern und sind gute Unterhalter. Sie können gut logisch denken, aber weniger gut handeln.

Kurzes Mittelglied: Menschen mit kurzem Mittelglied des Daumens handeln rasch und impulsiv. Ihre Fähigkeiten zur Analyse einer Situation sind nicht gut, und die Aktionen sind nicht immer von guten Intuitionen oder Einsichten getragen. Wenn dann etwas schief geht, haben diese Menschen Schwierigkeiten, ihren Mißerfolg zuzugeben. Sie beharren auf ihrer Meinung und erscheinen der Umwelt unlogisch und stur.

Mittelglied gleich lang wie Nagelglied: Analysefähigkeit und Willenskraft sind gleich gut ausgeprägt. Pläne können in die Tat umgesetzt werden, und Aktionen werden vorher bedacht. Durch die Ausgewogenheit zwischen Denken und Handeln sind Personen mit diesem Merkmal meist erfolgreich im Leben. Sie können Führungspositionen einnehmen und Verantwortung tragen.

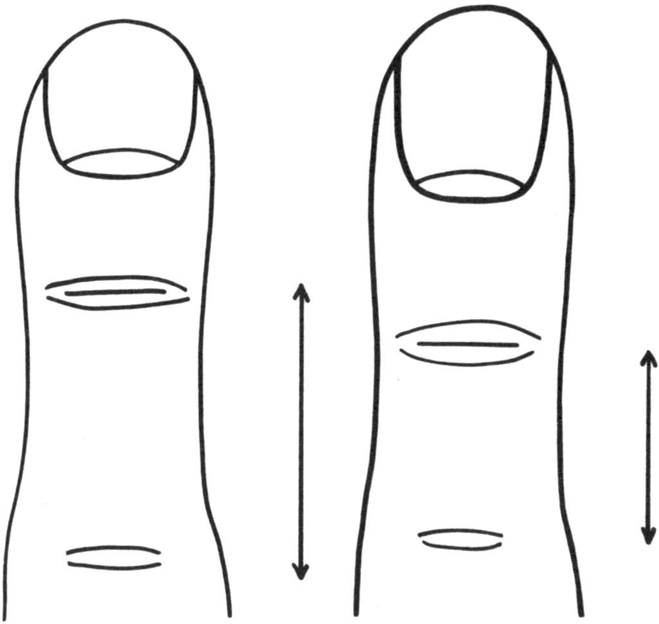

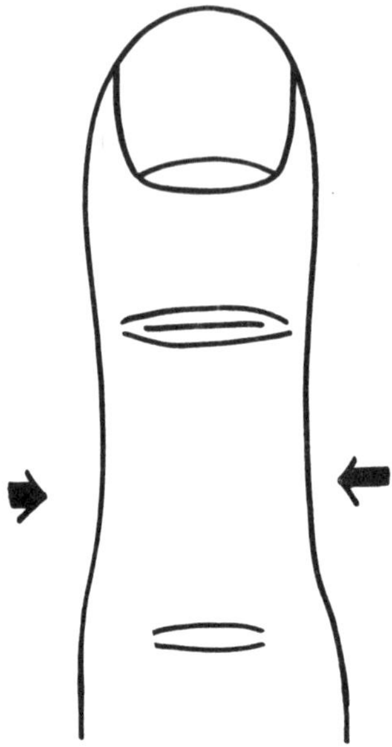

Mittelglied breit und dick: Menschen mit diesem Merkmal handeln impulsiv, ohne Logik, mehr auf die Durchsetzung von Eigeninteressen bedacht und weniger Rücksicht auf die Umwelt nehmend. Verstärkt werden diese Eigenschaften durch ein kurzes Mittelglied.

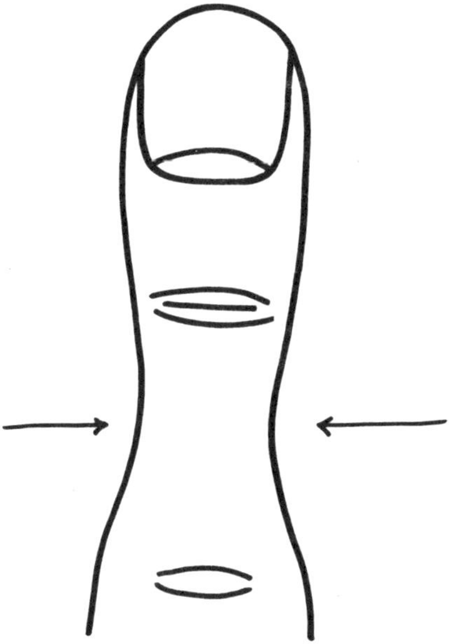

Mittelglied schmal und dünn: Menschen mit diesem Merkmal können die Schwingungen der Umwelt gut aufnehmen und verarbeiten. Sie sind eher taktvoll und diplomatisch und können sich in Situationen und Menschen gut hineinfühlen. Dafür kann die Lebenskraft gering und die Gesundheit grundsätzlich geschwächt sein. Verstärkt werden die Eigenschaften von Takt und Diplomatie durch eine „Wespentaille" des zweiten Daumenglieds, also eine Einschnürung in der Mitte.

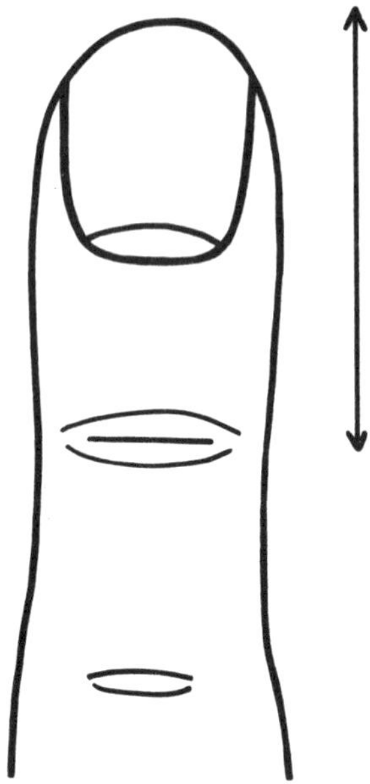

Daumen – Nagelglied

Langes Nagelglied: Willenskraft und Entschlossenheit sind stark ausgeprägt. Energien werden zielgerichtet eingesetzt. Menschen mit einem langen oberen Daumenglied sind zu harter Arbeit fähig. Sie hören jedoch nicht auf andere und erscheinen der Umwelt arrogant und unlogisch. Verstärkt werden diese Eigenschaften durch ein *dickes* Nagelglied.

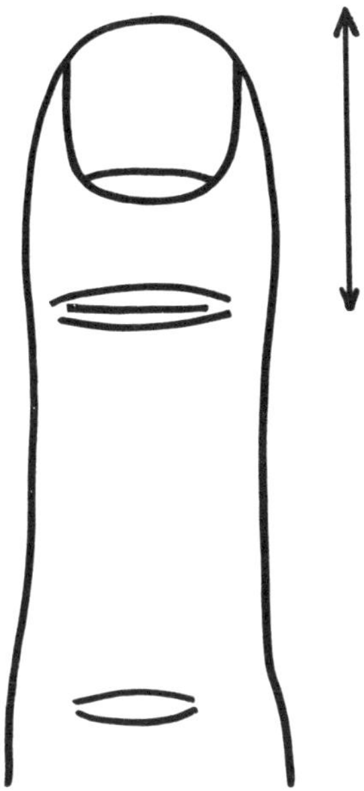

Kurzes Nagelglied: Wille und Entschlußkraft sind gering entwickelt. Menschen mit einem kurzen oberen Daumenglied weichen Auseinandersetzungen eher aus, können aber ihren Mangel an Durchsetzungsvermögen durch Sturheit wettmachen. Im Extremfall lassen sie sich durchs Leben treiben und verschieben die Lösung aller Probleme auf morgen. Verstärkt werden diese Eigenschaften durch ein *flaches* Nagelglied.

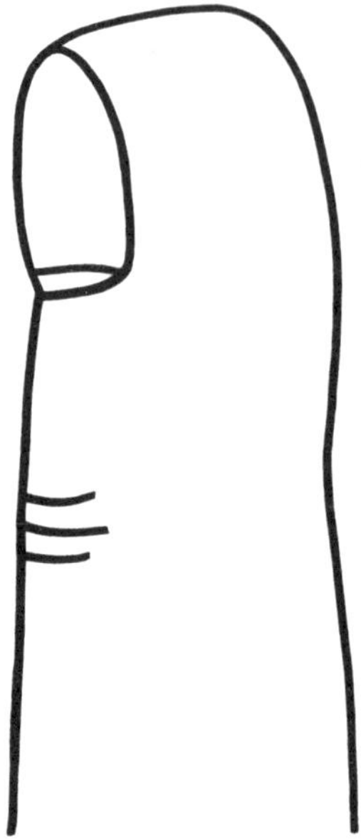

Daumen – Nagelglied

Nagelglied dick (von der Seite gesehen): Willenskraft und Durchsetzungsvermögen sind geballt, gestaut. Das gilt besonders bei einer Daumenform, die man als *Keulendaumen* bezeichnet (und die in der früheren chirologischen Literatur „Mörderdaumen" hieß). Menschen mit dickem oberen Nagelglied dulden keinen Widerstand. Sie neigen zu heftigen Gefühlsausbrüchen und sagen vielleicht auch manchmal, „den könnte ich umbringen". Verstärkt werden diese Eigenschaften, wenn das Nagelglied auch von oben gesehen breit erscheint, sowie durch einen kurzen Daumen.

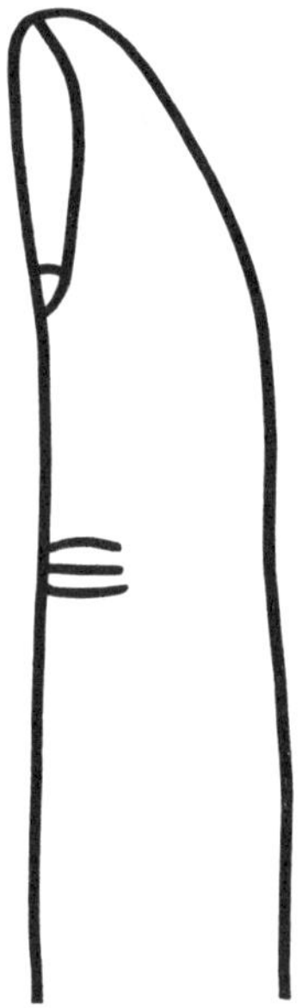

Nagelglied flach (von der Seite gesehen): Die Fähigkeit, den eigenen Willen durchzusetzen, ist gering entwickelt. Energien entladen sich schnell, so daß kein besonderes Durchhaltevermögen vorhanden ist. Verstärkt werden diese Eigenschaften, wenn das Nagelglied auch von oben gesehen schmal erscheint, sowie durch einen langen, dünnen Daumen.

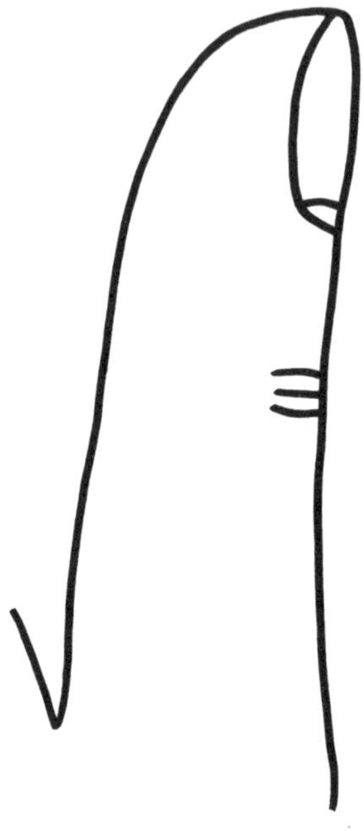

Daumen gerade (von der Seite gesehen): Das Merkmal entspricht im wesentlichen dem „steifen Daumen". Menschen mit geradem Daumen sind hart, entschlossen, fest und manchmal rücksichtslos. Sie ertragen harte Zeiten und können sich gut durchsetzen, manchmal auf Kosten anderer.

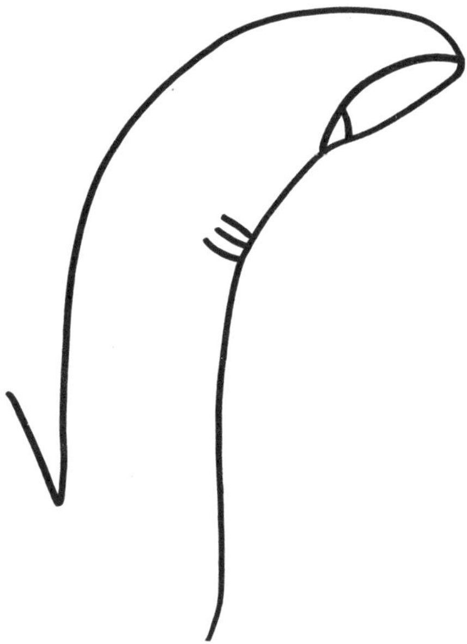

Daumen nach rückwärts gebogen: Menschen mit diesem Merkmal können sich in Menschen und Situationen gut einfühlen. Sie sind taktvoll, anpassungsfähig und kompromißbereit. Sie sind großzügig (auch was Geld betrifft), unkonventionell und extravagant. Sie sind tolerant (auch dem eigenen Leben gegenüber), und lassen sich eher treiben als daß sie sich durchsetzen.

Daumen – Nagelglied

Nagelglied spatelig: Die Lebensenergien sind gestaut und können sich explosionsartig entladen. Menschen mit spateligem Daumen sind überimpulsiv und neigen zu Rücksichtslosigkeit und Brutalität.

Nagelglied eckig: Bei der Durchsetzung des eigenen Willens dominieren gesunder Menschenverstand, praktische Intelligenz und vernünftige Überlegungen. Menschen mit eckigem Daumen haben Ausdauer und können sich gut durchsetzen, bewahren aber dennoch die Form.

Nagelglied konisch: Entschlußkraft und Widerstandsfähigkeit sind gering entwickelt. Menschen mit konischem Daumen sind impulsiv und nachgiebig. Sie handeln mehr aus Gefühlen und Stimmungen heraus und sind stark von der Meinung der Umwelt abhängig.

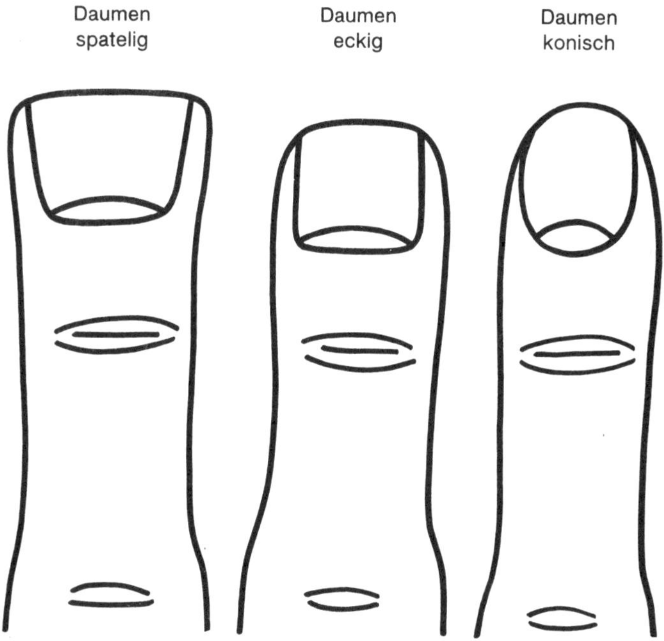
Daumen spatelig
Daumen eckig
Daumen konisch

Der Zeigefinger

Der Zeigefinger symbolisiert unser Selbstwertgefühl, unseren Ehrgeiz und das Streben nach Verantwortung und Macht. Er zeigt an, wie wir uns bewußt in der Welt behaupten, wie wir uns selbst einschätzen, welche Autorität wir besitzen und wieviel Verantwortung wir übernehmen.
Astrologisch entspricht dem Zeigefinger der Jupiter, der die Fähigkeit der Behauptung im sozialen Umfeld, unsere gesellschaftlichen Beziehungen und unsere philosophisch-religiösen Vorstellungen repräsentiert.

Bedeutung der Glieder

Das *Wurzelglied* repräsentiert die Energien, die wir zur Durchsetzung unserer Selbstbehauptung in der Gesellschaft benötigen.

Das *Mittelglied* repräsentiert die bewußte Gestaltung unserer Durchsetzung in Beruf und Gesellschaft, den ordnenden Verstand, der die Energien des Wurzelglieds und die Wahrnehmungen des Nagelglieds aufnimmt und in praktisch verwertbare Bahnen lenkt.

Das *Nagelglied* repräsentiert unsere philosophischen, ethischen und moralischen Eindrücke von der Welt; die Art, wie wir Weltanschauliches aufnehmen oder abstrahlen.

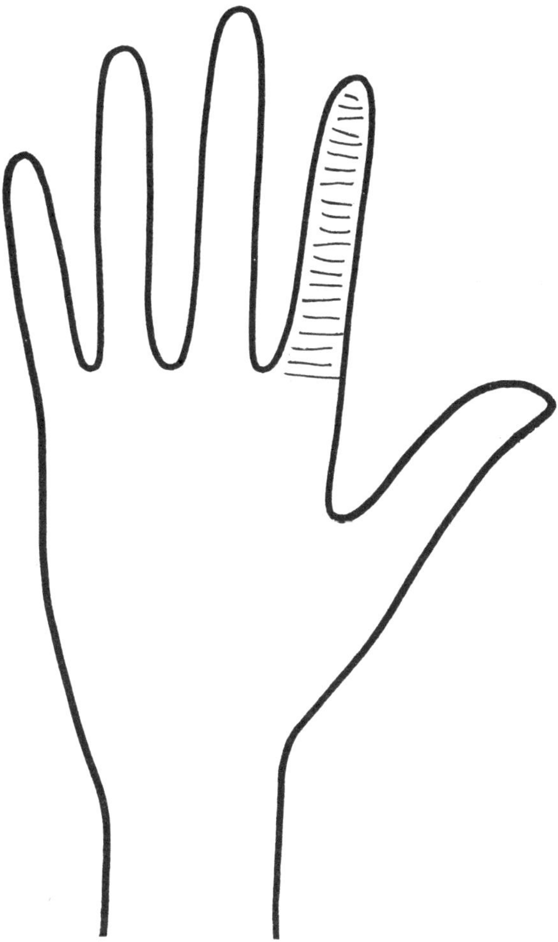

Zeigefinger: Länge

Normale Länge: Der normale Zeigefinger reicht bis zur Mitte des Nagelglieds des Mittelfingers. Sein Eigner hat ein gut entwickeltes Selbstgefühl, ohne arrogant oder autoritär zu sein. Er kann sich auf normale Weise in der Welt durchsetzen.

Langer Zeigefinger: Menschen mit langem Zeigefinger sind machtbewußt, zielstrebig und ehrgeizig. Sie sind selbstbewußt und entschlossen, übernehmen gern Verantwortung und sind oft in Führungspositionen anzutreffen. Sie sind stolz und autoritär. Sie können gut beobaten und richtig entscheiden. Sie sind unabhängig und realistisch.
Ist der Zeigefinger sehr lang (so lang wie der Mittelfinger), schlagen die Eigenschaften ins Negative um. Diese Menschen sind besessen vom Streben nach Macht und scheuen keine Hindernisse auf dem Weg nach oben. Widerstände werden aus dem Weg geräumt, die eigenen Handlungen stets für richtig befunden.

Kurzer Zeigefinger: Ist der Zeigefinger kürzer als der Ringfinger, fehlen seinem Eigner Würde und Stolz, Durchsetzungsvermögen und Autorität. Menschen mit kurzem Zeigefinger sind eher unauffällig und bescheiden. Sie meiden den Kampf um Position und Macht. Sie widmen sich mehr ihrer Freizeit und können zu Minderwertigkeitskomplexen neigen.
Man beachte bei der Deutung der Zeigefingerlänge die Aussagen über den Daumen!

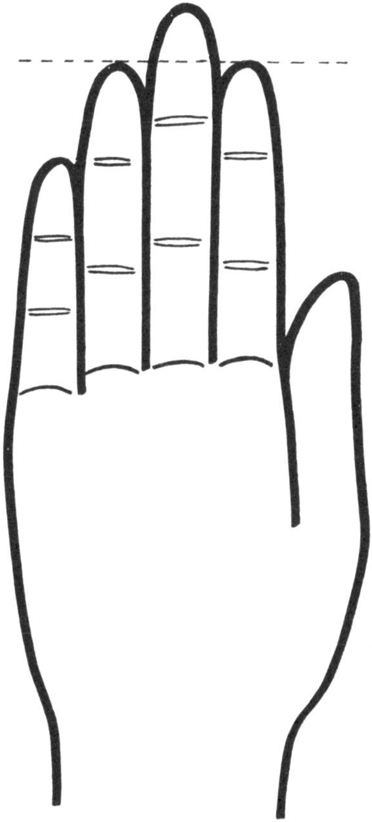

Neigung des Zeigefingers

Neigung zum Daumen (von der Hand weg): Das Abspreizen von der Hand weist immer auf Unabhängigkeit hin. Hier liegt die Unabhängigkeit im Verfolgen und Erreichen der Lebensziele. Menschen mit diesem Merkmal sind vor allem auf die Durchsetzung der eigenen Zielvorstellungen und Pläne ausgerichtet. Sie sind gleichzeitig tolerant und egoistisch.

Neigung zum Mittelfinger (zur Handmitte hin): Das Selbstbewußtsein kann sich nur im Rahmen der Pflichterfüllung (Mittelfinger) entfalten. Ein solcher Mensch kann nicht gut für sich sprechen. Er besitzt erst dann Macht und Autorität, wenn er besondere Pflichten erfüllt. In seinen Bestrebungen ist er eher ernst und konzentriert.

Zeigefinger: Formen

Nagelglied spatelig: Ehrgeiz, Durchsetzungswille und Machtentfaltung sind stark ausgeprägt. Menschen mit dieser Form sind aktiv und setzen ihre Energien (und ihren Körper) zur Erreichung von Ansehen und Macht ein.

Nagelglied eckig: Das Selbstbewußtsein ist gut entwickelt, entfaltet sich aber im Rahmen fester (gesellschaftlicher) Formen. Menschen mit dieser Form sind realistisch, konventionell und beherrscht. Sie halten sich an das Gesetz und sind gute Lehrer oder Juristen.

Nagelglied konisch: In Fragen der Weltanschauung, der Sitte und Moral hält man sich eher an augenblickliche Stimmungen als an ewige Gesetze. Das Einfühlungsvermögen in geistige Zusammenhänge ist groß, und es besteht ein Hang zur religiösen Mystik. Dafür gibt es wenig Standfestigkeit im Beruf oder beim Verfolgen der eigenen Karriere.

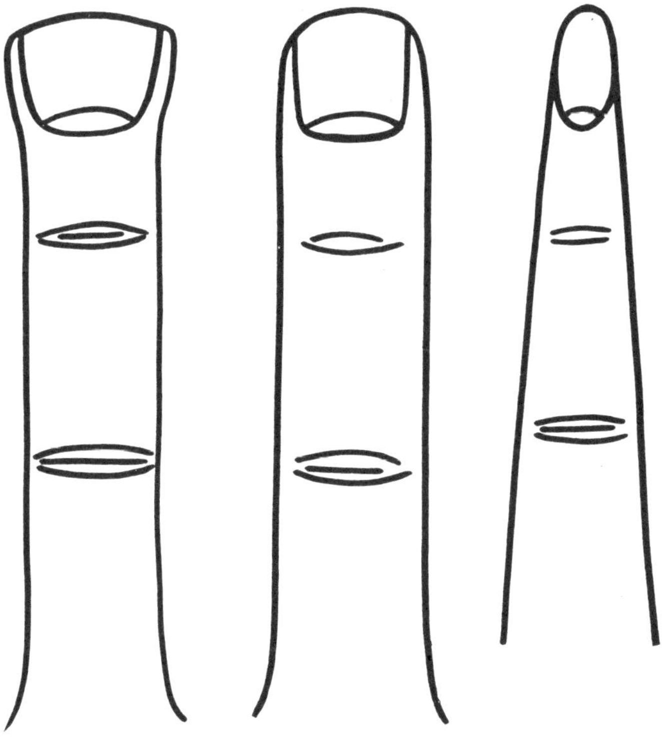

Der Mittelfinger

Der Mittelfinger symbolisiert unser Verantwortungsgefühl, unsere Auffassung von Pflicht, unser Gewissen. Er steht für das Ernste und Schwere in unserem Leben, für unser Schicksal, für das, was wir mühsam lernen. Aber er repräsentiert auch unsere Fähigkeit zur Konzentration, zu Zähigkeit und Ausdauer.
Astrologisch entspricht dem Mittelfinger der Saturn, der unser Gewissen, unsere Konzentrationsfähigkeit und unsere Hemmungen repräsentiert. Saturn steht für alles Langsame, Feste, Gewachsene, Stützende und Blockierende.

Bedeutung der Glieder

Das *Wurzelglied* repräsentiert die Energien, die wir zur praktischen Verwertung lebensnaher Ziele verwenden. Es zeigt, wie aktiv wir uns bemühen, unsere Pläne konkret zu realisieren.

Das *Mittelglied* repräsentiert Ernsthaftigkeit und Ausdauer beim Aneignen und systematischen Verarbeiten von Wissen.

Das *Nagelglied* repräsentiert unseren Sinn für höhere (ethische, moralische, geistige) Gesetze, wie wir Eindrücke aus der Umwelt in ein sinnvolles Ganzes integrieren können.

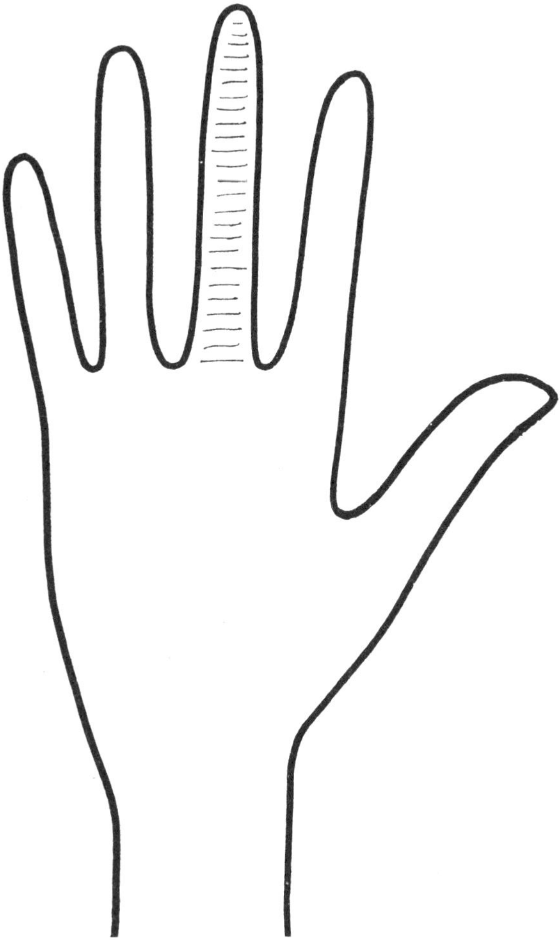

Mittelfinger: Länge

Normale Länge: Siehe Zeigefinger: Ein halbes Nagelglied größer als der Zeigefinger ist Normallänge für den Mittelfinger. Sein Träger besitzt Verantwortungsgefühl und praktische Vernunft, dazu Konzentrationsfähigkeit und eine realistische Einschätzung von Menschen und Situationen. Er kann seine Ideen in vernünftigem Rahmen und in geordneten Bahnen durchsetzen, und dabei die Formen und Gesetze wahren.

Langer Mittelfinger: Pflichtgefühl und Gewissen sind übertrieben ausgeprägt. Ein solcher Mensch ist übergewissenhaft, ängstlich und gehemmt. Er macht sich ständig Vorwürfe, neigt zu Depressionen und Magen/Galle-Erkrankungen. Er nimmt Fragen der Ethik oder Religion zu genau und leidet unter ständigen Schuldgefühlen. Er fühlt sich zu Leistungen gezwungen, die er nicht erbringen kann, ist gehemmt, ungesellig und entschlußlahm.

Kurzer Mittelfinger (zum Beispiel nicht länger als der Ringfinger): Ein solcher Mensch nimmt die Dinge eher leicht. Gewissen und Pflichtgefühl sind unterentwickelt, Risiken werden ohne viel Überlegung übernommen. Spielernaturen haben kleine Mittel- und große Ringfinger. Es fehlt der Ernst des Lebens. Handlungen sind nicht von Moralvorstellungen geprägt, sondern von plötzlichen Einfällen oder unmittelbar sichtbaren Vorteilen.

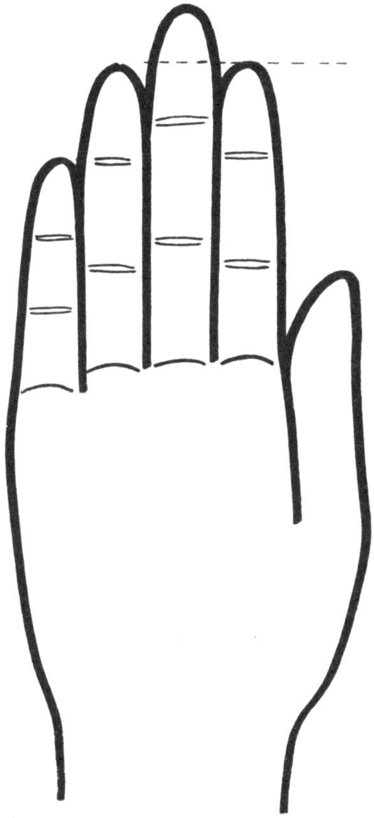

Neigung des Mittelfingers

Neigung zum Zeigefinger: Selbstbewußtsein und die Möglichkeit der Selbstentfaltung sind durch Schuldgefühle und Komplexe beeinträchtigt. Etwas Schweres, Hemmendes kommt über den Menschen und hindert ihn daran, seine Talente voll zu entfalten.

Neigung zum Ringfinger: Partnerbeziehungen und künstlerische Entfaltungsmöglichkeiten (Ringfinger) sind durch Schuldgefühle und Komplexe beeinträchtigt. Solche Menschen haben das Gefühl, in ein unentrinnbares Schicksal eingespannt zu sein, das ihnen keinen Weg zu Freiheit und Glück offen läßt.

Mittelfinger: Formen

Nagelglied spatelig: Ernsthaftigkeit, Nüchternheit und hohe moralische Maßstäbe kennzeichnen diesen Menschen. Er besitzt seelische Tiefe, leidet aber unter Schuldgefühlen und Hemmungen. Er neigt zu Depressionen und isoliert sich von der Umwelt.

Nagelglied eckig: Pflichtbewußtsein, Verantwortungsgefühl und Konzentrationsfähigkeit sind gut entwickelt. Moralisch-ethische oder religiöse Prinzipien werden beachtet; es besteht jedoch die Gefahr der Engherzigkeit bei der Beurteilung anderer Menschen.

Nagelglied konisch: Das Verantwortungsgefühl ist gering entwickelt. Das führt zu einer gewissen Leichtlebigkeit, die dem Träger eines solchen Merkmals ein sorgloses Leben ohne Grübeleien und Depressionen erlaubt. Für die exakten Wissenschaften besteht ein intuitives Verständnis, doch tendiert er zu leichtsinnigen und unbedachten Handlungen.

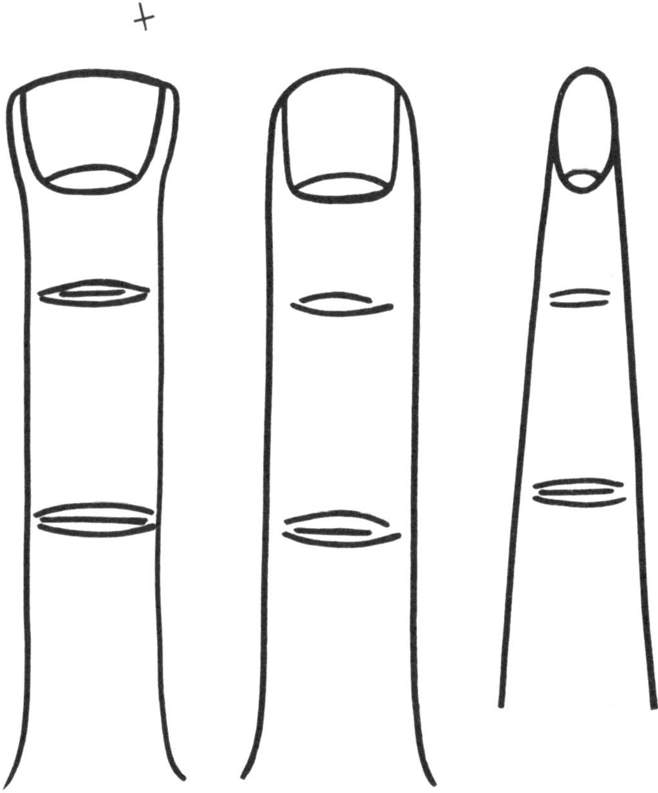

Der Ringfinger

Der Ringfinger symbolisiert unsere künstlerischen Begabungen, unseren Geschmack, unser Glück im weitesten Sinn. Er steht für Partnerschaftsbeziehungen (daher auch „Ringfinger“!), für Schönheit und Harmonie.
Astrologisch entspricht dem Ringfinger die Venus, der Planet der Schönheit und Liebe, aber auch der Kunst und des Geschmacks.

Bedeutung der Glieder

Das *Wurzelglied* repräsentiert die Energien, die wir zur Gestaltung von Beziehungen und für künstlerische Aktivitäten zur Verfügung haben. Es hat auch Bezug zu unserer Genuß- und Liebesfähigkeit.

Das *Mittelglied* repräsentiert die Fähigkeit, Wahrnehmungen und Sinneseindrücke künstlerisch umzusetzen sowie Beziehungen geistig auf eine harmonische Grundlage zu stellen.

Das *Nagelglied* repräsentiert unser Einfühlungsvermögen in ästhetisch-harmonische Zusammenhänge, unseren Idealismus, unsere Hingabefähigkeit in Zweierbeziehungen.

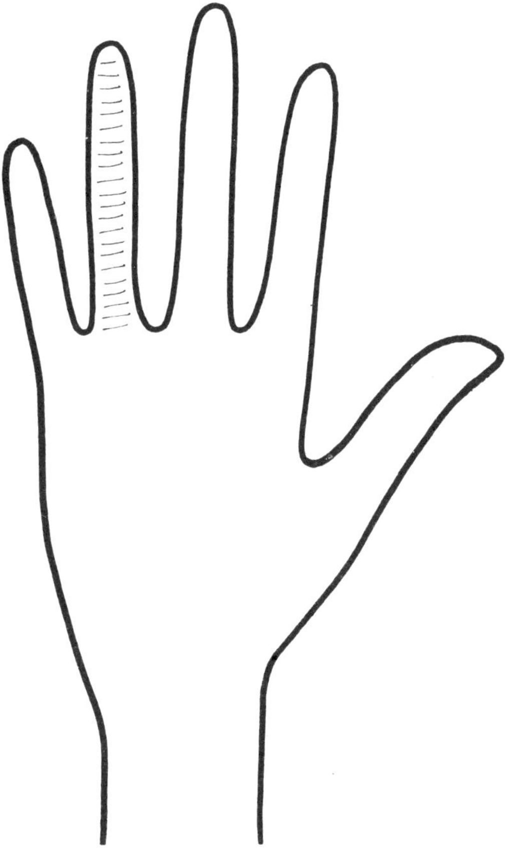

Ringfinger: Länge

Normale Länge: Der Ringfinger hat normale Länge, wenn er ungefähr gleich lang ist wie der Zeigefinger. Sein Träger besitzt Geschmack und eine realistische Einschätzung seiner künstlerischen Talente. Er kann auf andere Menschen zugehen und intime Beziehungen eingehen. Er ist optimistisch, ohne deswegen zuviel zu riskieren.

Langer Ringfinger: Bei übermäßiger Ringfingerlänge (im Extremfall bis zum Mittelfinger und darüber) wird aus Optimismus Sorglosigkeit und ein Hang zum Spekulieren, aus Geschmack Eitelkeit, aus Vorstellungskraft und Phantasie Flucht in Phantasiewelten. Spekulanten und Spielernaturen haben solche Finger.

Kurzer Ringfinger: Der Wunsch nach Anerkennung und Ruhm ist da, wird aber nicht durch fördernde Eigenschaften unterstützt. Das führt zu phantastischen Ideen über die eigenen (nicht vorhandenen) Fähigkeiten und Talente. Die künstlerischen Fähigkeiten sind gering entwickelt, und auf harmonische Zweierbeziehungen wird wenig Wert gelegt.

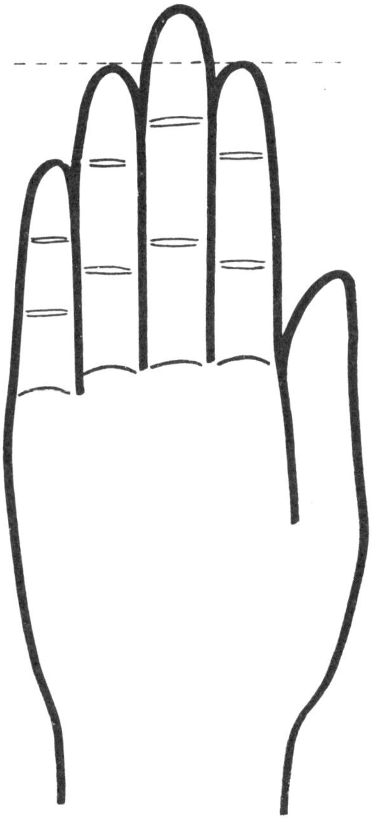

Neigung des Ringfingers

Neigung zum Mittelfinger: Künstlerische Talente können sich nur im Rahmen einer vorgegebenen Pflicht entfalten. Optimismus wird durch Ernsthaftigkeit gebremst, Unbekümmertheit (auch in Beziehungen) durch ein starkes Gewissen eingeschränkt, Fröhlichkeit durch Traurigkeit geschmälert.

Neigung zum kleinen Finger: Künstlerische Talente können sich durch die Sprache oder über Geschäftsbeziehungen (kleiner Finger) entfalten. Das kann auf gute kommerzielle Umsetzung künstlerischer Betätigungen hindeuten.

Ringfinger: Formen

Nagelglied spatelig: Künstlerische Talente können am besten in Ausdruck und Bewegung ausgelebt werden, also in Tanz, Schauspiel, Malerei. Aber auch der Umgang mit Materie, also mit konkret Faßbarem, wird durch diese Fingerform gefördert, was auf Bildhauer und technische Künstler hinweist. In Fragen der Kunst, des Erfolgs und der persönlichen Beziehungen sind solche Menschen realistisch.

Nagelglied eckig: Künstlerische Betätigung verläuft in geordneten Bahnen. Das Merkmal ist besonders günstig für intellektuelle Künste: Schriftstellerei, Mathematik, Programmieren; aber auch für Künste, die Form- und Rhythmusgefühl erfordern (z. B. Lyrik). Möglicherweise mangelt es an originellen Einfällen, dafür herrscht Ordnung und Beständigkeit in Fragen der Kunst, des Geschmacks und der persönlichen Beziehungen.

Nagelglied konisch: Das ästhetische Empfinden ist stark ausgeprägt und verfeinert, der Geschmack raffiniert bis extravagant, die Sensibilität in zwischenmenschlichen Beziehungen hoch. Schönheit und Harmonie werden bevorzugt. Menschen mit diesem Merkmal schwelgen in ästhetischen Genüssen und lieben den Luxus. Sie sind idealistisch, es fehlt ihnen jedoch die Möglichkeit, ihre Phantasien in die Tat umzusetzen.

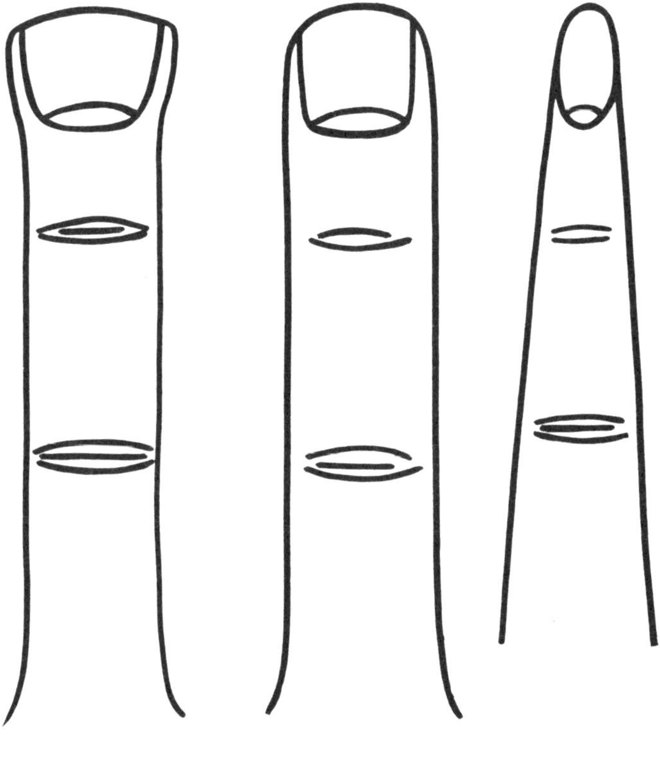

Der kleine Finger (kurz: Kleinfinger)

Der Kleinfinger symbolisiert unser Sprach-, Denk- und Kommunikationsvermögen. Er steht für unsere Kontaktfähigkeit und für die Fähigkeit, geistige Inhalte aufzunehmen, zu verarbeiten und weiterzugeben. Der kleine Finger sagt auch etwas über unser Sprachvermögen aus, über unsere kommerziellen Fähigkeiten und über unsere körperliche und geistige Beweglichkeit.
Astrologisch entspricht dem kleinen Finger der Merkur, der Planet der Kaufleute, Philosophen und Diebe. Merkur steht für Gedanken, Bewußtsein und Abstraktionsvermögen, sowie für die Vermittlung von geistigen und materiellen Werten.

Bedeutung der Glieder

Das *Wurzelglied* repräsentiert die körperliche Beweglichkeit und die Fähigkeit, Materie zu vermitteln (also Geschäfte zu treiben) und sich in der Welt faßbarer Dinge zu behaupten.

Das *Mittelglied* repräsentiert das sprachliche Ausdrucksvermögen sowie Organisationstalent und kommerzielle Fähigkeiten. Es verweist außerdem auf Abstraktionsvermögen und wissenschaftliche Interessen.

Das *Nagelglied* repräsentiert die geistige Kontaktfähigkeit, die Aufnahmefähigkeit für geistige Anregungen, das Einfühlungsvermögen in höhere geistige Werte.

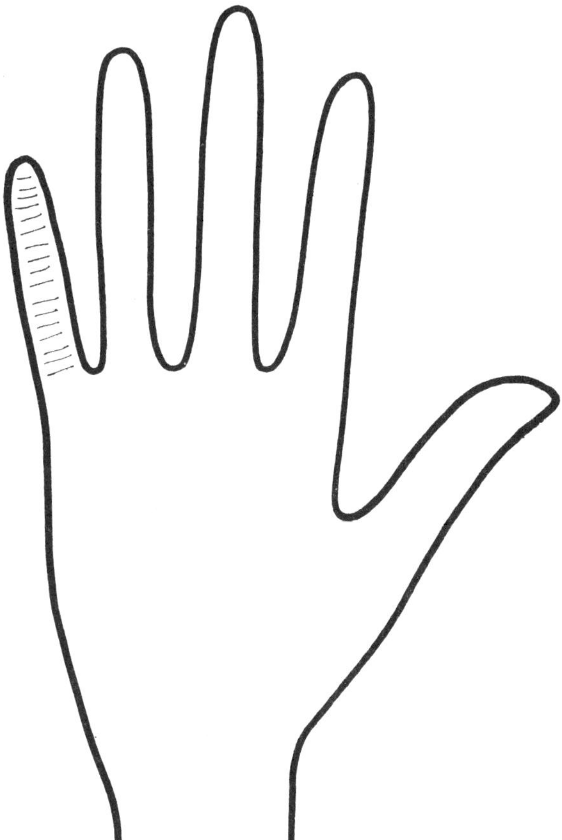

Kleinfinger: Länge

Normale Länge: Ein kleiner Finger hat normale Länge, wenn er bis zur Grenze zwischen Nagelglied und Mittelglied des Ringfingers reicht. Dann sollte er so lang wie der Daumen sein. Sein Träger besitzt Wortgewandtheit und gesunden Menschenverstand, Sprachgefühl und Intelligenz.

Langer Kleinfinger: Das Interesse an Geistigem ist sehr stark, was auf einen Philosophen oder einen erfolgreichen Redner hindeutet. Andererseits besteht eine Neigung zu Geschwätzigkeit und Überredungskunst, wobei die Wahrheit manchmal auf der Strecke bleibt. Menschen mit sehr langem Kleinfinger haben in sich das Zeug zum Heiligen ebenso wie zum großen Betrüger.

Kurzer Kleinfinger: Die intellektuellen Fähigkeiten sind verkümmert und die Beziehungen zur Umwelt in irgendeiner Weise gestört. Menschen mit kurzem kleinem Finger reagieren eher instinktiv als logisch.

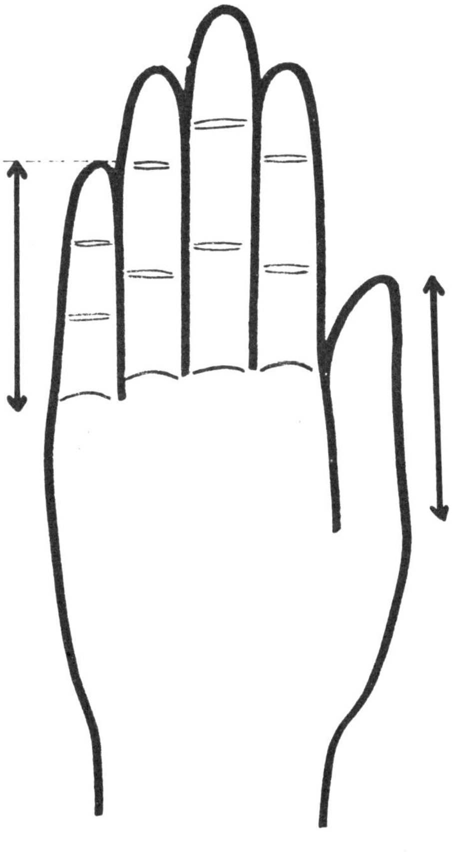

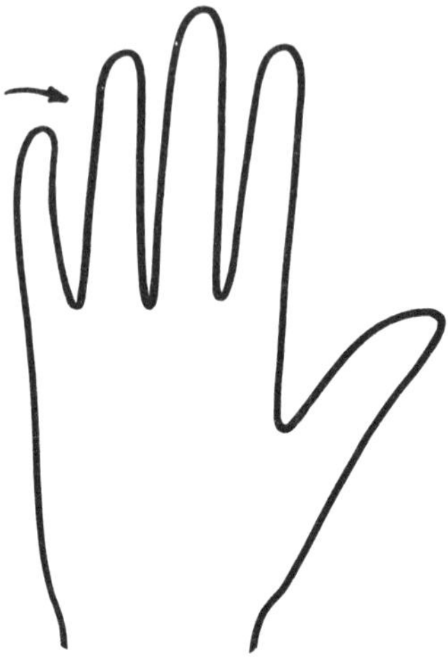

Neigung des kleinen Fingers

Neigung zum Ringfinger: Künstlerische Ausdrucksformen werden durch den ordnenden Verstand beeinflußt, können also durch den Intellekt gesteuert werden. Diplomatie und geschicktes Ausnützen von Situationen sind weitere Merkmale. Das kann auf einen guten Diplomaten ebenso hindeuten wie auf einen erfolgreichen Betrüger.

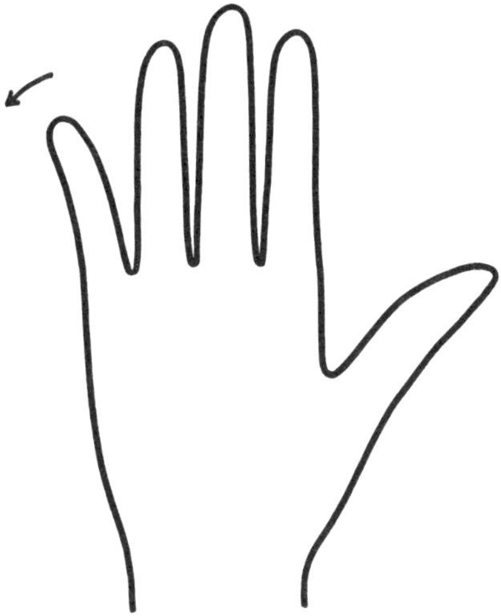

Neigung vom Ringfinger weg: Das sprachliche Ausdrucksvermögen ist ungehemmt, es wird weder durch Konventionen noch durch Fragen des Geschmacks beeinträchtigt. Menschen mit abstehendem kleinen Finger haben zum Beispiel keine Hemmungen, ihren Heimatdialekt auch in der Fremde zu verwenden. Außerdem ist das geistige Aufnahmevermögen groß und ungehindert. Wissensdrang und Neugier zeichnen diese Menschen aus.

Kleiner Finger: Formen

Nagelglied spatelig: In Geschäftsbeziehungen verhilft ein sicherer Instinkt für den eigenen Vorteil zum Erfolg. Kaufmännische Begabungen und Sinn für Materie sind gut ausgeprägt. Außerdem besteht Interesse an der geistigen Ordnung von Bewegungsabläufen, zum Beispiel im Sport, im Theater, in der Technik, im Film.

Nagelglied eckig: Menschen mit eckigem kleinen Finger besitzen Organisationstalent und Formgefühl in ihren sprachlichen Äußerungen. Sie haben Interesse an den exakten Wissenschaften, und sie sind im Denken logisch, vernünftig und praktisch. Sie halten sich an Zahlen und Fakten und weniger an Eindrücke.

Nagelglied konisch: Im sprachlichen Ausdruck sind diese Menschen gewandt und anpassungsfähig. Sie besitzen Einfühlungsvermögen für geistig-spirituelle Werte und großes Intuitionsvermögen. Allerdings kann die Sprache wichtiger werden als die Wahrheit.

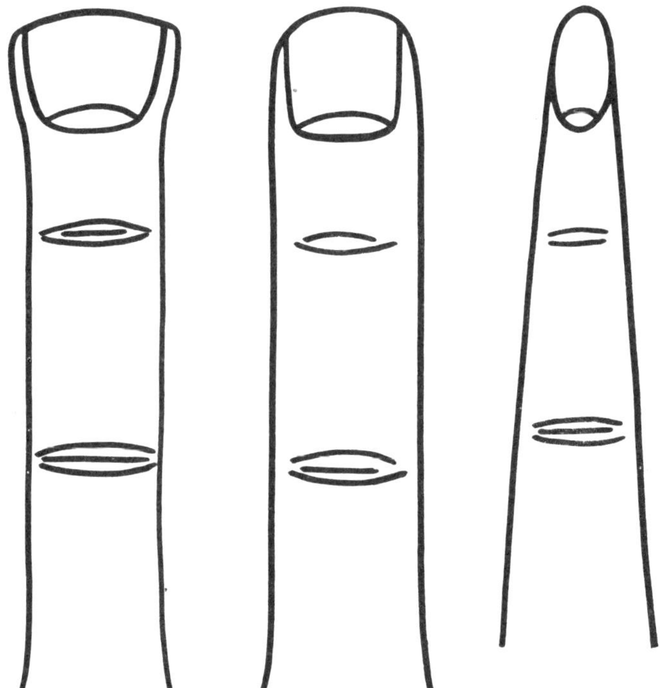

Kleiner Finger – Besonderheiten

Ein *tiefangesetzter* kleiner Finger bereitet seinem Träger Schwierigkeiten, seine Talente kommerziell zu verwerten. Er hat nie genügend Geld, was ihn aber nicht unbedingt bedrükken oder sein Leben ruinieren muß. Es kann sich um eine aufopfernde und idealistische Persönlichkeit handeln.

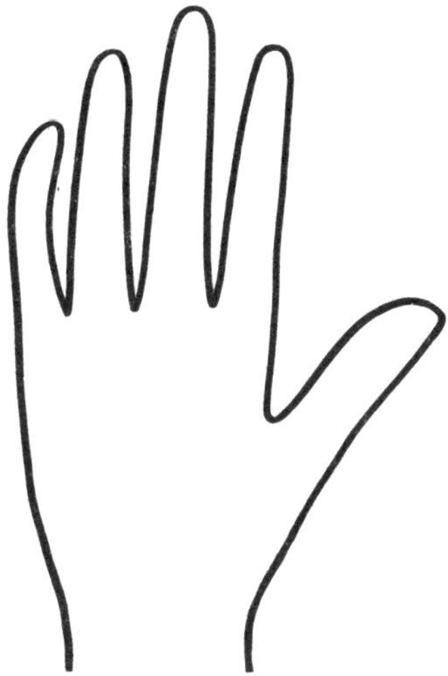

Ein *gekrümmter* kleiner Finger zeigt, daß die Verstandeskräfte nicht immer geradlinig eingesetzt werden. Solche Menschen neigen dazu, die Wahrheit zu verdrehen. Positiv kann sich diese Fähigkeit als Talent zum Geschichtenerzählen auswirken.

Ein *geknickter* oder sonstwie verunstalteter kleiner Finger kann auf organische Schäden der Geschlechtsorgane hinweisen (bei Frauen zum Beispiel auf einen Gebärmutterknick).

Nägel

Nägel sind die besten Indikatoren für Organ- und Funktionsstörungen im Körper. Sie unterstützen die Aussagen über Hand- und Fingerformen.
Ein Nagel braucht zu seinem vollen Wachstum etwa 3 bis 4 Monate.

Länge

Der *normale Nagel* ist halb so lang wie das Nagelglied, auf dem er liegt. Bei normaler Länge sind die Charaktereigenschaften ausgeglichen. Vernunft und Realismus herrschen vor.

Der *lange Nagel* verweist auf einen Menschen mit Geschmack und Takt. Er ist eher vorsichtig und höflich. Bei schmalem Nagel besteht die Gefahr der Beeinflußbarkeit. Bei sehr langen, schmalen Nägeln ist die Gesundheit beeinträchtigt. Solche Menschen besitzen viel nervöse Energie, erschöpfen aber leicht. Außerdem sind die Atmungsorgane (Nase, Hals, Rachen, Lungen) angegriffen oder von Natur aus krankheitsanfälliger.

Der *kurze Nagel* verweist auf energische, robuste, unruhige Menschen. Sie sind kritisch, streitsüchtig und aggressiv. Sie leiden an hohem Blutdruck und an Erkrankungen der Herzkranzgefäße.

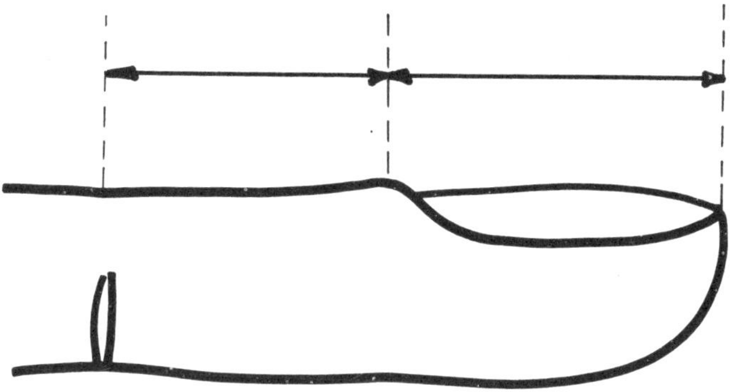

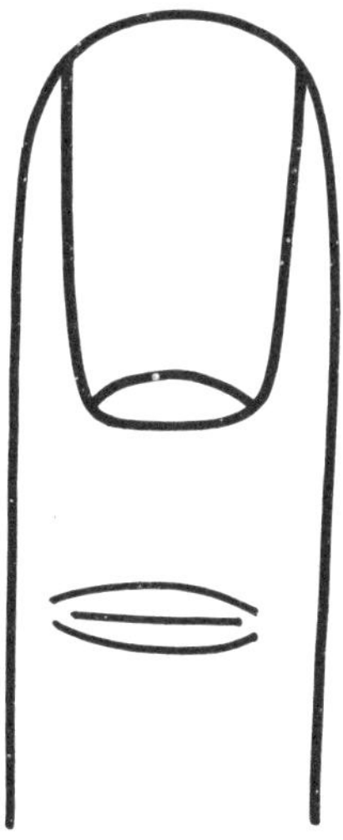

Langer Nagel

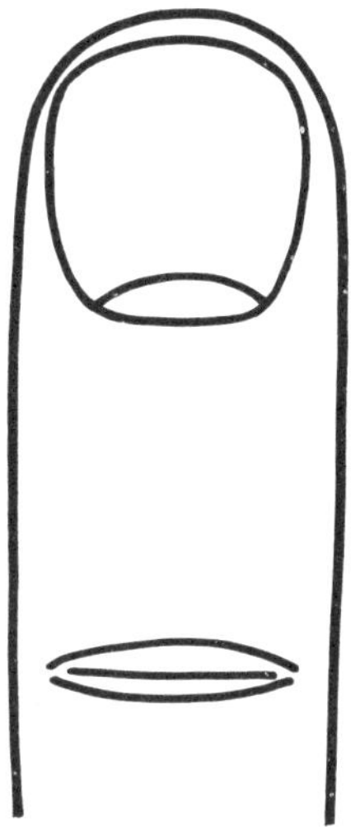

Kurzer Nagel

Nägel: Breite

Schmale Nägel zeigen immer eine schwache oder angegriffene Gesundheit an. Ihre Träger sind nervös und schnell erschöpft.

Breite Nägel zeigen eine robuste Konstitution an. Ihre Träger sind körperlich aktiv und vertragen harte Arbeit. Sie sind kritisch und streitsüchtig und nörgeln gern.

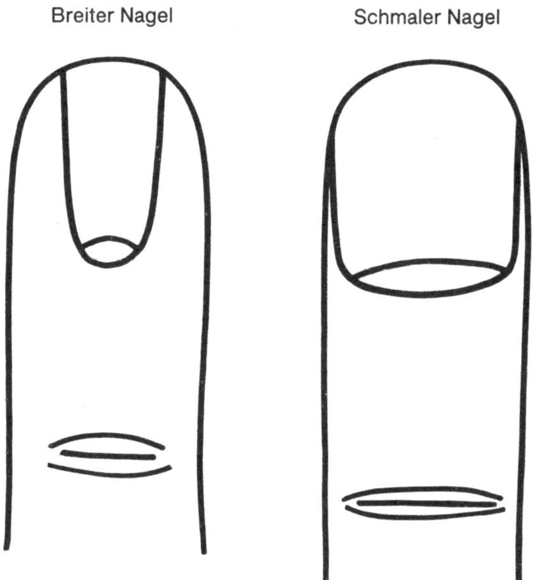
Breiter Nagel
Schmaler Nagel

Nägel: Form

Über die Nagelform gilt das auch bei Händen und Fingern Gesagte, wobei es, wie schon erwähnt, durchaus zu Widersprüchen kommen kann. Außerdem muß beachtet werden, ob eine Form vorherrscht (einheitlicher Charakter) oder ob verschiedene Nagelformen vorzufinden sind (widersprüchlicher, aber auch reicher Charakter). Die Aussagen müssen außerdem noch für den Finger modifiziert werden.

Nagel spatelig (dreieckig, trapezförmig): Aktivität, Unternehmungslust und praktische Interessen herrschen vor. Solche Menschen sind energisch, fleißig und ungeduldig.

Nagel eckig: Solche Menschen sind systematisch und beherrscht. Die jeweiligen Eigenschaften des Fingers können auf vernünftige, geordnete und ruhige Art verwertet werden. Eine gewisse Förmlichkeit und Steifheit herrscht vor.

Nagel konisch (mandelförmig): Solche Menschen haben Freude am Schönen und Harmonischen. Sie sind künstlerisch, besitzen Geschmack und Vorliebe für Gesellschaften. Im Verhalten sind sie eher gefühlsbetont und auf einen Partner ausgerichtet.

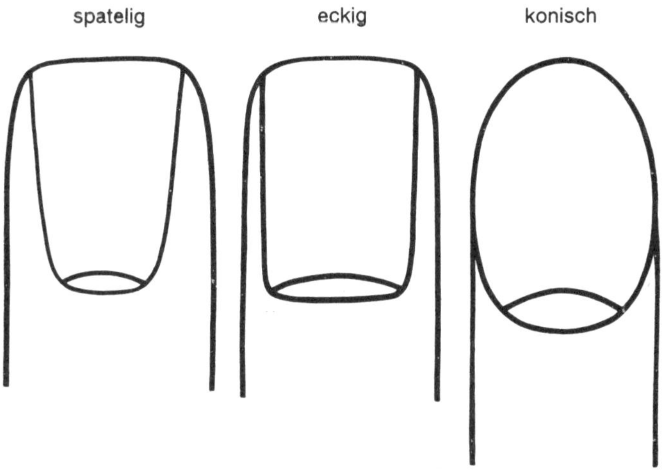
spatelig
eckig
konisch

Die folgenden Nagelmerkmale haben vor allem medizinisch-diagnostische Bedeutung.

Nägel flach: Angeborene Nervenschwäche; möglicherweise Störungen der Milz.

Nägel konvex (nach oben gebogen, Uhrglaswölbung): Angeborene Lungenkrankheiten (zum Beispiel TBC); Leberkrankheiten.

Nägel konkav (nach innen gebogen): Drüsenstörungen, Ernährungsmängel; eventuell Syphilis.

Nägel stark gewölbt: Nierenstörungen (besonders wenn dieses Merkmal am Ringfinger auftritt).

Dicke, harte Nägel: gute Knochen.

Dünne, weiche Nägel: schwache Knochen.

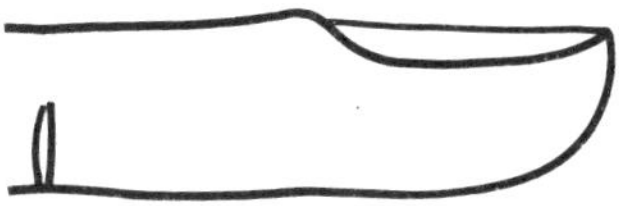

flach

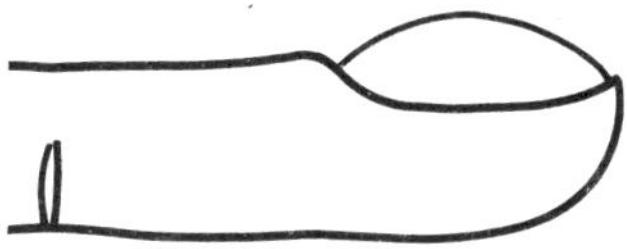

Uhrglaswölbung (konkav)

konkav

Nagel stark gewölbt
(Finger von vorn
betrachtet)

dick, hart

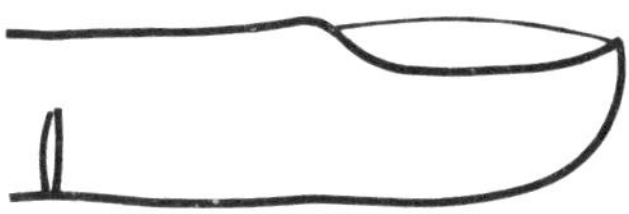

dünn, weich

Längsrillen: Chronische Krankheiten, angegriffene Gesundheit, geschwächte Konstitution.

Gespaltener Nagel: Rheumatismus infolge Zahn- oder Darmerkrankungen.

Querrillen: Akute Krankheiten (zum Beispiel Typhus, Scharlach, Grippe, gebrochene Glieder).

Weiße Flecken: Kalziummangel, bedingt durch Streß und Nervosität.

Nagelmonde

Die Nagelmonde sagen etwas aus über die Pumpleistung des Herzens und über den Blutdruck.

Großer Mond: Gute Herztätigkeit. Bei übergroßem Mond Gefahr eines Schlaganfalls (Platzen einer Ader). Große Monde indizieren häufig eine Überfunktion der Schilddrüse (Hyperthyreose) mit den zugehörigen psychischen Begleiterscheinungen: Unruhe, Nervosität.

Kleiner Mond: Schlechte Blutzirkulation, geringer Blutdruck, Kreislaufstörungen. Kleine Monde indizieren häufig eine Unterfunktion der Schilddrüse (Hypothyreose) mit den zugehörigen psychischen Begleiterscheinungen: Lahmheit, Trägheit, Unlust.

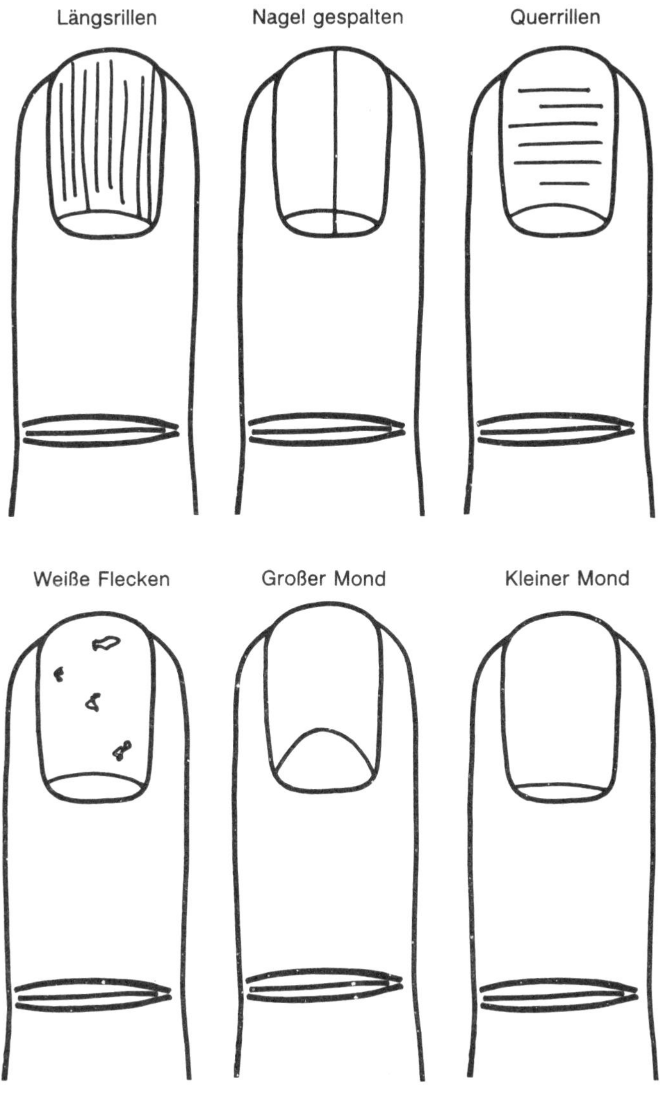
Längsrillen
Nagel gespalten
Querrillen
Weiße Flecken
Großer Mond
Kleiner Mond

Farbe der Nägel

Zart rosa: Normalfarbe. Ausgeglichenes Temperament, normale Blutzusammensetzung.

Weiß: Zu wenig rote Blutkörperchen. „Blasses" Temperament: indifferent, gleichgültig.

Rot: Leidenschaftlich, impulsiv, aufbrausend.

Purpur: Durchblutungsstörungen, Gefahr eines Schlaganfalls.

Blau: Schlechte Sauerstoffaufnahme, zuviel Kohlensäure im Blut.

Grün: Eiterherde im Körper.

Gelb: Rauchernagel, Gifte im Hirn.

Braun: Tropische Krankheiten (Gelbfieber, Malaria).

Schwarz: Schwere Gifte im Körper: Metalle, oder Anzeichen einer Blutvergiftung.

Berge

So nennt man bestimmte Gegenden der Handinnenfläche. Häufig sind dort Erhöhungen zu beobachten; daher der Name „Berg“. Diese Gebiete sind seit alters her nach astrologischen Gesichtspunkten benannt, wobei die Bezeichnungsweise (und damit die Deutung) keineswegs einheitlich ist. Die Charakterisierung nach astrologischen Planeten ist aber sehr anschaulich, weshalb wir sie hier beibehalten wollen. – Die Berge zeigen das Ausmaß der vorhandenen Energien an, also die Stärke der verfügbaren Kräfte, die unbewußten Antriebe, das Potential. Ohne Berge läuft nichts. Das Streben nach Macht und Autorität eines langen Zeigefingers bleibt eitler Wunschtraum ohne einen entsprechend kräftigen ausgeprägten Berg unter dem Zeigefinger.

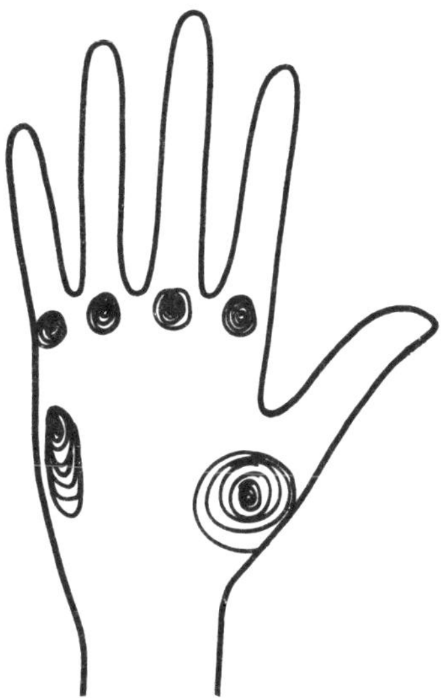

Allgemeine Merkmale

Berge stark ausgeprägt (fleischige Hand): Wir haben eine starke Persönlichkeit mit viel Energie und Vitalität vor uns. Sie wird nach Anerkennung und Erfolg streben, im Extremfall sich zu stark in den Vordergrund drängen und die eigene Person in den Mittelpunkt stellen.

Berge schwach ausgeprägt oder fehlend (flache Hand): Diesem Menschen mangelt es an innerer Energie. Er verharrt in seinem Zustand und hat weder den Willen noch die Fähigkeit, sich im Leben durchzusetzen oder weiterzukommen. Er läßt sich eher treiben, ist bescheiden und unauffällig.

Berg gestaut (starker Berg ohne Linien): Das Potential des Berges kann sich nicht entfalten. Es sind sehr viele Möglichkeiten vorhanden, die aber irgendwo in der Seele schlummern. Wenn sie zum Tragen kommen, dann plötzlich und mit großer Wucht. Verstärkt wird diese Stauung durch eine *Sperrlinie* um den Berg.

Berg durchkreuzt (Berg mit vielen wirren Linien): Die Möglichkeiten des Berges werden ziellos eingesetzt, die Energien in einer Vielzahl einander durchkreuzender Aktionen zersplittert. Im betreffenden Bereich herrscht Chaos und Verwirrung.

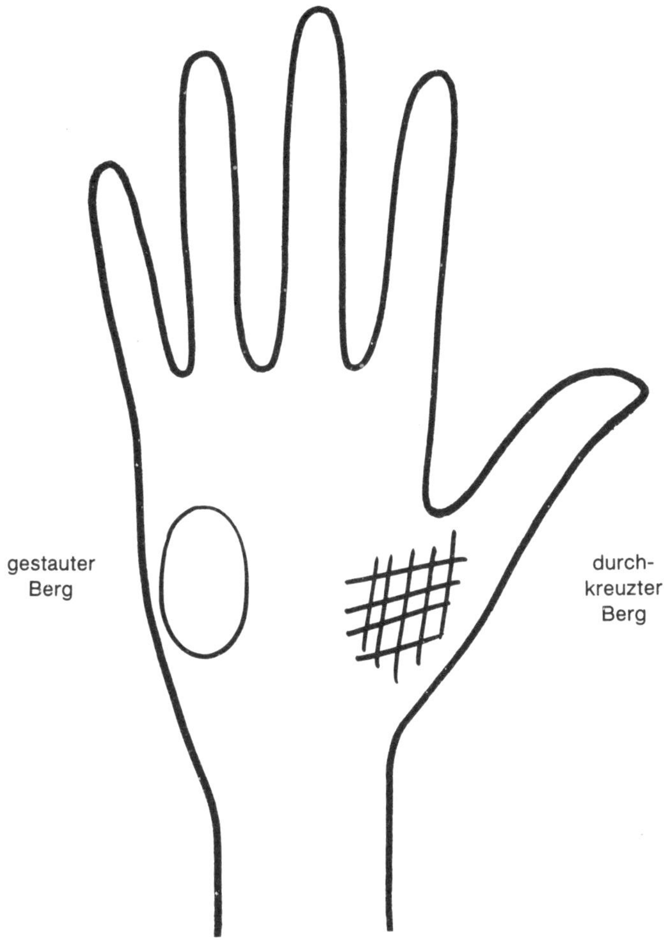
gestauter
Berg
durch-
kreuzter
Berg

Bedeutung der Berge

☉ *Sonnenberg* (Daumenberg, unterer Teil; in früheren Schriften als Venusberg bezeichnet): Aus diesem Bereich kommt die Liebe, die aus dem Herzen strömt. Dort finden wir die starken Triebe und Energien, die das Leben in Gang halten: Sexualität, Liebe zur Familie, Bewegungsdrang, sowie alle Energien, die Körper und Geist gesund und frisch erhalten.
Im Sonnenberg können folgende Linien ihren Anfang nehmen: Schicksalslinie, Kunstlinie, Bewegungslinie, Neptunlinie. Der Sonnenberg wird von der Lebenslinie umschlossen.

♂ *Kleiner Marsberg* (Daumenberg, oberer Teil): Die guten Eigenschaften des Planeten Mars sind hier lokalisiert: Kameradschaft, Zusammenarbeit, Hilfsbereitschaft, Freundschaft.
Im kleinen Marsberg können folgende Linien ihren Anfang nehmen: Linien der Hilfsbereitschaft, Kopflinie.

♃ *Jupiterberg* (Zeigefingerberg): Die Eigenschaften des Zeigefingers sind hier konzentriert, also Ehrgeiz und Autorität, das Streben nach Macht und Anerkennung, Sinn für Gerechtigkeit und soziale Verantwortung, Ich-Behauptung im sozialen Umfeld.
Im Jupiterberg können Kopflinie und Lebenslinie beginnen und Schicksalslinie und Herzlinie enden. Auch der Venusgürtel endet normalerweise in der Nähe des Jupiterberges, und der Jupiterberg kann vom Jupiterring (einer seltenen Linie) eingeschlossen sein.

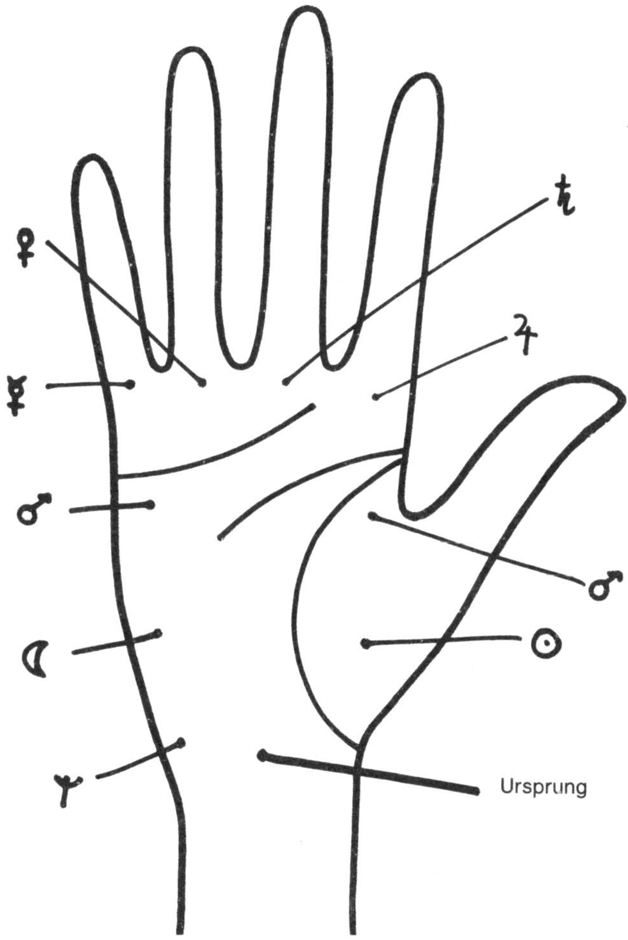
Ursprung

♄ *Saturnberg* (Mittelfingerberg): Die Eigenschaften des Mittelfingers sind hier konzentriert, also Pflichtbewußtsein, Leistungsvermögen, Konzentration, Ernsthaftigkeit und Sinn für Praktisch-Materielles.
Im Saturnberg endet normalerweise die Schicksalslinie. Herzlinie und Kunstlinie können ebenfalls hier enden, desgleichen der Venusgürtel. Der Saturnberg kann vom Saturnring (einer seltenen Linie) eingeschlossen sein.

♀ *Venusberg* (Ringfingerberg, früher auch als Apolloberg bezeichnet): Die Eigenschaften des Ringfingers sind hier konzentriert, also Kunstverständnis, Geschmack, Liebe zu Schönheit und Luxus und zu einem leichten, glücklichen Leben, dazu Idealismus und harmonische Beziehungen zu einem Partner.
Im Venusberg enden normalerweise Kunstlinie und Venusgürtel. Auch die Schicksalslinie kann dort ihr Ende haben, und die Liebeslinien können im Extremfall bis zum Venusberg reichen.

☿ *Merkurberg* (Kleinfingerberg): Die Eigenschaften des kleinen Fingers sind hier konzentriert, also Sprach- und Kontaktfähigkeit sowie die Fähigkeit zur Übermittlung von Wissen und von Waren, also die rednerischen und kaufmännischen Talente. Hier finden wir Organisationstalent und Gewandtheit des Denkens und Kommunizierens.
Im Merkurberg enden die Bewegungslinie (die auch Merkurlinie heißt) und die Liebeslinien.

♂ *Großer Marsberg* (Marsebene; Ebene der Auseinandersetzung): Wie schon der Name sagt, geht es in diesem horizontalen Streifen um die Auseinandersetzung im Leben und mit der Umwelt (besonders am Handrand). Diese Handregion steht für Mut und Entschlossenheit, für den Willen zur Auseinandersetzung, aber auch für Aggression und Streitsucht und Gewalt.
Kopflinie und Bewegungslinie können im großen Marsberg enden.

☾ *Mondberg* (Handrand, Mittelteil): Er enthält Unbewußtes, Vergangenes, Verdrängtes. In ihm konzentrieren sich Stimmungen, Einbildungen und Phantasien, Träume, Illusionen und Einfälle. Schöpferisches ist in ihm ebenso enthalten wie Verschwommenes, innere Unruhe ebenso wie Passivität.
Im Mondberg kann die Kopflinie und die Lebenslinie enden und die Schicksalslinie beginnen.

♆ *Neptunberg* (Handrand, unterer Teil): Die Mondeigenschaften werden im Neptun-Bereich ins Übersinnliche gesteigert. Hier sind unsere außersinnlichen Fähigkeiten konzentriert: Telepathie, Hellsehen, Präkognition.
Im Neptunberg endet (oder beginnt) die Neptunlinie. Auch die Kopflinie kann dort enden und die Schicksalslinie beginnen.

Berg des Ursprungs (Handwurzel): Ihm entspricht unsere Verwurzelung, die ursprünglichen Kräfte, die Familiengebundenheit, die Tradition. Die Schicksalslinie kann dort entspringen und die Lebenslinie enden.

Erklärung der Symbole

☉ = Sonne
♂ = Mars
♃ = Jupiter
♄ = Saturn
♀ = Venus
☿ = Merkur
☾ = Mond
♆ = Neptun

Sonnenberg

Normal ausgeprägt: Ein solcher Mensch besitzt Warmherzigkeit, Offenheit und Sympathie. Er hat Familiensinn, ist großzügig und kann sich im Leben durchsetzen. Meist ist der Drang nach körperlicher Betätigung vorhanden (was auch auf einen guten Liebhaber hindeutet).

Stark ausgeprägt: Das Triebleben ist stark entwickelt und sucht nach Befriedigung. Ein solcher Mensch gibt sich sinnlichen Genüssen hin und kann dabei hemmungslos und ausschweifend werden. Offenheit wird zu Rücksichtslosigkeit und Gleichgültigkeit gegenüber den Meinungen und Bedürfnissen der Umwelt.

Schwach ausgeprägt, eingefallen oder fehlend: Lebensgefühl und Vitalität sind schwach ausgeprägt. Das kann nach schweren Krankheiten vorkommen, wenn diese Handgegend wie eingefallen aussieht. Das Bedürfnis nach und die Fähigkeit zur Liebe sind kaum vorhanden; eine innere Kälte macht sich bemerkbar. Solche Menschen sind trocken und antriebsschwach.

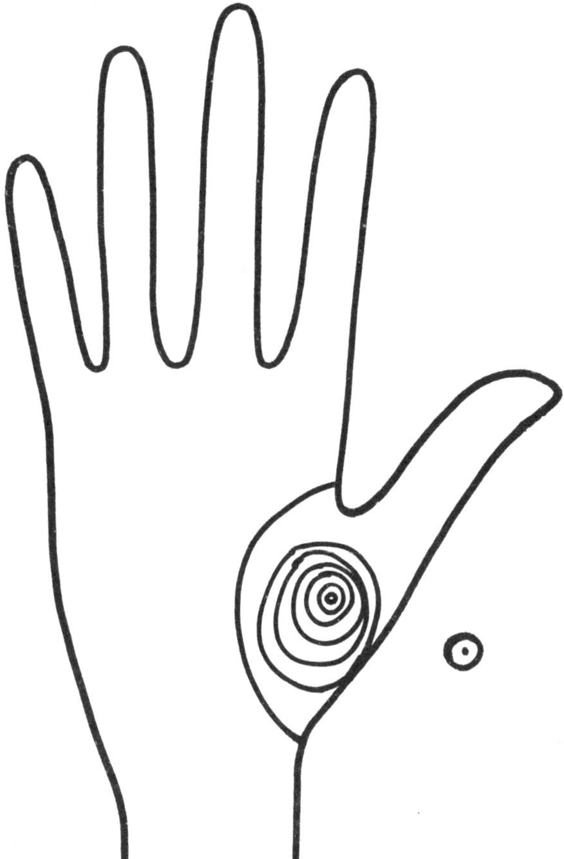

Kleiner Marsberg

Normal ausgeprägt: Die Fähigkeit und der Wille zur Zusammenarbeit mit anderen Menschen sind gut ausgeprägt. Ein solcher Mensch scheut sich nicht, seine Ideen und Pläne mit anderen zu besprechen und sich mit ihnen auseinanderzusetzen. Er ist hilfsbereit und kooperativ.

Stark ausgeprägt: Hilfsbereitschaft kann zur Aufdringlichkeit werden. Dem anderen wird kein Platz eingeräumt, er wird vom eigenen Ich erdrückt. Es gibt viele Reibereien und Auseinandersetzungen mit der Umwelt.

Schwach ausgeprägt oder fehlend: Der Kontakt zu anderen wird eher gemieden. Man bleibt allein aus Angst vor Auseinandersetzungen. Man läßt die anderen in Ruhe, möchte aber auch selbst unbehelligt bleiben.

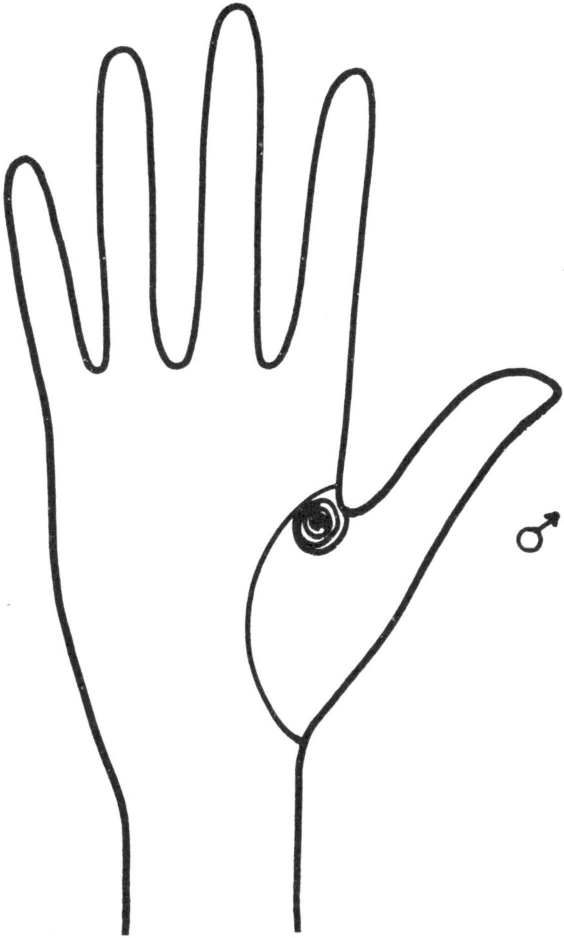

Jupiterberg

Normal ausgeprägt: Ehrgeiz und Selbstbewußtsein sind gut ausgeprägt. Menschen mit gutem Jupiterberg wollen ihr Schicksal verbessern, den Lebensraum erweitern, im Leben vorwärtskommen. Sie streben nach Macht und übernehmen gerne Verantwortung. Sie sind optimistisch, gerecht und gesellig. Sie lieben die Anerkennung (sind also eitel) und besitzen Großzügigkeit und Charme.

Stark ausgeprägt: Zuviel Jupiter macht die Menschen hochmütig und stolz, scheinheilig und verschwenderisch. Es sind die kleinen Tyrannen, die Macht um der Macht willen besitzen wollen und auf ihrer Autorität beharren, auch wenn diese nicht in der Persönlichkeit verwurzelt ist. Sie wollen das Leben um jeden Preis genießen, und sie neigen zu Verschwendung und Prahlerei.

Schwach ausgeprägt oder fehlend: Zuwenig Jupiter macht die Menschen kalt und minderwertig. Ehrgeiz und der Wille zur Verbesserung der eigenen Lebensumstände fehlen ebenso wie Großzügigkeit, Sinn für Gerechtigkeit und Ausgleich. Es fehlt der Sinn für persönliche Würde und für gesellschaftliche Beziehungen. Auch an religiösen oder moralischen Grundsätzen besteht wenig Interesse.

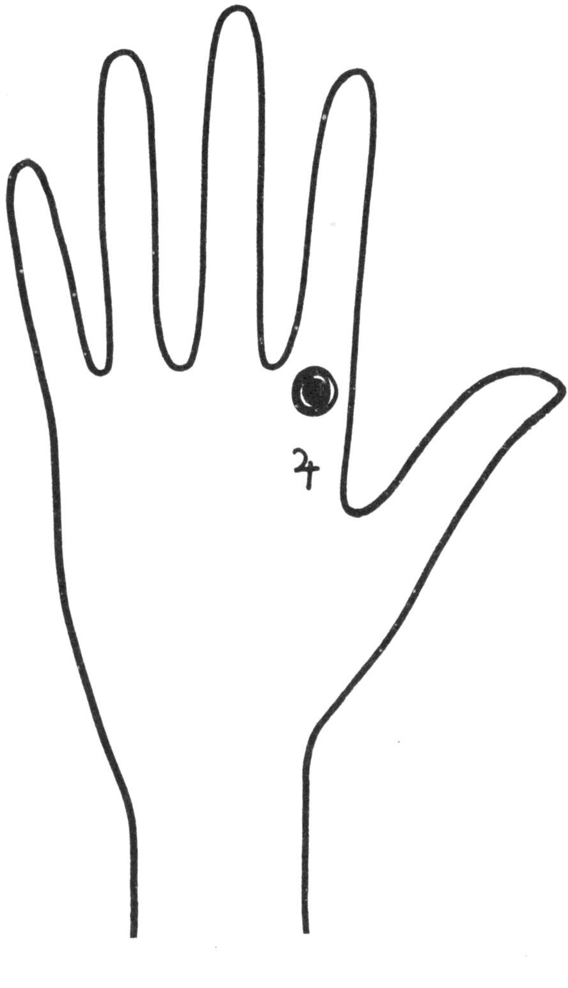

Saturnberg

Normal ausgeprägt: Vorsicht und Nüchternheit herrschen vor. Solche Menschen können sich konzentrieren und in der Einsamkeit den Sinn des Lebens finden. Sie sind sachlich, zuverlässig und beständig. Sie glauben an ein Schicksal, was ihnen manchmal bedrückend zu Bewußtsein kommt. Sie lieben die stille Beschäftigung mit exakten Wissenschaften und sind etwas scheu.

Stark ausgeprägt: Zuviel Saturn macht die Menschen mißtrauisch, schwermütig und verschlossen. Sie können fast nur in der Einsamkeit existieren und dort ein asketisches Leben führen. Sie neigen zu düsteren Gedanken, zu Grübelei und Härte.

Schwach ausgeprägt oder fehlend: Zuwenig Saturn macht die Menschen leichtfertig und gewissenlos. Sie kennen keine Verantwortung und lassen sich im Leben treiben. Konzentration fällt ihnen schwer, und die leichtfertige Einstellung zum Leben bringt unbestimmte Ängste und Sorgen.

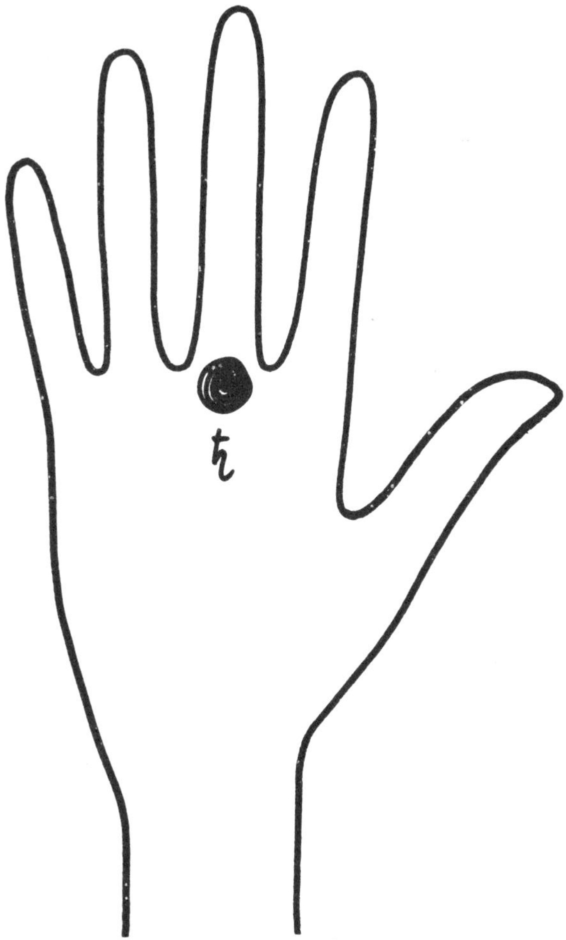

Venusberg

Normal ausgeprägt: Künstlerische Begabung, Geschmack und Einfühlungsvermögen herrschen vor. Solche Menschen sind angenehme Erscheinungen und haben meist Glück im Leben. Sie bevorzugen schöne Umgebung und harmonische Beziehungen.

Stark ausgeprägt: Zuviel Venus macht verschwenderisch, luxuriös und eitel. Solche Menschen wollen viel Anerkennung, ohne daß die entsprechenden Begabungen vorhanden sein müssen. Sie stellen sich gern selbst dar und neigen zu Spekulation.

Schwach ausgeprägt oder fehlend: Der Sinn für das Schöne, Leichte und Geschmackvolle ist gering entwickelt. Menschen mit zuwenig Venus sind grau und nüchtern. Es fehlt ihnen an Sensibilität und Einfühlungsvermögen, besonders in Gesellschaft oder in Beziehungen.

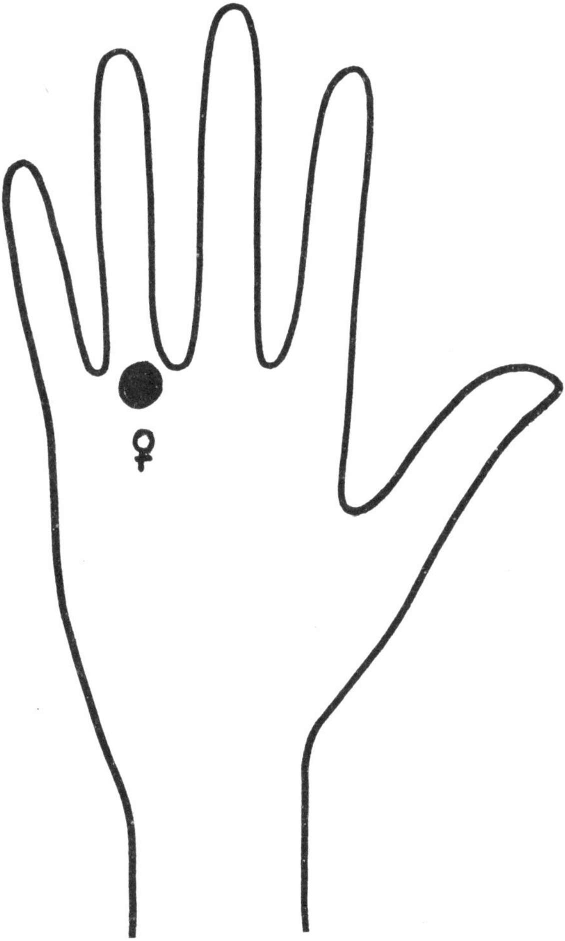

Merkurberg

Normal ausgeprägt: Merkur verleiht Schnelligkeit und Leichtigkeit. Das entspricht Eigenschaften wie rasche Auffassungsgabe, Beweglichkeit (körperlich und geistig) und eine gute Fähigkeit zur Nachahmung. Außerdem verleiht Merkur kaufmännische Talente und eine Begabung für die Wissenschaft (insbesondere Medizin). Sprachbegabung und Organisationstalent verhelfen in den meisten Berufen zu Anerkennung und Erfolg.

Stark ausgeprägt: Zuviel Merkur macht aus dem intelligenten Kaufmann einen gerissenen Betrüger, aus dem überzeugenden Redner einen schlauen Überreder. Mit der Wahrheit nehmen es diese Menschen nicht genau; die übermäßig entwikkelten kaufmännischen Talente werden zum eigenen Vorteil auch über krumme Wege eingesetzt.

Schwach ausgeprägt oder fehlend: Die geistige Beweglichkeit ist gering, desgleichen sprachliches Ausdrucksvermögen und Kontaktfreudigkeit. Unternehmungslust und kaufmännische Begabung fehlen, die Beziehungen zur Umwelt sind eher dürftig.

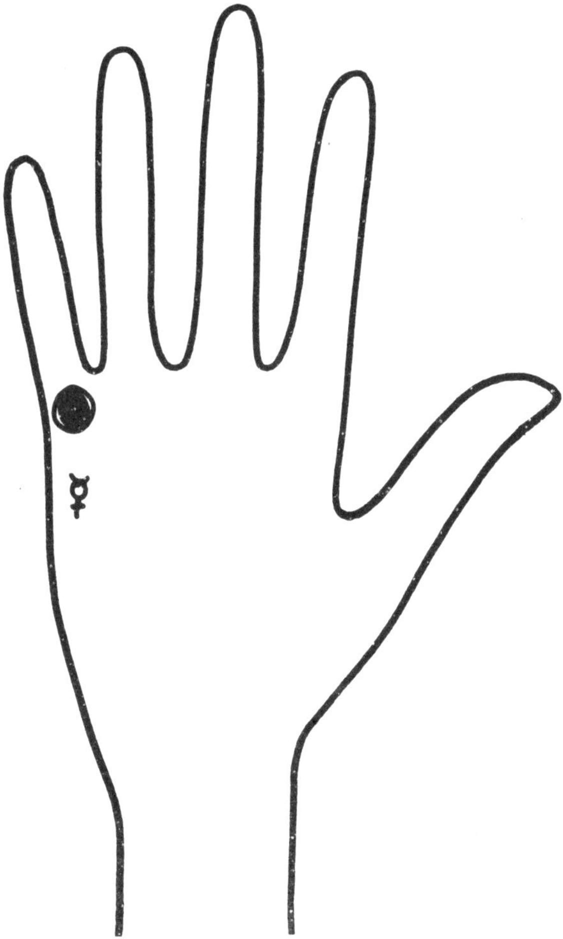

Großer Marsberg (Marsebene)

Normal ausgeprägt: Ein kämpferischer Geist ist vorhanden. Menschen mit gut entwickeltem Marsberg scheuen keine Auseinandersetzungen. Sie sind energisch und entschlossen, sie besitzen Mut und Widerstandskraft.

Stark ausgeprägt: Zuviel Mars macht aggressiv und streitsüchtig. Auseinandersetzungen werden nicht aus sachlichen Gründen begonnen, sondern um der Auseinandersetzung willen. Solche Menschen sind gereizt und tyrannisch. Sie neigen zu Wutausbrüchen und eventuell zu körperlicher Gewalt.

Schwach ausgeprägt oder fehlend: Zuwenig Mars macht ängstlich und ausweichend. Dem Druck von außen wird zu wenig Widerstand entgegengesetzt. Es fehlt der nötige Antrieb zur Durchsetzung eigener Vorstellungen.

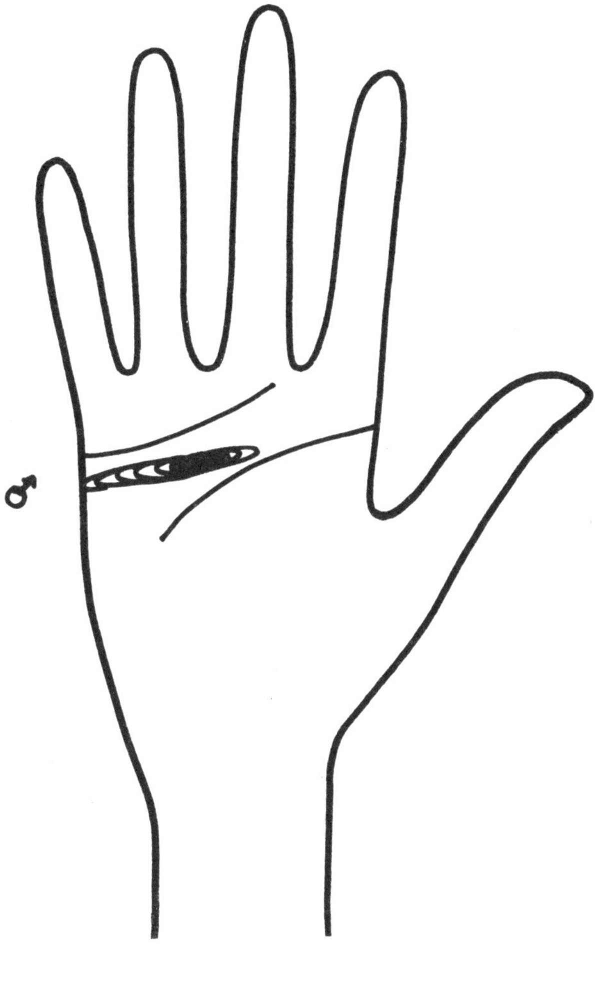

Mondberg

Normal ausgeprägt: Hier liegen Phantasie und schöpferische Fähigkeiten vor, dazu Interesse an Literatur, an Märchen, Sagen und Legenden. Menschen mit gutem Mondberg können in ihre Seele horchen und in der Einsamkeit von ihren Einfällen leben. Sie sind aber auch unruhig und lieben Reisen und Veränderungen. Sie haben lebhafte Träume und Visionen oder Ahnungen. Sie sind passiv und empfänglich.

Stark ausgeprägt: Zuviel Mond beeinträchtigt den Kontakt zur Realität. Der Mensch wird zu stark abhängig von Stimmungen, Ahnungen und Ängsten. Er wird passiv und gerät in einen Sog unbewußter Bilder, die ihn ängstigen und lähmen. Die Bewältigung der Wirklichkeit wird schwierig.

Schwach ausgeprägt oder fehlend: Zuwenig Mond macht trokken und leer. Solche Menschen sind phantasielos, nüchtern und langweilig. Sie sind einfallslos und können sich schwer etwas vorstellen, was über den Alltag hinausgeht. Eine innere Kälte macht den Kontakt mit ihnen schwierig.

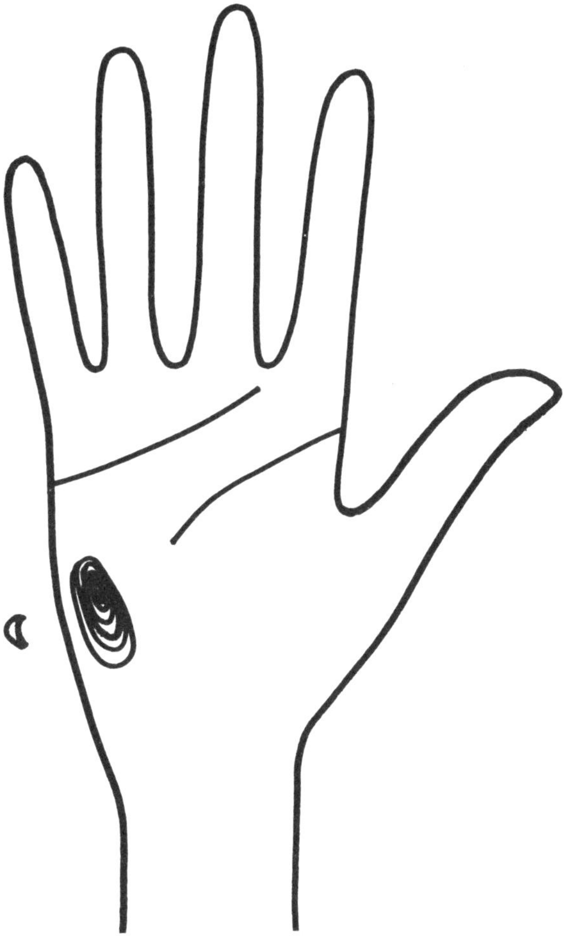

Neptunberg

Normal ausgeprägt: Menschen mit Neptun sind feinfühlig, hellhörig und sehr sensibel. Sie spüren Schwingungen ihrer Umgebung und nehmen unbewußt vieles auf, was sie geistig nicht verarbeiten. Das Potential für außersinnliche Fähigkeiten ist vorhanden, meist aber unentwickelt.

Stark ausgeprägt: Zuviel Neptun lähmt. Die vielen Einflüsterungen können nicht verarbeitet werden, bringen Unruhe, Unsicherheit und Angst. Manche Menschen wehren sich dagegen durch Betäubungsmittel (Alkohol und andere Suchtgifte, Schlaftabletten und Medikamente). Es besteht die Gefahr des Medikamentenmißbrauchs und der Ansammlung von Giften im Körper.

Schwach ausgeprägt oder fehlend: Solche Menschen sind nüchtern und realistisch. Sie haben keinen „Draht nach oben", ihre medialen (außersinnlichen) Fähigkeiten sind schwach entwickelt. Dafür sind sie unbeeinflußt von unbestimmten Ängsten.

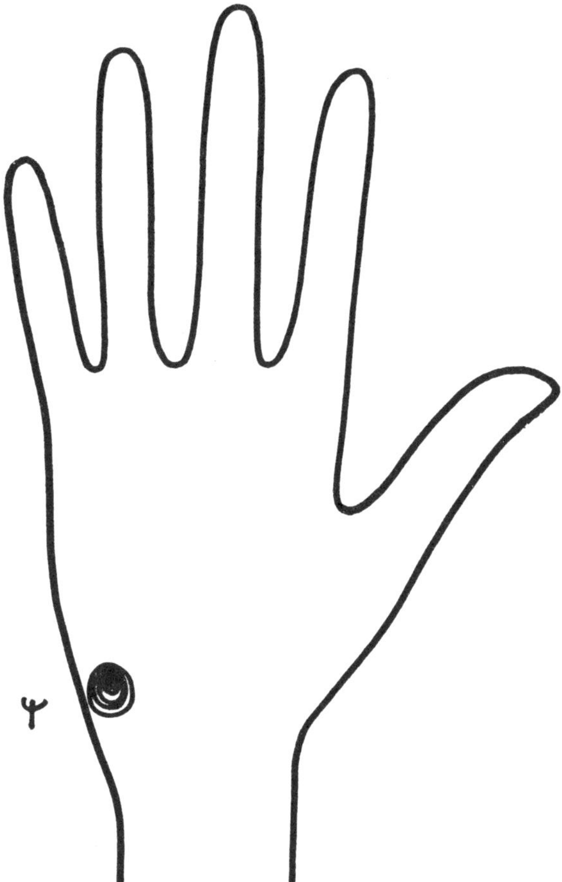

Berg des Ursprungs

Normal ausgeprägt: Lebenskraft und Gesundheit sind gut ausgeprägt. Menschen dieser Art wurzeln in der Familientradition. Sie bekommen ein Erbe mit (im biologischen ebenso wie im sozialen und im geistigen Sinn), auf dem sie aufbauen und von dem sie zehren können.

Stark ausgeprägt: Die Beziehungen zu Familie und Vergangenheit sind übermäßig entwickelt. Menschen dieser Art können sich nicht aus der Familientradition lösen. Sie haben Schwierigkeiten, ein selbständiges Leben zu führen und die Nabelschnur zu den Eltern und der Familie zu durchschneiden.

Schwach ausgeprägt oder fehlend: Familie, Vergangenheit und Tradition haben wenig Bedeutung. Menschen dieser Art sind unabhängig vom Einfluß der Eltern. Sie haben kein Erbe, auf das sie sich stützen können, sie sind heimatlos und ungebunden. Sie empfinden den Beziehungsmangel als Fehlen von Geborgenheit und Verwurzelung.

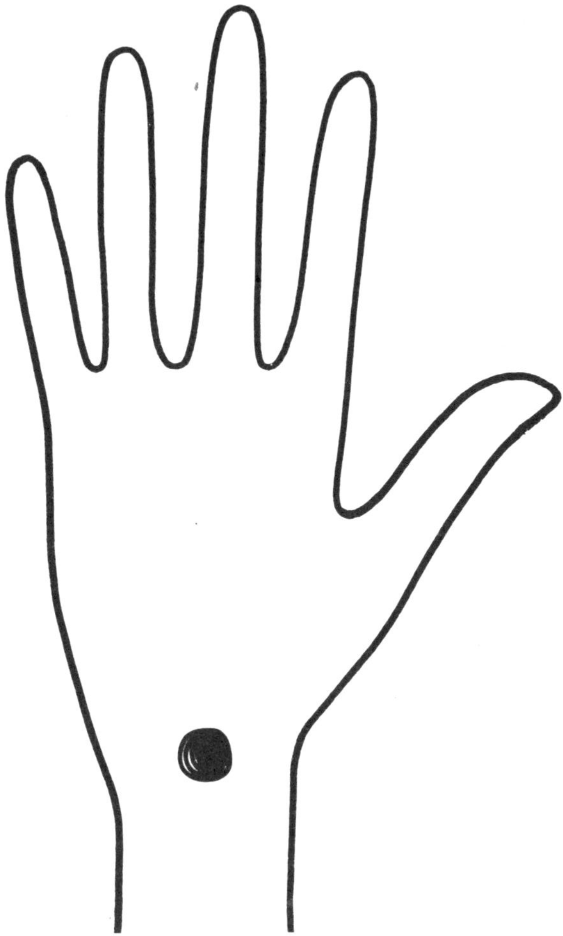

Verschiebung der Berge

Die Fingerberge befinden sich oft nicht direkt unter dem zugehörigen Finger, sondern sie sind zum Nachbarfinger hin verschoben. Damit verschiebt sich auch deren Bedeutung. Die Berge nehmen Eigenschaften beider Finger an.

Jupiter – Saturn: Ernste Verantwortung beeinflußt das Streben nach Entfaltung und Macht. Optimismus wird durch Sachlichkeit begrenzt oder gefördert.

Saturn – Venus: Künstlerische Begabungen können durch sachlich-realistische Überlegungen gut konkretisiert und umgesetzt werden. Beziehungen werden realistisch und frei von naiven Idealvorstellungen.

Venus – Merkur: Künstlerische Talente können in finanziellen Erfolg umgesetzt werden. Sprachliche Äußerungen erhalten einen ästhetischen Überbau. Der Ausdruck wird harmonisch und schön. Beziehungen werden leicht genommen und vor allem durch Gespräche zusammengehalten.

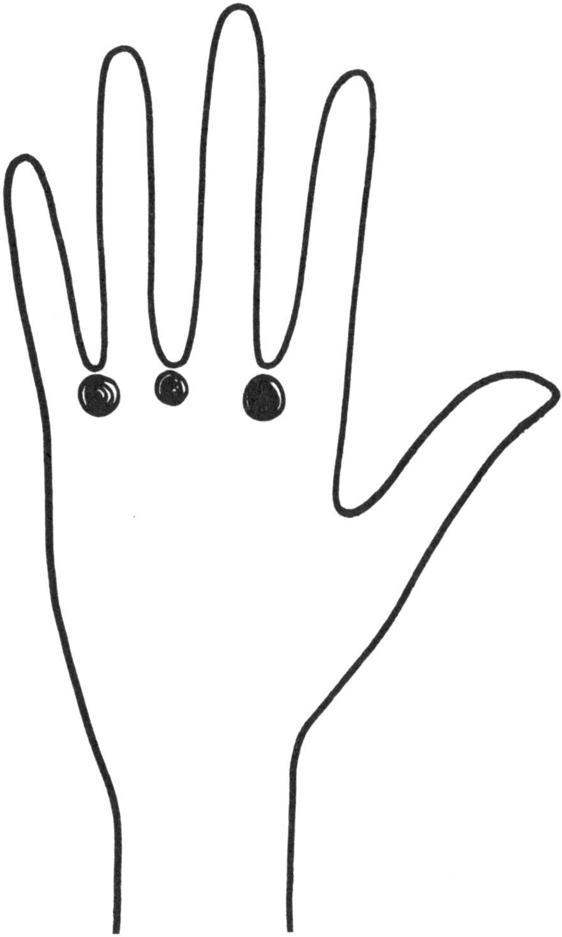

Linien

Erst die Linien erlauben differenzierte Aussagen über den körperlich-seelischen Zustand eines Menschen, aber auch über Vergangenheit und Zukunft. Während Hand- und Fingerformen einen typologisch fixierten und unveränderlichen Aktionshintergrund darstellen, können Linien zur Feindiagnose herangezogen werden. Linien können sich ändern und damit Entwicklungen anzeigen, die innerlich noch nicht spürbar und äußerlich noch nicht sichtbar sein müssen. Die Hauptlinien entstehen im zweiten Embryonalmonat, die Nebenlinien später oder erst nach der Geburt.

Hauptlinien

Die Hauptlinien sind in jeder Hand vorhanden. Ihr Fehlen würde auf schwere seelische und körperliche Defekte hinweisen. Allerdings kann es geschehen, daß Linienstücke fehlen und von anderen Linien vertreten werden. So kann der fehlende untere Teil der Lebenslinie durch den unteren Teil der Schicksalslinie ersetzt werden. Außerdem können Kopf- und Herzlinie zu einer einzigen Linie verschmolzen sein, der sogenannten Mongoloiden- oder Affenfurche.
Bei guter Beschaffenheit sind die Linien tief eingeschnitten, durchgehend, ohne Nebenlinien, Unterbrechungen oder sonstige Störungen, ohne Knicke oder andere Beeinflussungen des harmonischen Gesamtverlaufs. Störungen der Linien bestehen in Inseln, Punkten, Lücken. Fasrige, verkettete, zerbrochene oder durchstochene Linien beeinträchtigen die entsprechenden Eigenschaften. Schlecht zu bewerten sind auch Linien, die breit und verwaschen sind oder eine ungesunde Farbe haben. Die Normalfarbe in einer weißen Hand ist zartrosa.

Die *Lebenslinie* beginnt an der Daumenseite der Hand zwischen Daumen und Zeigefinger und schwingt sich im Idealfall in weitem Bogen um den Daumenberg, den sie vollständig umschließt.
Die *Kopflinie* beginnt in der Nähe der Lebenslinie und ist sanft nach unten gebogen.
Die *Herzlinie* beginnt an der Handkante und ist sanft nach oben gebogen.

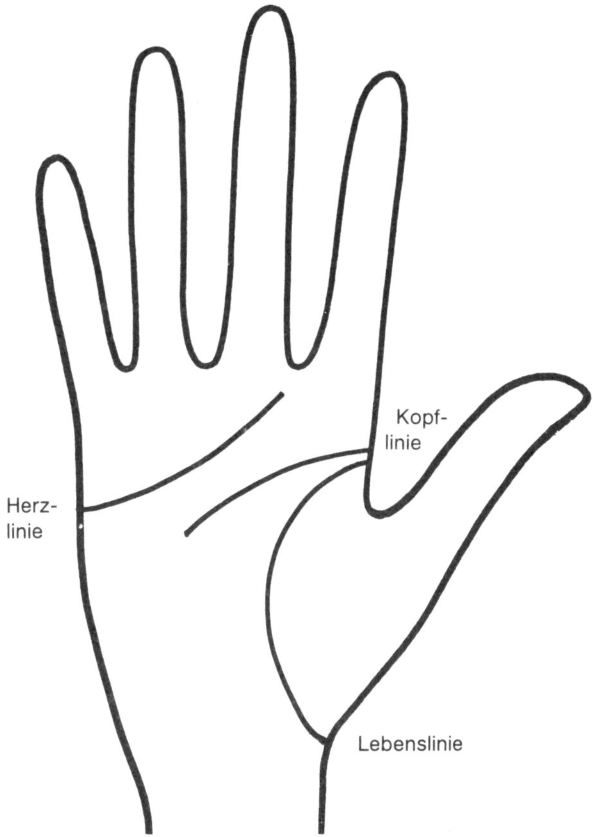

Nebenlinien

Es gibt eine Fülle von Nebenlinien, die entweder nicht klassifiziert sind oder widersprüchlich benannt und interpretiert werden. Die wichtigsten sind in den folgenden Abbildungen eingezeichnet. Ihr Verlauf ist nicht immer eindeutig, doch was über die Beschaffenheit der Hauptlinien gesagt wurde, gilt auch hier.
Hier einige Kurzangaben über den Verlauf der wichtigsten Nebenlinien:

Schicksalslinie: vertikal, in der Handmitte.
Kunstlinie (Sonnenlinie): vertikal, zum Ringfinger.
Bewegungslinie (Merkurlinie, Gesundheitslinie): vertikal, zum kleinen Finger.
Intuitionslinie (Uranuslinie): vertikal-gekrümmt, am Handrand.
Neptunlinie (Giftlinie): horizontal, im Bereich des Neptunberges.
Hemmungslinie (Angstlinie): vertikal, innerhalb der Lebenslinie.
Marslinie: vom kleinen Marsberg innerhalb der Lebenslinie nach unten.
Sexlinie: Horizontal vom Sonnenberg in den Neptunberg.
Linien der Hilfsbereitschaft: horizontal, quer über die Hand aus dem kleinen Marsberg.
Venusgürtel: horizontal-bogenförmig, beim Fingeransatz.
Jupiterring: halbkreisförmig um den Zeigefinger.
Ring des Salomon: wie Jupiterring, aber außen (oberhalb des Knöchels).
Saturnring: halbkreisförmig um den Mittelfinger.
Liebeslinien: horizontal an der Handkantenseite, zwischen Herzlinie und kleinem Finger.
Armbänder (Raszetten): Abschluß des Handrumpfes gegen den Arm.

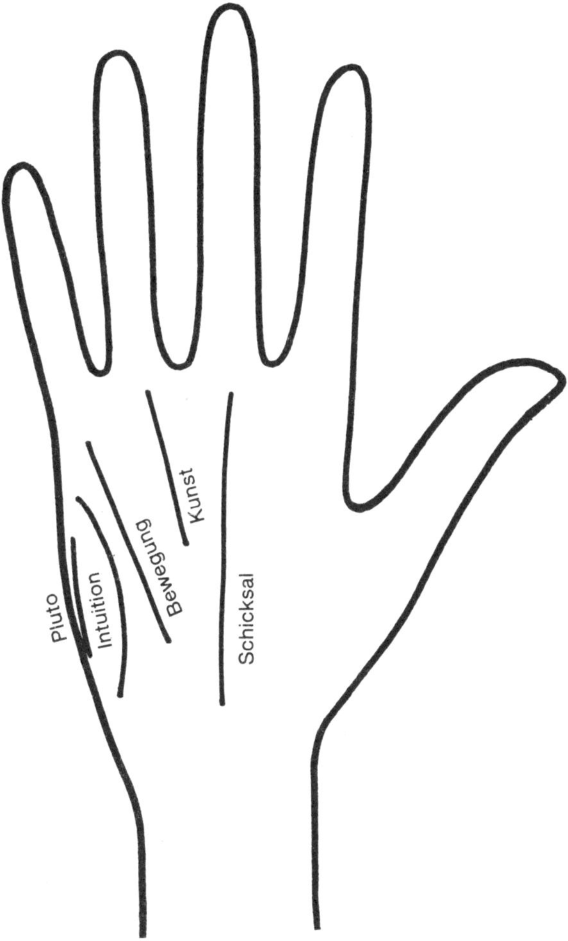
Kunst
Bewegung
Intuition
Pluto
Schicksal

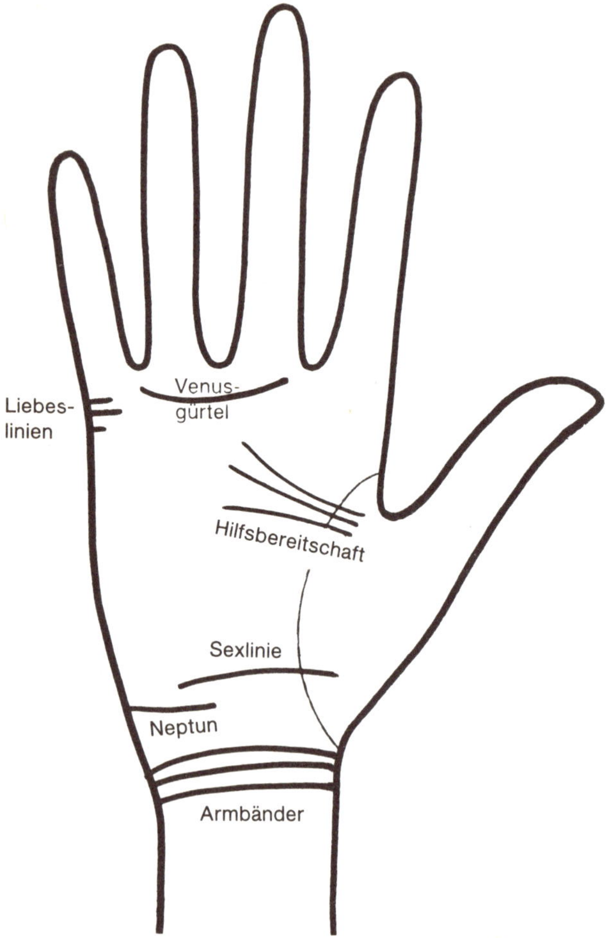
Liebes-
linien
Venus-
gürtel
Hilfsbereitschaft
Sexlinie
Neptun
Armbänder

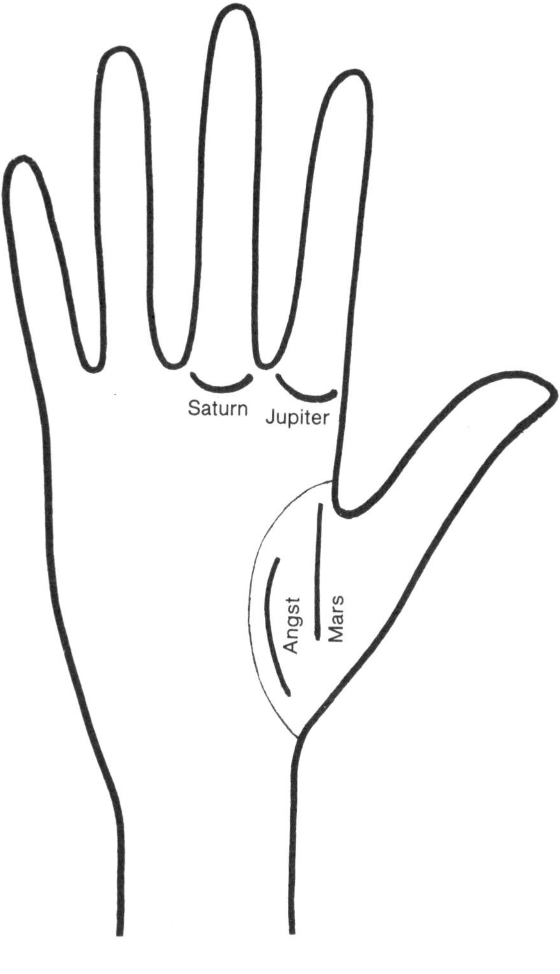
Saturn
Jupiter
Angst
Mars

Linien: Verlauf

Sanft geschwungen: Idealer Verlauf. Harmonische Ausprägung der betreffenden Eigenschaften, dazu Anpassungsfähigkeit und Flexibilität.

Gerade: Zielstrebig, stark und konsequent, aber auch unfähig zur Anpassung und zum Kompromiß, eingefahren, phantasielos. (Diese Aussagen gelten normalerweise nicht für die vertikalen Linien.)

Wellig: Stark anpassungsfähig, wendig und ausweichend. Kann auf Diplomatie ebenso hinweisen wie auf Unehrlichkeit.

Doppelt (Parallelen): Unterstützung der Funktion. Linieneigenschaften kommen doppelt zum Tragen.

Unterbrochen: Schwere Störung der normalen Funktion. Die Linie hört eine Zeitlang auf zu bestehen und zu wirken, die zugehörigen Eigenschaften sind lahmgelegt oder verschwinden.

Spaltung am Ende: Die Eigenschaften der Linie spalten sich. Die Linie nimmt Kräfte, Energien und Eigenschaften der beiden Berge auf, in denen sie endet.

Deltamündung (wiederholte Spaltung am Ende): Die Kräfte verlieren sich mit der Zeit infolge von Zersplitterung der zur Linie gehörigen Eigenschaften.

sanft geschwungen

gerade

wellig

doppelt

unterbrochen

gespalten

verästelt

Linien: Beschaffenheit

Tiefeingegraben: Tiefer Charakter mit Konturen. Fähigkeit zum konzentrierten Einsatz der Energien und Fähigkeiten, die zur Linie gehören. Solche Linien wirken scharfgezeichnet, wie eingemeißelt.

Oberflächlich: Oberflächlicher Charakter mit verwaschenen Konturen. Die zu den Linien gehörenden Energien und Fähigkeiten können schwer konzentriert oder zielbewußt eingesetzt werden. Es mangelt an Widerstandskraft.

Schmal (fein): Ein „feiner Mensch", einfühlsam, sensibel, vorsichtig. Die Energien der Linie werden rücksichtsvoll, aber durchaus zielbewußt eingesetzt.

Breit (grob): Ein „grober Mensch", eher primitiv und träge. Die Linien-Energien und -Eigenschaften kommen nicht so recht zum Tragen, da die richtige Kanalisierung fehlt.

Kombinationen:

Schmal und tief: Die beste Kombination. Zielbewußtsein und Energie paaren sich mit Anpassungsfähigkeit und Niveau, was zwangsläufig zum Erfolg führt.

Schmal und oberflächlich: Unentschlossenheit und Wankelmut sind Hindernisse auf dem Weg zur Entfaltung der eigenen Fähigkeiten.

Breit und oberflächlich: Primitivität und Trägheit bereiten einem solchen Menschen Schwierigkeiten bei der Verbesserung der eigenen Lebensumstände.

Breit und tief: Rücksichtslosigkeit paart sich mit Konzentrationsfähigkeit. Der Erfolg kommt durch harte Durchsetzung mit nicht immer feinen Methoden.

tief

oberflächlich

schmal

breit

Linien: Zeichen

Inseln: Lahmlegung der Wirkungsweise der Linie. Die Energien fließen im Kreise. Inseln zeigen Behinderungen, Eingeschlossensein, Krankheiten. Je schmäler die Insel, umso unangenehmer wirkt sie. Inseln können mit der Zeit aufbrechen, d. h. sich an einem Ende öffnen. Dann läßt ihre Wirkung nach.

Ketten: Schwächung der Linienkraft, auch organische Schwächen oder Schäden.

Fasern (Fransen, Haarlinien): Der Energiestrom zerfasert, splittet sich auf, versickert. Andererseits können Haarlinien als Fühler betrachtet werden. Sie verleihen der Linie erhöhte Sensibilität in Kombination mit verringerter Aktionsbereitschaft.

Äste: Wirken ähnlich wie Fasern, aber stärker, im Guten wie im Schlechten. Nebenwirkungen werden aufgenommen, gleichzeitig spaltet sich die Kraft der Linie.

Querlinien: Stellen eine vorübergehende Störung/Behinderung der Linie dar. Im Verlauf der zeitlichen Entwicklung erfolgt an dieser Stelle ein Einschnitt. Das kann ein einschneidendes Erlebnis sein, eine Umstellung, ein plötzlich auftauchendes Hindernis, das überwunden werden kann.

Punkte/Flecken: Krankheitszeichen. Die Art der Krankheit ist aus der Linie (Organ) und aus der Farbe des Punktes bzw. Flecken erkennbar. Die Farben haben folgende Bedeutungen:
Rot: Fiebrige Erkrankung, Entzündung, Verletzung durch Schlag, Stoß oder Stich, Verbrennung.
Blau: Akuter Sauerstoffmangel, Durchblutungsstörung.
Gelb/braun: Langanhaltende fiebrige Erkrankung (tropische Infektionskrankheiten).
Grün: Organische Gifte (z. B. Eiter).
Dunkel: Anorganische Gifte (z. B. Schwermetallsalze).
Weitere *Zeichen*, die in der gesamten Innenhand auftreten können, und deren Bedeutung umstritten ist:

Insel

Kette

Fasern/Fransen

Querlinien

Äste

Punkte/Flecken

Kreuz: Plötzliche, meist unangenehme Ereignisse oder Probleme (das Kreuz, das man zu tragen hat).

Stern: Eine Steigerungsform des Kreuzes. Plötzliche, unerwartete Ereignisse oder Situationen. Es kann sich auch um plötzliche Anerkennung handeln, wenn der Stern mit der Kunstlinie oder dem Ringfingerberg zu tun hat.

Quadrat: Etwas wird abgeschlossen. Das kann gute wie schlechte Auswirkungen haben. Gut wirkt ein Qudrat, wenn es zwei Bruchstellen verbindet.

Dreieck: Ebenfalls ein Einschlußzeichen, aber harmonischer als das Quadrat. Energien sammeln sich in einem Becken. Was dort geschieht, kann nicht allgemein gesagt werden.

Gitter: Eine Überlagerung von Kreuzen. Deutet auf eine schwerwiegende Störung des betreffenden Bereichs hin. Gitter findet man meistens auf den Bergen.

Linien: Farbe

Rosa: Normalfarbe.

Rot: Robust, aktiv, triebhaft; Neigung zu heftigen Gefühlsausbrüchen.

Blaß: Schwache Gesundheit, blutleer, unentschlossen, zurückhaltend, egoistisch, kühl.

Gelb: Zuviel Galle im Blut (Erkrankungen von Leber oder Galle).

Blau: Durchblutungs- und Kreislaufstörungen.

Kreuz

Stern

Quadrat

Dreieck

Gitter

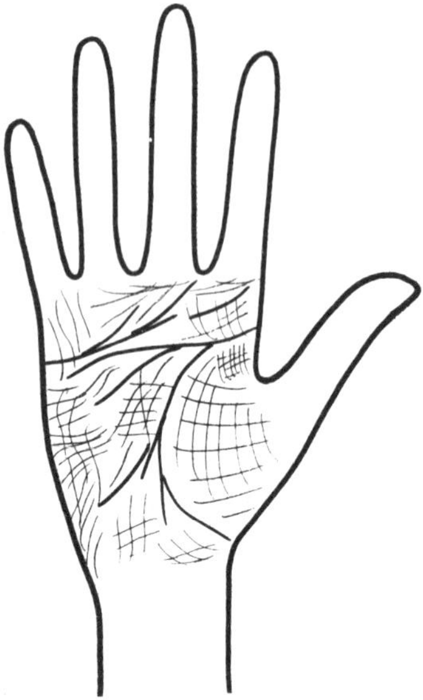

Linien: Anzahl

Viele Linien: Ein Mensch mit vielen Linien ist vielen Eindrücken ausgesetzt. Das bedeutet einerseits Sensibilität, Vielseitigkeit, Interesse, Aufgeschlossenheit. Andererseits wird die Handlungsbereitschaft durch die vielen Linien eingeschränkt. Es hängt stark davon ab, ob die vielen Linien eine einheitliche Struktur bilden oder wirr die Hand durchziehen.
Unter den Menschen mit vielen Linien findet man oft Künstler. Zuviel Linien deuten auf schwere seelische Störungen hin. Frauen haben meistens mehr Linien als Männer.

Wenige Linien: Ein Mensch mit wenigen Linien ist einfach. Das bedeutet einerseits Klarheit, Geradlinigkeit und Unkompliziertheit des Charakters, andererseits auch Einseitigkeit, Sturheit, Egoismus. Es hängt stark von der Beschaffenheit der Linien ab, wie die Eigenschaft „einfach" zu interpretieren ist.
Unter den Menschen mit wenigen Linien findet man einfache Arbeiter ebenso wie sehr erfolgreiche Unternehmer, Politiker oder Künstler. Wenige Linien erlauben die Konzentration auf wenige Themen im Leben.

Lebenslinie (Daumenfurche, Vitalis)

Bedeutung. Die Lebenslinie ist die wichtigste Linie in der Hand. *Organisch* hat sie Bezug zur allgemeinen Lebenskraft (Vitalität), zu Gesundheit und Energie, zur Fähigkeit, sich von Krankheiten zu erholen und Schicksalsschläge zu überwinden. Ihr unterstehen auch die Triebe, besonders der Geschlechtstrieb, aber auch die körperlichen Antriebe wie etwa das Bedürfnis nach Bewegung. Alle Organe sind in der Lebenslinie wie auf einer Uhr abgebildet: Der Kopf ist oben, die Füße sind unten. *Psychologisch* gehören zur Lebenslinie Eigenschaften wie Großzügigkeit, Wohlwollen, Empfindungsvermögen, sowie die Liebe zu Familie und Kindern.

Verlauf. Die Lebenslinie beginnt auf der Ich-Seite der Hand zwischen Daumen und Zeigefingeransatz und läuft normalerweise in weitem Bogen um den Daumenberg, der von ihr zur Gänze umschlossen wird. Sie endet im Normalfall auf der Daumenseite in der Handwurzel.

Besonderheiten. Auf dem Daumenberg sind häufig waagrechte Linien zu beobachten. Sie sollten nicht zu groß sein und im unteren Bereich die Lebenslinie nicht überschreiten.

Zeitbestimmung

Zeitbestimmungen auf Handlinien sind umstritten und nur mit Vorsicht zu verwenden. Die Mitte der Lebenslinie entspricht ungefähr einem Alter von 40–50 Jahren. Im unteren Abschluß der Linie läge dann ein Alter von 90 bis 100 Jahren. Aus einer kurzen Lebenslinie kann aber keinesfalls auf ein kurzes Leben geschlossen werden.

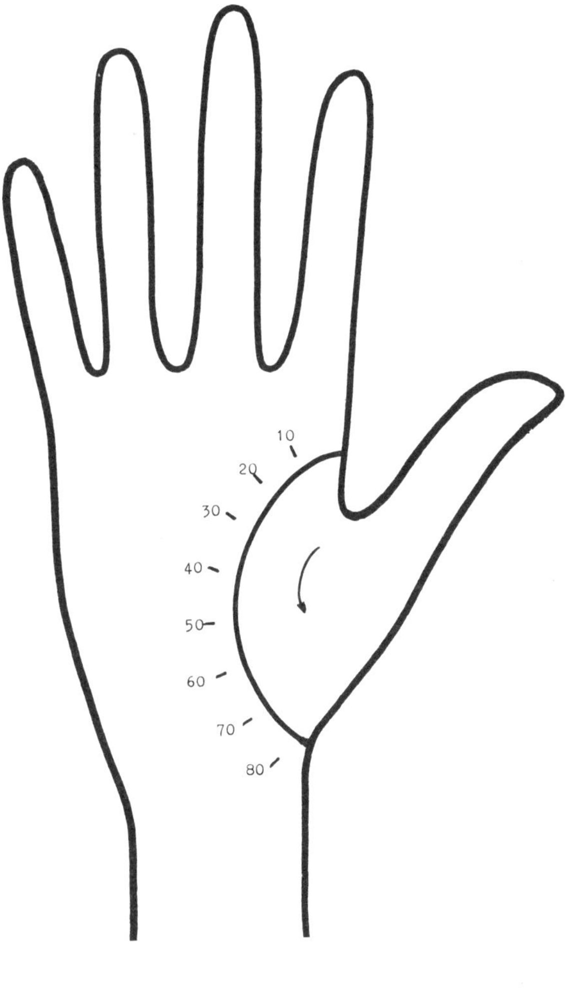
10
20
30
40
50
60
70
80

Lebenslinie: Organe

Die Regionen des menschlichen Körpers sind auf der Lebenslinie ungefähr bestimmbar. In der Zeichnung wurden die astrologischen Symbole verwendet, da sie die jeweilige Körpergegend am kürzesten ausdrücken. Ihre Bedeutung ist folgende:

♈ (Widder):	Kopf (Augen, Ohren, Zähne) (siehe auch Kopflinie)
♉ (Stier):	Hals
♊ (Zwillinge):	Schultern, Arme, Lunge
♋ (Krebs):	Magen, Gebärmutter
♌ (Löwe):	Herz (siehe auch Herzlinie)
♍ (Jungfrau):	Verdauungsapparat (Darm)
♎ (Waage):	Nieren
♏ (Skorpion):	Ausscheidungs- und Geschlechtsorgane
♐ (Schütze):	Becken, Oberschenkel
♑ (Steinbock):	Knie
♒ (Wassermann):	Unterschenkel
♓ (Fische):	Füße

Meist sind die Organe bzw. Körpergegenden nicht so genau festlegbar, wie es die Zeichnung andeutet. Oft kann man nur sagen, daß eine Störung im mittleren oder im unteren Bereich vorliegt. Besonders häufig ist der Beginn der Lebenslinie gestört, was auf Kopfverletzungen, Kopfschmerzen, Augenfehler oder Entzündungen oder Operationen in der Kopf/Halsgegend hindeutet.

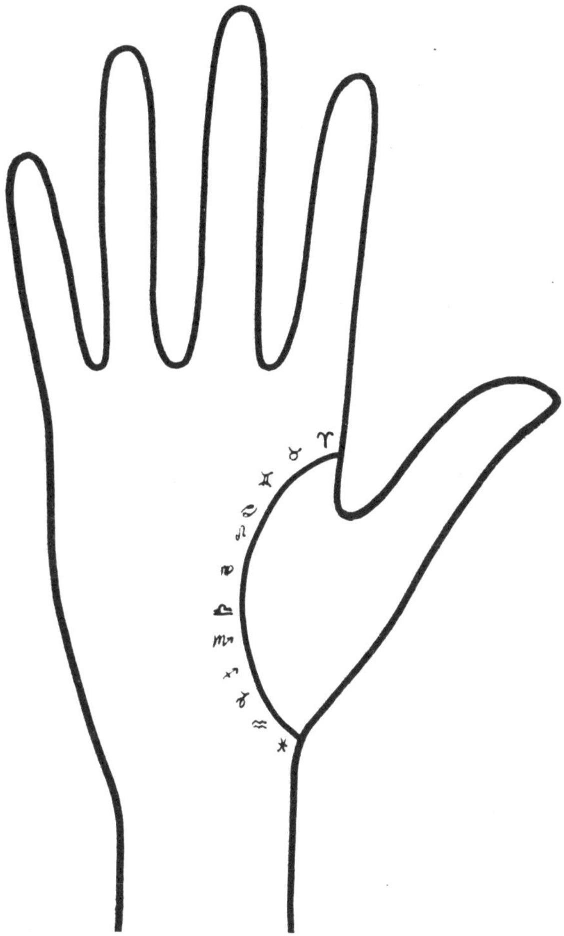

Lebenslinie: Weiter Bogen

Ein Mensch, bei dem die Lebenslinie den Daumenballen in weitem Bogen umschließt, besitzt die typischen Eigenschaften dieses Berges in besonderem Maße, vorausgesetzt, der Berg ist normal ausgeprägt. Er ist großzügig, in des Wortes zweifacher Bedeutung. Er hat Verständnis und Mitgefühl für andere, gönnt sich aber auch selbst einiges. Sein Lebensraum ist ebenso weit wie seine Lebenslinie. Da kann es schon geschehen, daß andere Leute verdrängt werden zugunsten der eigenen Position. Mit welcher Energie dies geschieht, das bestimmt die Stärke des Daumenberges. Doch wird ein solcher Mensch auch viel Gefühl und Mit-Empfinden für seine Mitmenschen besitzen, besonders für seine Familie, in deren Mittelpunkt er sich gern aufhält. Er läßt sich bewundern und fühlt sich im Kreis seiner guten Freunde wohl. So findet man ihn oft in Gesellschaft, sei es auf einer Party, an der Bar oder in der Wirtsstube.

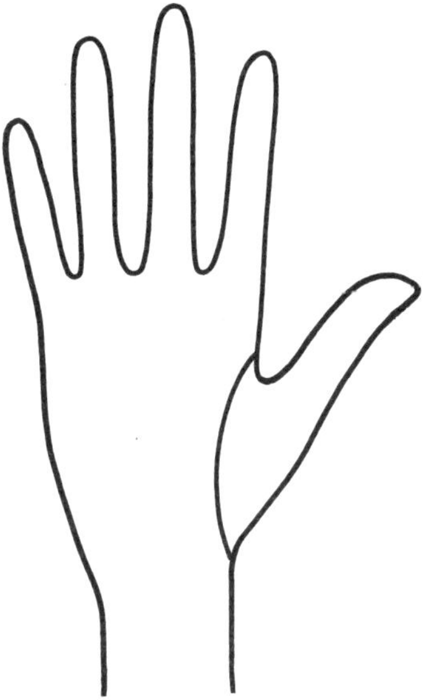

Lebenslinie: Flacher Bogen

Ein flacher Bogen läßt den Lebenskräften wenig Raum zur Entfaltung. Das kann dazu führen, daß ein Mensch mit diesem Merkmal schnell erschöpft ist und langdauernde körperliche Belastungen schlecht erträgt. Sein Empfindungsvermögen ist eingeschränkt. Das Gefühl für andere Menschen ist wenig entwickelt, was zu Gefühlsarmut und innerer Kälte führen kann. Offenheit, Herzlichkeit und Großzügigkeit fehlen; dieser Mensch ist eher sachlich und nüchtern. Er kann das Leben nicht großzügig genießen und sich nicht so recht entfalten.

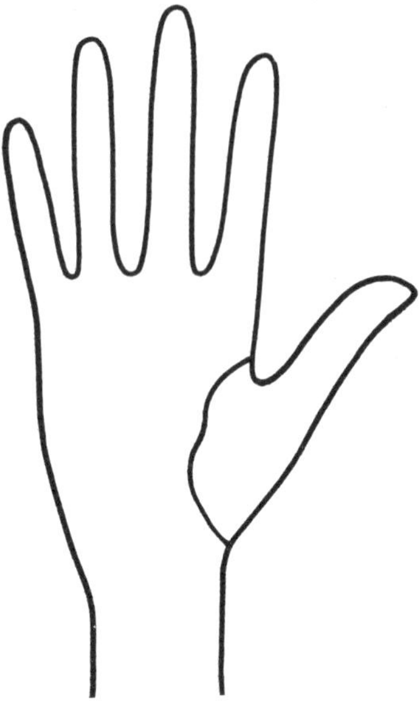

Lebenslinie: Wellig

Schlängelt sich die Lebenslinie durch die Hand, trifft dies auch auf den Menschen zu. Er ist gewandt und anpassungsfähig, besitzt aber weder Ausdauer noch Festigkeit. Dennoch kann er im Leben Erfolg haben, denn er weiß Situationen geschickt zu seinen Gunsten auszunutzen. Konfrontationen und Entscheidungen geht er eher aus dem Weg, was ihm den Ruf der Charakterlosigkeit einbringen kann.

Lebenslinie: Kurz

Die Lebenslinie kann nie fehlen, aber in manchen Händen hört sie etwa um die Mitte auf. Das bedeutet keineswegs einen frühen Tod. Günstig ist das Merkmal allerdings nie. Die Lebensenergien zerfließen allzuleicht. Es fehlt die Fähigkeit zur Konzentrierung und Kanalisierung. Energielosigkeit und gesundheitliche Schwäche können das Leben schwierig machen. – Außerdem beschäftigen sich Menschen mit diesem Merkmal schon früh mit dem Problem eines frühen Todes.
Eine kurze Lebenslinie kann auch Merkmal für Geburtsschäden sein.

Lebenslinie: Doppelt

Verläuft die Lebenslinie doppelt, besitzt sie also eine Parallele, ist dies ein gutes Zeichen. Die Lebenskraft wird dadurch gestärkt, die Widerstandsfähigkeit erhöht. Menschen mit doppelter Lebenslinie können Krisen überstehen und schwere Zeiten ertragen. Diese Aussage gilt auch, wenn die Lebenslinie nicht in ihrem gesamten Verlauf verdoppelt ist. Die Schutzfunktion der Parallel-Linie erstreckt sich dann über den Zeitraum, in dem sie wirkt.

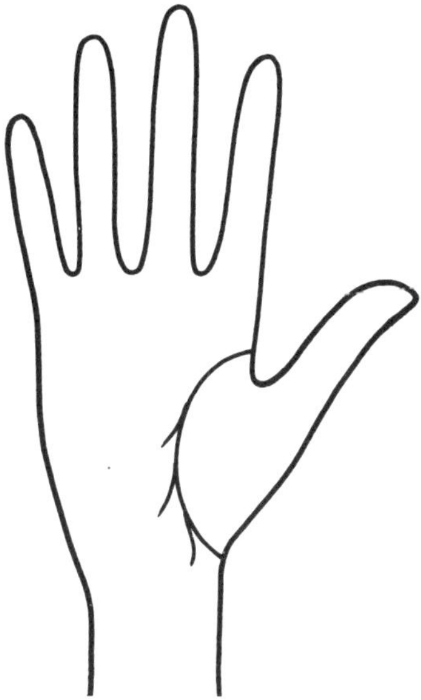

Lebenslinie: Absteigende Äste

Von der Lebenslinie nach unten laufende Äste sind negativ zu bewerten. Sie deuten auf eine Zersplitterung und damit Verminderung der Lebenskräfte hin. Ein Ereignis oder eine Entwicklung zu diesem Zeitpunkt bringt einen dazu, sich hängen zu lassen. Dadurch werden die Dinge schwerer genommen, als es nötig wäre.

Lebenslinie: Aufsteigende Äste

Von der Lebenslinie nach oben verlaufende Äste sind positiv zu bewerten. Sie zeigen, daß dieser Mensch nach Höherem strebt. Je nach Richtung sind die Linien unterschiedlich zu beurteilen.

Laufen sie *zum Jupiterberg*, deutet dies auf zusätzlichen Ehrgeiz hin. Einem solchen Menschen ist es ein vitales Bedürfnis, seine Lebensumstände zu verbessern und höhere Positionen im Leben zu erreichen.

Laufen sie *zum Saturnberg*, deutet dies auf zusätzliches Pflichtbewußtsein hin. Einem solchen Menschen ist es ein vitales Bedürfnis, Verantwortung zu tragen und Pflichten zu Ende zu führen. Er möchte etwas leisten, auch ohne dafür sofort entlohnt zu werden.

Laufen sie *zum Venusberg*, deutet dies auf zusätzliches Interesse an künstlerischer Betätigung und an liebevollen Beziehungen hin. Einem solchen Menschen sind harmonische und geschmackvolle Umweltbeziehungen ein vitales Bedürfnis.

Laufen sie *zum Merkurberg*, deutet dies auf zusätzliche intellektuelle und kommerzielle Interessen hin. Einem solchen Menschen sind geistige Betätigungen (lesen, studieren, reden) unmittelbare Bedürfnisse.

Laufen sie *zum großen Marsberg*, erhält ein Mensch mit diesem Merkmal zusätzliche Energien zur Auseinandersetzung mit der Umwelt. Ihm können Kampf und Tatendrang zum elementaren Bedürfnis werden.

Laufen sie *zum Mondberg*, erhält dieser Mensch starke Impulse, Anregungen und Eingebungen aus seinem Unterbewußtsein. Einem solchen Menschen kann es zum vitalen Bedürfnis werden, Phantasien, Tagträumen und Inspirationen nachzujagen und sie in sein Alltagsleben zu integrieren.

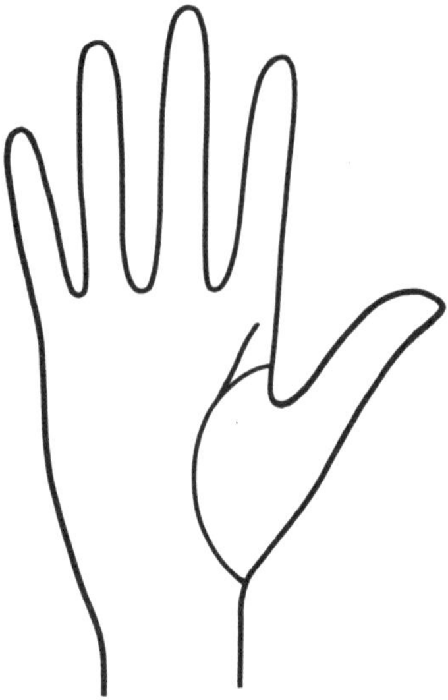

Lebenslinie: Gabel zum Jupiterberg

Erhält die Lebenslinie Zustrom aus dem Jupiterberg, oder beginnt sie gar in dieser Region, sind Ehr- und Lebensgefühl gekoppelt. Ein solcher Mensch nimmt einen (echten oder vermeintlichen) Angriff auf seine Ehre und Würde sehr ernst, da er dies als unmittelbare Bedrohung seines gesamten Wesens auffaßt. Er ist sehr verletzlich und kann wegen einer Kleinigkeit (die für ihn eine Beleidigung darstellt) heftig reagieren. Die Befriedigung ehrgeiziger Pläne ist für ihn ein unmittelbares Bedürfnis. Ob er sie realisieren kann, hängt von anderen Faktoren ab. Auf jeden Fall sind Ehrgeiz und Machtstreben übersteigert.

Lebenslinie: Ende im Mondberg

Endet die Lebenslinie im Mondberg, oder schickt sie einen Ast dorthin, kommt viel Unruhe in das Leben. Ein solcher Mensch wird unbewußt irgendwohin gezogen. Ein unbestimmter Drang in die Ferne kann ihn zum ewigen Wanderer, zum Sucher nach dem Idealen, zum Emigranten machen. Er möchte unabhängig und frei sein und strebt darum weg von zu Hause. Er meint, in der Ferne die Freiheit zu finden, die er so nötig zu haben scheint, doch wird er seine innere Unruhe nirgends los. Dafür erlebt er viel, läßt sich von Vielem anregen und führt ein abwechslungsreiches und interessantes (wenn auch nicht immer erfolgreiches) Leben. – Außerdem gelten hier auch teilweise die Aussagen wie bei „Ende im Neptunberg".

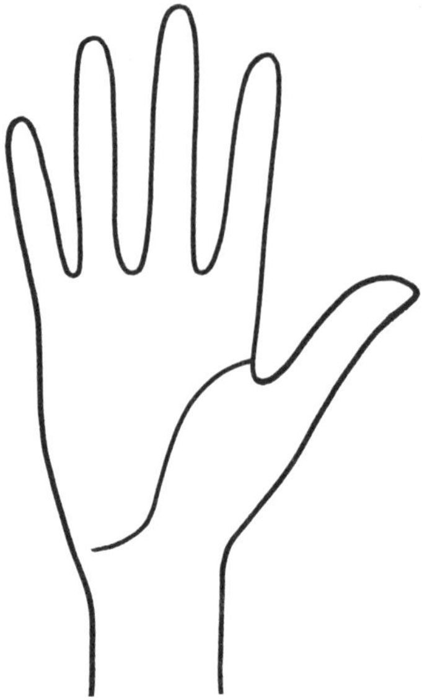

Lebenslinie: Ende im Neptunberg

Die Feinfühligkeit ist außerordentlich gesteigert. Der ganze Körper wird zur Antenne für Schwingungen der Umwelt, die mit den normalen Sinnen nicht aufgenommen werden. Menschen mit diesem Merkmal können gute Pendler oder Rutengänger werden. Man findet es auch häufig bei Blinden, die ja auf die Eindrücke des wichtigsten Sinnesorgans verzichten müssen und deswegen ihren Körper als Empfangsorgan einsetzen.

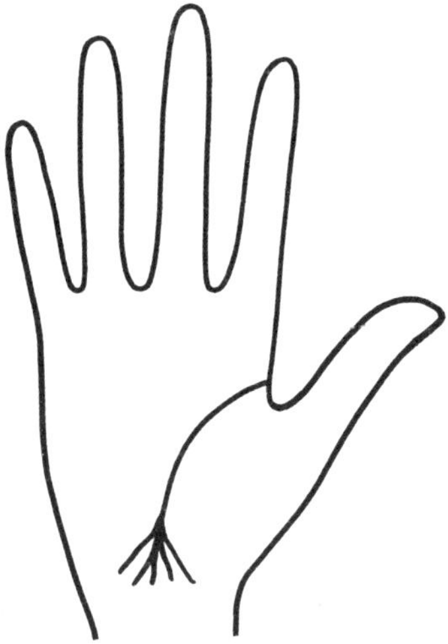

Lebenslinie: Ende verzweigt oder verästelt

Spaltet sich die Lebenslinie am Ende fächerförmig auf, ist die Deutung ähnlich wie bei „Zweig zum Mondberg". Innere Unruhe und Unzufriedenheit führt zu einem unsteten Leben, besonders im Alter. Dabei werden die Lebenskräfte aufgespalten. Man verschwendet seine Vitalenergien, was zur Schwächung der Vitalität, zu anfälliger Gesundheit und zu den diversen Übeln des Alters führt. Wie negativ ein solches Merkmal zu bewerten ist, hängt von der Stärke und Beschaffenheit der Linien am Ende der Lebenslinie ab. Sind diese Linien durchgehend und kräftig, liegt die Betonung der Deutung auf Unruhe und Vielseitigkeit. Sind die Linien zerrissen, unterbrochen und dünn, gilt mehr die allgemeine Schwächung der Gesundheit und der Lebenskraft.

Lebenslinie: Unten offen

Ist die Lebenslinie unten offen, können die vitalen Energien den Bereich des Dus auf der anderen Seite der Hand erreichen. Das bedeutet einerseits eine geschwächte Lebenskraft, da die Energien zerfließen, ihre Konzentration also schwierig wird; andererseits kommt es bei Menschen mit diesem Merkmal bisweilen zu heftigen Ausbrüchen. Es sieht so aus, als ob sie den Kopf und die Beherrschung verlieren und aus nichtigem Anlaß einen ungewöhnlichen Wutausbruch bekommen. Die durch andere Mittel zurückgehaltenen Energien entladen sich durch das „Loch" im unteren Teil der Hand.
Eine unten offene Lebenslinie kann auch auf eine besonders triebhafte Natur hindeuten. Triebe können sich heftig und unvorhergesehen entladen. Zu den Trieben gehört nicht nur das Bedürfnis nach Sex, sondern auch andere elementare Bedürfnisse, wie etwa der Drang nach körperlicher Betätigung.

Lebenslinie: Gut ausgeprägt

Ist die Lebenslinie kräftig gezeichnet, durchlaufend und frei von Störzeichen, ist mit ausgezeichneter Gesundheit zu rechnen. Körperliche und seelische Widerstandskraft sind ungebrochen. Ein solcher Mensch ist unerschütterlich. Er übersteht schlechte Zeiten ebensogut wie schlechte Menschen. Gleichmut und seelische Stärke zeichnen ihn aus. Er wirkt auf andere unmittelbar, ursprünglich und unbekümmert.

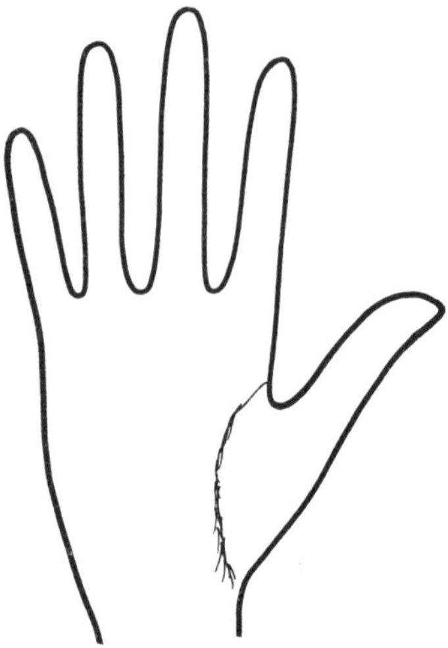

Lebenslinie: Schlecht ausgeprägt

Ist die Lebenslinie dünn, kaum sichtbar und voller Störungen (zum Beispiel Striche, Unterbrechungen, Ketten, Inseln und Fransen), kann auf beeinträchtigte Lebenskraft und schwache Gesundheit geschlossen werden. Solche Menschen neigen zu fiebrigen Erkrankungen, nervösen Schlafstörungen und allgemeiner Unruhe. Infolge ihrer körperlichen und seelischen Anfälligkeit sind sie den Reizen der Umwelt in besonderem Maße ausgesetzt. Sie reagieren leicht auf negative Einflüsse, und sie wehren sich mit Gereiztheit und einem Hang zum Nörgeln.
Die schlechte Ausprägung kann sich auch auf Teile der Lebenslinie beziehen. Dann gelten obige Aussagen für die entsprechende Zeit, und die Schwäche betrifft nur ein bestimmtes Organ. Meist ist die Lebenslinie im oberen und im unteren Teil beeinträchtigt, was auf Kinderkrankheiten und die Anfälligkeit des Alters hindeutet.

Lebenslinie: Breit, verwaschen

Der Einsatz der Lebensenergien entspricht dem Bild der Lebenslinie. Wie ein träger Strom treiben sie dahin. Es fehlt die richtige Kanalisierung, also die Fähigkeit zur Konzentration und zum zielgerichteten Einsatz. Menschen mit diesem Merkmal lassen sich im Leben treiben und verbrauchen ihre Kräfte in unnützen Aktionen. Sie können sie nicht richtig einsetzen. Sie übertreiben und überanstrengen sich dabei, oder sie sind faul und träge.
Verwaschene Linien sind ein Dekadenzmerkmal. Sie deuten oft auf einen primitiven Charakter mit kriminellen Neigungen hin. Verstärkt werden die negativen Eigenschaften durch eine rote, dicke Linie. Das kann auf Brutalität und eine Tendenz zu Gewalttätigkeiten durch unkontrollierbare Gefühlsausbrüche hinweisen.

Lebenslinie: Unterbrochen

Unterbrechungen der Lebenslinie bedeuten Unterbrechungen des Lebens. Eine einschneidende Umstellung tritt zu dieser Zeit ein. Wenn, wie hier gezeichnet, ein Stück der Lebenslinie fehlt, taucht dieser Mensch gewissermaßen unter. Sein Leben hört auf, bewußt zu existieren. Er vegetiert vor sich hin, erlebt die Umwelt kaum bewußt, hält eine Art seelischen Winterschlaf. Das kann durch eine erzwungene Flucht aus der Heimat verursacht sein, wenn dieser Mensch in der Fremde nicht existieren will oder kann und sich in Sehnsucht nach der Heimat verzehrt. Oder es kann durch eine langdauernde schwere Krankheit bewirkt werden, bei der man ans Bett gefesselt ist und seine Lebenskräfte nicht entfalten kann.
Oft übernehmen andere Linien die lebenswichtige Funktion des Zurückhaltens der Vitalkräfte, zum Beispiel die Schicksalslinie.

Lebenslinie: Verschoben

Bei einem Bruch der Lebenslinie beobachtet man oft eine unmittelbare Fortsetzung an anderer Stelle, also eine Verschiebung. Die Grundbedeutung ist die gleiche wie bei der echten Unterbrechung: Lebenswichtige Umstellung, Neu-Orientierung, Bruch des bisherigen Lebens, Verschiebung aller Lebensäußerungen.
Ist die Lebenslinie nach außen verschoben, dann erweitert sich der Lebensraum. Ist sie nach innen verschoben, dann verengt sich der Lebensraum.

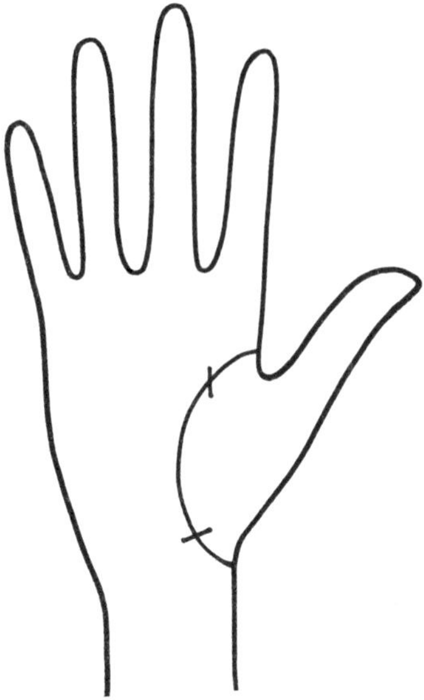

Lebenslinie: Schnittlinien

Schnittlinien deuten auf ein einschneidendes Ereignis hin, durch das der normale Lebenslauf aber nicht tiefgreifend verändert wird. „Einschneidend“ kann wörtlich stimmen. Dann handelt es sich um eine Verletzung oder Operation oder um eine plötzliche Organschädigung, die auch ohne äußere Ursachen eintreten kann. Durch Schnittlinien deutet sich oft eine akute Erkrankung an.
Die negative Bedeutung wird verstärkt, wenn die Schnittlinien kurz und vertikal sind, oder wenn sie tief aus dem Inneren kommen.

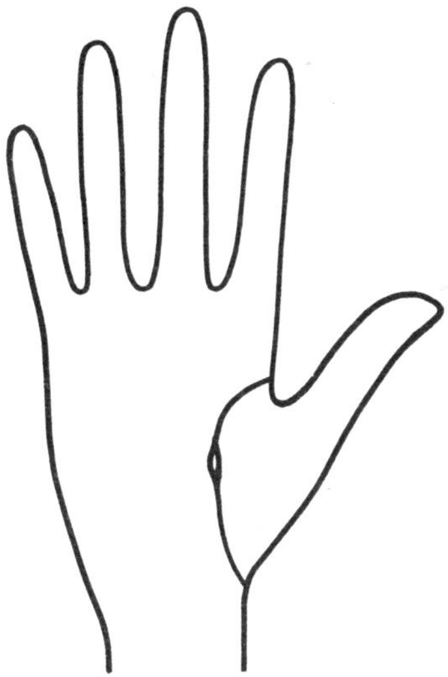

Lebenslinie: Inseln

Durch eine Insel werden die Lebenskräfte gebunden. Sie fließen im Kreis, was zweierlei Folgen hat. Erstens können sie sich nicht nach außen entfalten. Lebenskraft und Widerstandsfähigkeit sind also eingeschränkt. Zweitens erstreckt sich ihre negative Wirkung auf das Innere des Menschen, also auf ein Organ oder ein System, das dadurch beeinträchtigt oder zerstört wird.

Inseln deuten meistens auf chronische Krankheiten hin, die durch eine vererbte Konstitutionsschwäche ausbrechen. Sie sind Zeichen einer inneren Verspanntheit mit all ihren organischen Folgen (zum Beispiel Kreislaufstörungen, Magenbeschwerden) sowie einer gewissen Ängstlichkeit und Versponnenheit in die eigenen Probleme.

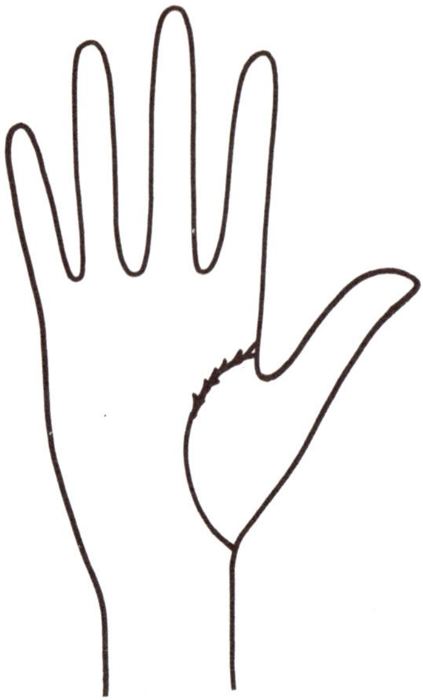

Lebenslinie: Verkettet

Oft ist die Lebenslinie im oberen Bereich kettenartig zusammengesetzt. Das bedeutet in dieser Zeit (Kindheit, Jugend) oder für dieses Organ (Augen, Ohren, Kopf) eine Beeinträchtigung der Gesundheit und eine erhöhte Neigung zu Krankheiten oder Organschädigungen. Verstärkt wird diese Deutung durch eine bläuliche Farbe sowie durch andere Störzeichen (Inseln, Brüche, Schnittlinien).
Eine Kette kann als Vielzahl von Inseln aufgefaßt werden. Damit verstärkt sich der negative Einfluß einer Insel auf der Lebenslinie.

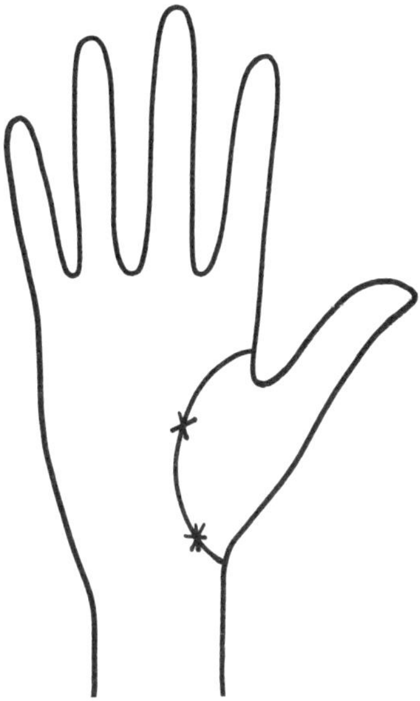

Lebenslinie: Kreuz oder Stern

Die Bedeutung ist im wesentlichen die gleiche wie die einer Schnittlinie. Allerdings werden die negativen Möglichkeiten noch verstärkt. Plötzliche Ereignisse können mit unerwarteter Heftigkeit über diesen Menschen hereinbrechen. Seinem Leben wird eine besondere Last aufgebürdet (das Kreuz), seine Existenz wird durch einen Blitz (Stern) gefährdet.

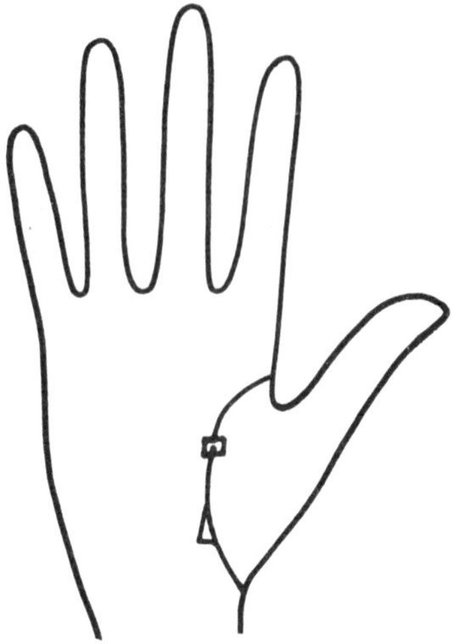

Lebenslinie: Quadrat und Dreieck

Beide Zeichen bedeuten ein Einschließen von Kräften; beim Quadrat spannungsreich, beim Dreieck mehr harmonisch.
Ein Einschließen von Kräften kann positiv bedeuten: Energien werden bewahrt, können gesammelt und zu besonderen Zwecken verwendet werden. Das Quadrat wirkt sich dann positiv aus, wenn es als Klebestelle für eine unterbrochene Lebenslinie dient. Das Dreieck kann in diesem Sinn auf den Einsatz der Kräfte zu besonderen Studien hindeuten. Man sagt, daß Menschen mit einem Dreieck in der Lebenslinie zur Beschäftigung mit Magie und Mystik neigen.
Die negative Bedeutung liegt darin, daß eine Abschließung von der Umwelt eintreten kann (etwa durch Krankenhausaufenthalt oder Gefängnis). Außerdem können sich lebensnotwendige Energien ähnlich wie bei der Insel in einem inneren Becken sammeln und dort durch ihr Eingesperrtsein Unheil anrichten, indem sie ein Organ zerstören oder den Stoffwechsel beeinträchtigen.

Linien im Daumenberg

Marslinie. Die Marslinie entspringt im kleinen Marsberg und läuft unabhängig von der Lebenslinie mehr oder weniger geradlinig nach unten. Sie zeigt erhöhte Bewegungs-, Aktions- und Kampfbereitschaft an. Menschen mit einer Marslinie sind unternehmungslustig und aktiv. Bei schlechter Hand kann sie auch auf Aggressivität und Brutalität hindeuten.

Angstlinie. Eine Linie innerhalb der Lebenslinie, die Querlinien abhält, deutet auf Ängstlichkeit und Triebhemmungen hin. Solche Menschen sind im normalen Umgang durchaus offen und herzlich, haben aber im intimen Kontakt mit anderen Menschen Schwierigkeiten.

Sexlinie. Läuft eine Linie aus dem unteren Daumenberg (wo die Triebe lokalisiert sind) in den Neptun- oder Mondbereich, dann werden starke sexuelle Impulse in den Bereich des Unterbewußtseins übertragen. Das kann zu quälenden sexuellen Phantasien und Zwangsvorstellungen führen. In einer gut ausgeprägten Hand kann dies schöpferische Inspiration für künstlerische Umsetzungen bedeuten. In einer schlechten Hand kann dies zu Rücksichtslosigkeit in sexuellen Angelegenheiten führen.

Linien der Hilfsbereitschaft. Linien aus dem kleinen Marsberg in Richtung Handkante deuten auf Hilfsbereitschaft hin. Die Energien des Berges suchen sich einen Weg zum Du. Menschen mit diesem Merkmal tun viel für andere, aus innerem Ansporn, nicht aus Verpflichtung oder Eigennutz.

Marslinie

Angstlinie

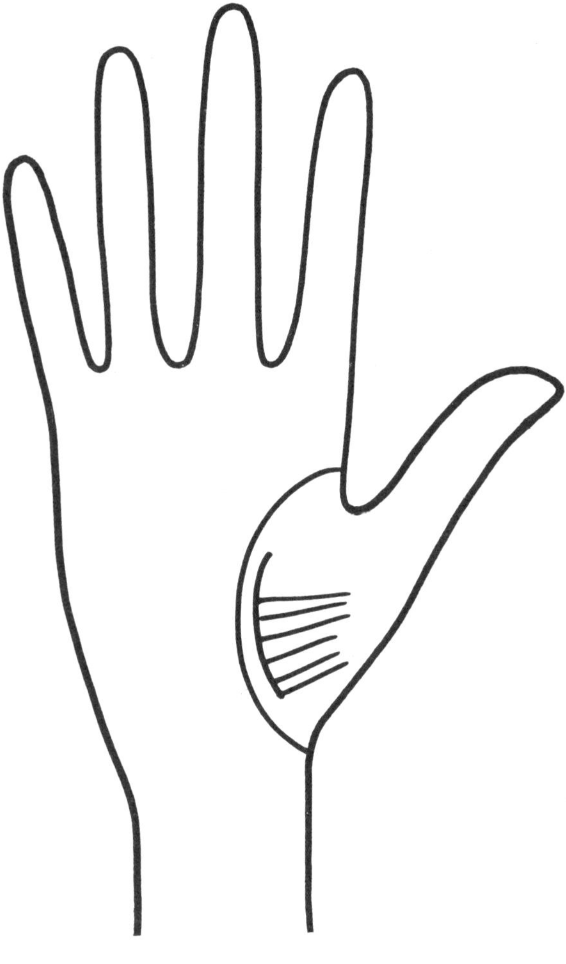

Sexlinie

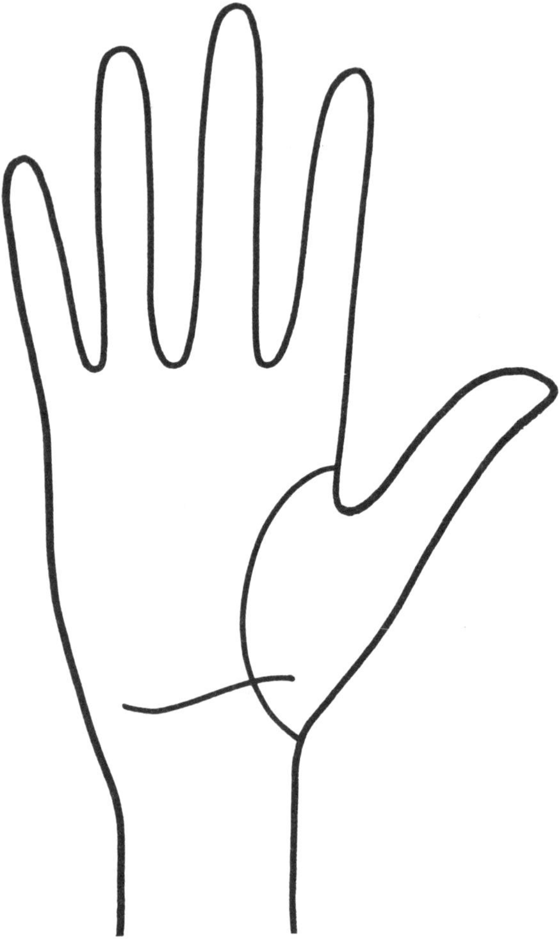

Linie der Hilfsbereitschaft

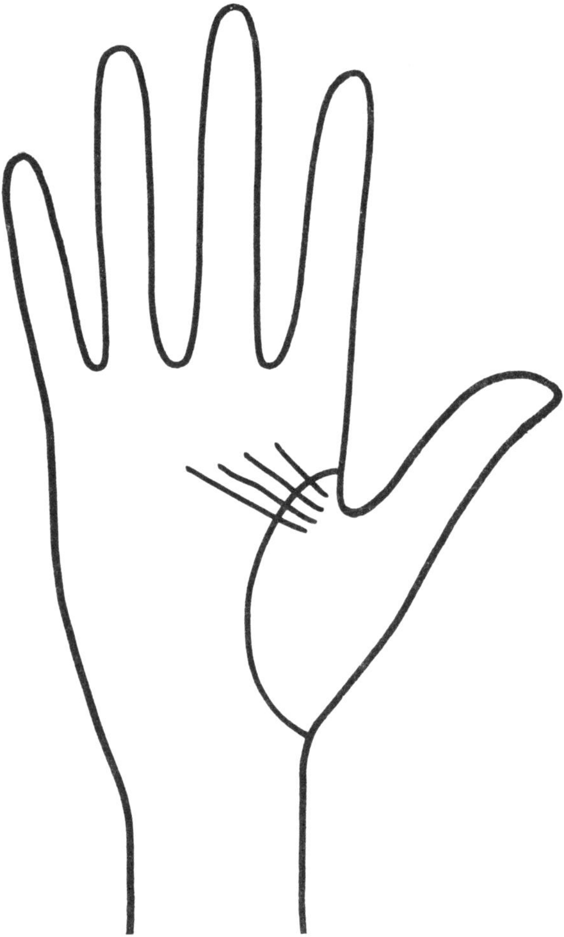

Kopflinie (Fünffingerfurche, Cerebralis)

Bedeutung. Die Kopflinie hat, wie ihr Name sagt, Bezug zum Kopf. *Organisch* bezieht sie sich auf den Kopf, das Kopfnervensystem, das Gehirn, die Augen, Ohren und Zähne. *Psychologisch* steht sie für die Fähigkeit zum Denken, zum Verarbeiten von Sinneseindrücken und zur geistigen Konzentration; ferner für das Ich-Bewußtsein und seine Störungen, den Gedankenfluß und das Urteilsvermögen.

Verlauf. Die Kopflinie beginnt etwa an der gleichen Stelle wie die Lebenslinie, also auf der Ich-Seite zwischen Daumen und Zeigefingeransatz. Sie verläuft im Idealfall in sanftem Bogen nach unten und endet etwa zwischen Ringfinger und Zeigefinger. Bei gutem Verlauf verweist sie auf Eigenschaften wie Gedankenkraft, Konzentrationsfähigkeit, Urteilsvermögen und gutes Gedächtnis. Die geistigen Fähigkeiten können gut eingesetzt und geistige Inhalte praktisch verwertet werden.

Zeitbestimmung

Die Zeitbestimmung auf der Kopflinie ist unsicher und mit großer Vorsicht zu genießen. Die Einteilung in Abschnitte von je 25 Jahren hat sich in vielen Fällen bewährt, in anderen kann sie völlig versagen. Der Mensch ist nun mal keine mechanisch ablaufende Uhr.

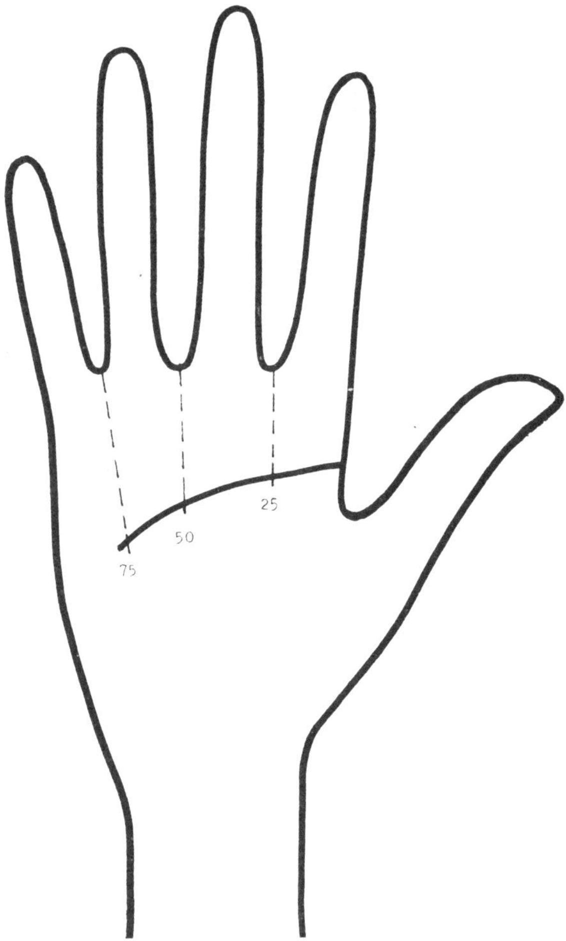
25
50
75

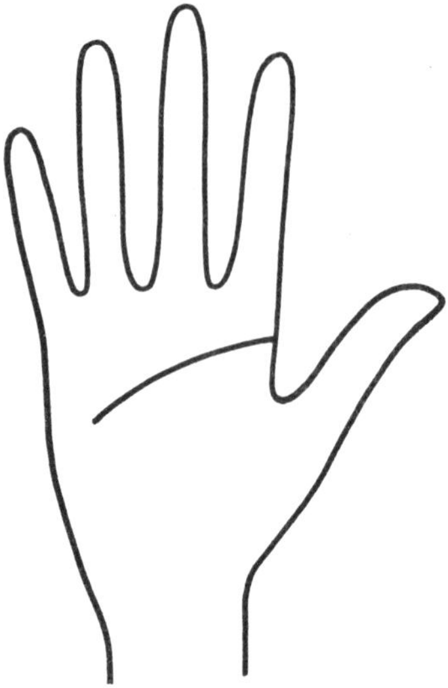

Kopflinie: Idealer Verlauf

Im Idealfall läuft die Kopflinie in sanftem Schwung nach unten und endet etwa drei Fingerbreit unter dem kleinen Finger. Bei guter Beschaffenheit der Linie hat ein Mensch mit idealer Kopflinie einen ausgewogenen und praktisch orientierten Verstand. Seine Auffassungs- und Beobachtungsgabe sind gut entwickelt, ebenso sein Gedächtnis für Tatsachen. Er besitzt gesunden Menschenverstand, ist urteilsfähig und kritisch. Er geht auf die Menschen in normalem Maße zu, ohne ihnen zu nahe zu treten, und ohne daß sie ihm gleichgültig sind. Willenskraft und Konzentrationsfähigkeit sind gut ausgeprägt.
Bei der Deutung achte man auf Kürze oder Länge der Linie.

Kopflinie: Gerade

So gerade wie die Linie ist auch das Denken: geradlinig, logisch, konsequent. Kleinigkeiten werden beachtet, Tatsachen nicht vergessen, das Denken nicht unterbrochen. Das Reden manchmal auch nicht. Jedenfalls vergessen diese Menschen nichts, was bedeuten kann, daß sie nachtragend sind. Der Verstand ist in seiner Tätigkeit ebenso zuverlässig wie starr. Im Denken kann sich eine Inflexibilität breitmachen, die zu einer nüchternen, phantasielosen, konservativen Einstellung führt. Geistig sind diese Menschen streng und unerbittlich. Im Denken und Reden können sie hart und rücksichtslos sein. Sie können ihre Meinung mit unerbittlicher Konsequenz vertreten, und man kann ihnen schwer widersprechen, denn sie lassen nichts aus. Ihre Logik ist meistens unfehlbar.
Man beachte bei der Deutung Länge und Verbundenheit mit der Lebenslinie. Die negativen Qualitäten werden verstärkt durch eine lange Kopflinie und durch einen weiten Abstand von der Lebenslinie.

Kopflinie: Kurz

Eine kurze Kopflinie besagt nicht, daß der Verstand zu kurz gekommen ist. Sie zeigt, daß die Gedankenprozesse rasch verlaufen. Entscheidungen werden impulsiv und aus inneren Antrieben heraus gefällt. Strenge, logische, nüchterne geistige Analysen sind nicht die Stärke dieser Menschen. Der geistige Kontakt zur Umwelt ist gering entwickelt. Im Sprechen und in der geistigen Auseinandersetzung mit der Umwelt sind diese Menschen eher auf sich selbst bezogen. Das geistige Einfühlen und Erfassen der Gedankenschwingungen anderer Menschen fällt ihnen schwer. Das kann zu einer geistigen Isolierung führen, unter der dieser Mensch leidet.

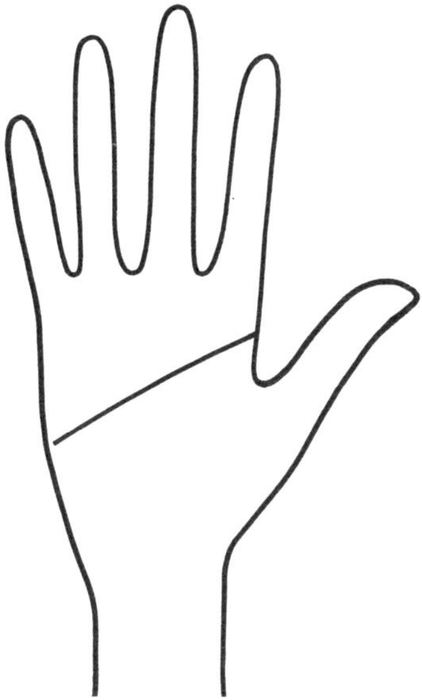

Kopflinie: Lang

Läuft die Kopflinie bis zum Handrand, wird das geistige Interesse an anderen Menschen übergroß. Die eigenen geistigen Energien richten sich immer gegen Menschen der Umwelt. Das führt zu lebhaften Gesprächen und zu großer Aufgeschlossenheit gegenüber dem Denken und Fühlen anderer Menschen. Negativ übersteigert kann ein solcher Linienverlauf zu Aufdringlichkeit und Nörgelei führen. Dann drängt sich dieser Mensch immer der Umwelt auf, setzt sich in Szene, sieht beim anderen den sprichwörtlichen Splitter im Auge und übersieht den eigenen Balken. Auf die anderen wirkt er wie ein junger Hund, der überall seine Nase hineinsteckt; wie ein Wesen, das ohne seine Mitmenschen nicht existieren kann.

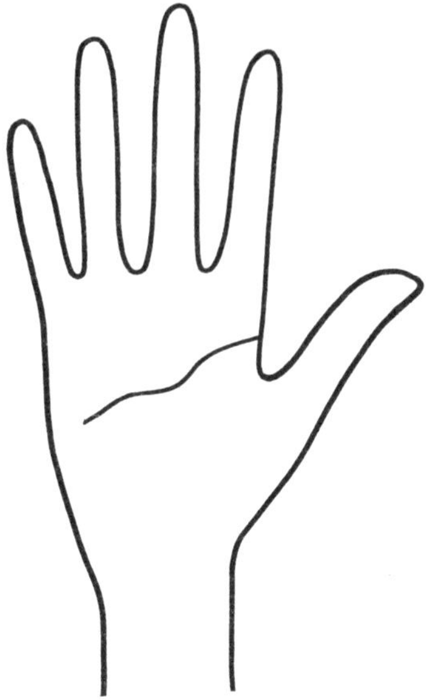

Kopflinie: Wellig

Wie die Linie, so das Denken. Es verläuft nicht geradlinig, sondern gekrümmt. Das kann positiv wie negativ beurteilt werden. Positiv als Anpassungsfähigkeit, geistige Wendigkeit, Diplomatie. Negativ als Ausweichen, Unehrlichkeit, Wankelmütigkeit, Unzuverlässigkeit. Auf jeden Fall kann sich ein solcher Mensch gut durchschlängeln und seine geistigen Aktivitäten den jeweiligen Umständen anpassen.

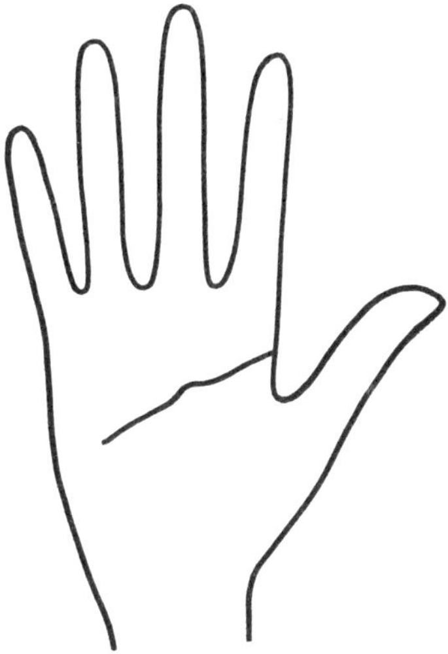

Kopflinie: Ausbuchtung nach oben

Man kann die Ausbuchtung als Sog interpretieren, der vom jeweiligen Finger ausgeht. So will man mit diesem Merkmal höher hinaus. Je nach Finger handelt es sich um das (etwas forcierte, also nicht natürliche) Streben nach Ehrgeiz, Ruhm und Macht (Ausbuchtung zum Zeigefinger), nach Pflichten, Ernsthaftigkeit und der Beschäftigung mit Materie (Ausbuchtung zum Mittelfinger), nach künstlerischer Betätigung und Ansehen (Ausbuchtung zum Ringfinger), und nach wissenschaftlicher, intellektueller oder kommerzieller Betätigung (Ausbuchtung zum kleinen Finger).
Die jeweiligen Anstrengungen bereiten eine gewisse Mühe. Sie wirken gekünstelt.

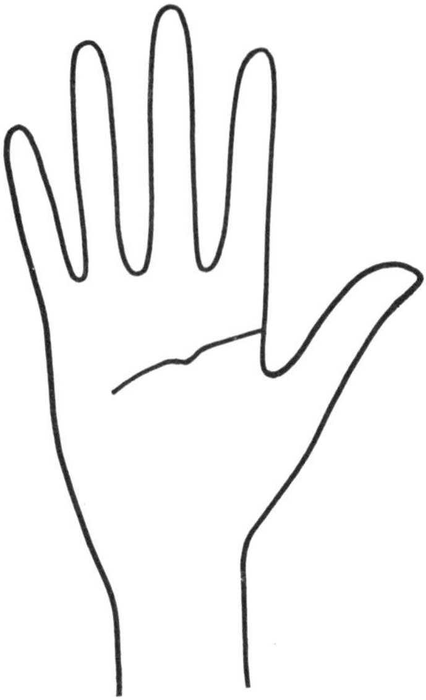

Kopflinie: Ausbuchtung nach unten

Man kann diese Ausbuchtung als Sich-Hängen-und-Gehenlassen interpretieren. So wird man auf einem bestimmten Gebiet lahm und unzuverlässig. Je nach Finger betrifft dies das Ehrgefühl (Ausbuchtung unter dem Zeigefinger), das Pflichtgefühl (Ausbuchtung unter dem Mittelfinger), die Beziehungen zum Partner (Ausbuchtung unter dem Ringfinger), die geistigen Betätigungen und Kontakte (Ausbuchtung unter dem kleinen Finger).

Kopflinie: Am Anfang kurz mit Lebenslinie verbunden

Eine kurze Verbindung der Kopf- mit der Lebenslinie (weniger als 1 Fingerbreit) deutet auf Realismus und Sensibilität im Denken hin. Dieser Mensch ist überlegt, nüchtern und besonnen. Denken (Kopflinie) und Handeln (Lebenslinie) sind miteinander verbunden, beeinflussen einander. So denkt dieser Mensch, bevor er handelt. Er bleibt nüchtern und läßt sich weder von gewandten Vertretern noch von Modeströmungen beeinflussen. Er ist sachlich, selbstbeherrscht und überlegt.

Kopflinie: Am Anfang lang mit der Lebenslinie verbunden

Sind Kopf- und Lebenslinie zu Beginn ihres Verlaufs mehr als 1 Fingerbreit miteinander verbunden, wird aus einem nüchternen Menschen ein Zauderer. Besonnenheit degeneriert zu Unsicherheit, Vorsicht zu Ängstlichkeit, Zurückhaltung zu Verschlossenheit. Menschen mit diesem Merkmal sind zaghaft, übervorsichtig und schüchtern. Sie haben Schwierigkeiten, sich für eine Speise im Restaurant oder für einen Zug am Bahnhof zu entscheiden. Im Leben kommen sie langsam vorwärts, und sie finden relativ spät zu ihrem eigentlichen Wesen. Der Verstand belastet und behindert zu sehr die natürlichen Kräfte.

Kopflinie: Geringer Abstand zur Lebenslinie

Sind Kopf- und Lebenslinie zu Beginn ihres Verlaufs mäßig getrennt (Abstand weniger als ½ cm), laufen Denken und Handeln unabhängig voneinander. Das führt zu Offenheit, raschen Entschlüssen, Impulsivität und Optimismus. Ein Mensch mit diesem Merkmal kommt durch alle Situationen gut hindurch. Nicht weil er keine Fehler macht, im Gegenteil. Da er aus dem Gefühl heraus entscheidet und handelt (und sein Gefühl ihn öfter mal täuscht), kommt es zu vielen übereilten Entschlüssen. Doch das stört diesen Menschen nicht, denn er kann sich der neuen Lage schnell anpassen und rasch neue Aktionen beginnen. Obwohl Verstand und Triebe unabhängig voneinander sind, das Denken also nicht das Handeln beeinflußt, sind solche Menschen stark verstandesorientiert. Sie denken viel, obwohl dies keinen Einfluß auf ihr Handeln hat. Sie sind gute Logiker, aber die Logik hat selten etwas mit der Realität zu tun.
Menschen mit diesem Merkmal besitzen meist viel Charme, den sie bis ins hohe Alter bewahren.

Kopflinie: Großer Abstand zur Lebenslinie

Sind Kopf- und Lebenslinie zu Beginn ihres Verlaufs weit voneinander getrennt (mehr als ½ cm), kehren sich die guten Eigenschaften des geringen Abstands ins Negative. Aus Optimismus wird Leichtsinnigkeit, aus Unbekümmertheit Verantwortungslosigkeit, aus Offenheit Rücksichtslosigkeit. Das Handeln wird bisweilen „kopflos", da der Verstand die Triebe nicht beeinflussen kann. Das kann dazu führen, daß solche Menschen aus nichtigen Anlässen durchdrehen, den Kopf verlieren, jegliche sachliche Überlegung in den Wind werfen. Entschlüsse werden schnell und unüberlegt gefaßt, was diese Menschen oft in unangenehme Situationen bringt, aus denen sie sich durch weitere rasche und unüberlegte Entschlüsse zu befreien versuchen. Trotz der Impulsivität legen diese Menschen Wert auf Anerkennung und Beachtung (da der Kopflinienbeginn hoch im Bereich des Jupiterberges liegt). Sie meinen, durch falsches Benehmen aufzufallen (was sie auch tun), und sie sind in persönlichen Dingen recht empfindlich. Außerdem neigen sie zum Nörgeln und Kritisieren, was den Kontakt zu anderen Menschen auf Dauer erschwert.

Kopflinie: Hoher Ansatz (im Jupiterberg beginnend)

Die Deutung entspricht im wesentlichen der Deutung des Jupiterberges. Ehrgeiz und das Streben nach Macht und Anerkennung sind Triebfedern für die Tätigkeit des Verstandes. Ein solcher Mensch wird sich geistig viel mit seinem Weiterkommen und mit der Verbesserung seiner Lebensumstände beschäftigen. Er übernimmt gerne Verantwortung und Autorität, was ihn zur Vorgesetztentätigkeit geeignet macht. Wie sich seine Bestrebungen auswirken, hängt sehr stark von anderen Faktoren ab, insbesondere von der Verbindung bzw. vom Abstand zur Lebenslinie.

Kopflinie: Tiefer Ansatz (innerhalb der Lebenslinie)

Die Eigenschaften des Planeten Mars machen sich unangenehm bemerkbar. Ein solcher Mensch ist reizbar, empfindlich und streitsüchtig. Er ist unbeständig, angriffslustig und geistig stets aktiv. Das kann auch seine guten Seiten haben; es hängt stark von anderen Merkmalen der Kopflinie ab.

Kopflinie: Beginn in der Handmitte

Beginnt die Kopflinie nicht am Handrand, sondern irgendwo mitten in der Hand, hängt das Denken in der Luft; es fehlt der Beginn. Menschen mit diesem Merkmal müssen in ihren Denkprozessen erst einen Anfang finden. Das verzögert die Gedankenarbeit. Außerdem fehlt die Verwurzelung, der sichere Ausgangspunkt, der Denkansatz. Das kann zu einer leichten geistigen Verwirrung führen. Geistige Probleme werden erst nach einiger Zeit erfaßt oder verarbeitet.

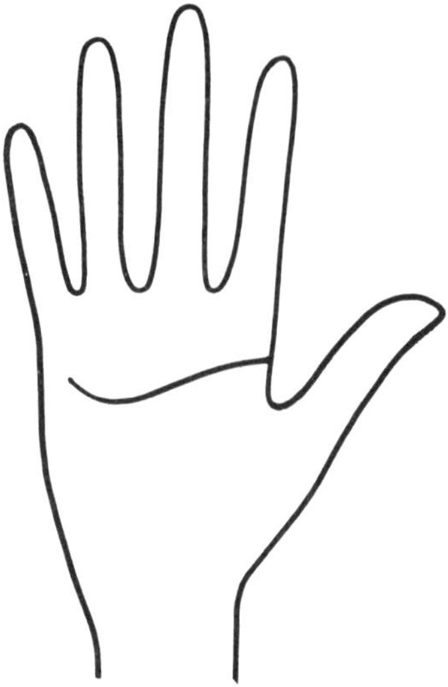

Kopflinie: Ende nach oben gebogen

Wird der normale Verlauf der Kopflinie gewaltsam geändert, deutet dies auf einen Menschen hin, dessen Leben aus Kampf und Auseinandersetzung besteht. Er kann berechnend und rücksichtslos sein, obwohl man ihm dies nicht gleich anmerkt (siehe „Kopflinie parallel Herzlinie"; ein Schauspieleraspekt). Ein Mensch mit diesem Verlauf der Kopflinie möchte „hoch hinaus". Da die Linie voll im großen Marsberg endet und dessen Energien aufnimmt, kommt es zu vielen geistigen Auseinandersetzungen. Solche Menschen sind überzeugt, daß sie gar nicht anders können als kämpfen, und sie verachten Menschen, die dies nicht tun.

Kopflinie: Ende im Mondberg

Eine Kopflinie, die im Mondberg endet, kann die Impulse und Inhalte dieses Berges aufnehmen und verarbeiten. Ein Mensch mit diesem Merkmal ist der geborene Poet. Einfälle, Vorstellungen und Phantasien können von seinem Verstand aufgenommen und verarbeitet werden. Er ist idealistisch und intuitiv. Die Realität bedeutet ihm weniger als sein Innenleben. Er ist stark von seiner Gefühlswelt, also von seinen Stimmungen, abhängig. Das kann zur übersteigerten Introspektion führen, also zu einer ausschließlichen Beschäftigung nur mit sich selbst und den Schöpfungen des eigenen Unterbewußtseins. Außerdem kann ein solcher Mensch zu Depressionen und düsteren Stimmungen neigen. Das ist um so ausgeprägter, je tiefer das Ende nach unten fällt.
Oft lassen sich Menschen mit diesem Merkmal treiben, werden geistig träge und undifferenziert, lassen sich von den Bildern des Unterbewußtseins überschwemmen und davontragen.

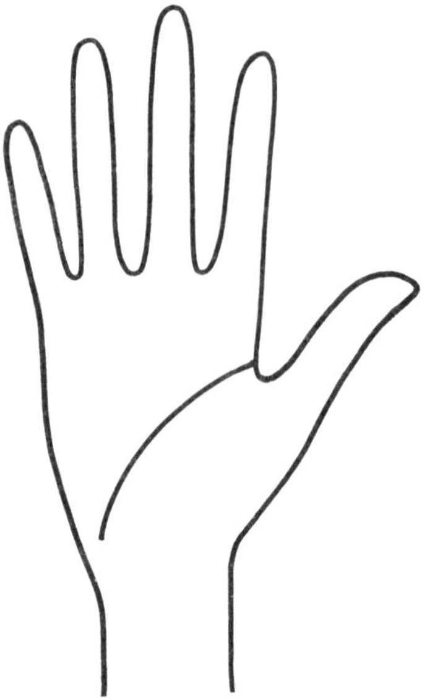

Kopflinie: Ende im Neptunberg

Ein sehr tiefes Ende der Kopflinie deutet auf eine Unfähigkeit hin, Umwelteinflüsse geistig zu verarbeiten. Ein solcher Mensch ist nur noch von seinen Eingebungen, Ahnungen und unbewußten Regungen abhängig. Das führt zu Depressionen und Zwangsvorstellungen. Im Extremfall, wenn die Kopflinie zur Lebenslinie zurückkehrt oder gar in ihr mündet, kann sich der Mensch von der Umwelt völlig isolieren und nur noch in der Welt seiner Illusionen leben (Schizophrenie).

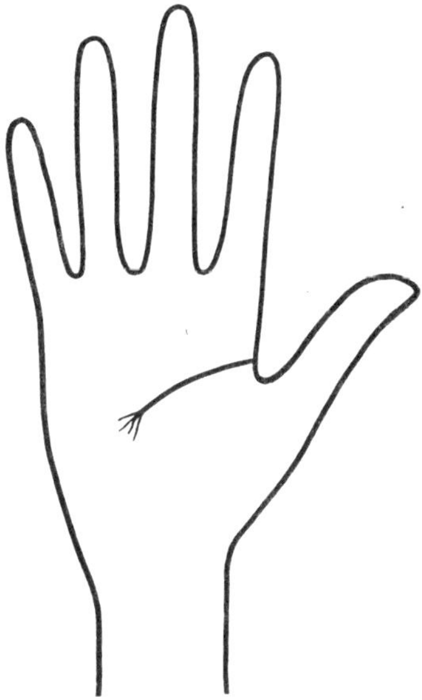

Kopflinie: Ende faserig

Wenn die Kopflinie wie ein Rinnsal in der Hand versickert und somit unterschiedslos in die Papillaren übergeht, lebt das Denken von den Eindrücken, die unter der Haut liegen, also unsichtbar sind. Ein solcher Mensch ist stark von Intuitionen, Eingebungen und Ahnungen abhängig. Für andere erscheint sein Denken verschwommen und undiszipliniert, unverständlich und absonderlich. Seine Einfälle sind immer ungewöhnlich, für die Umwelt aber oft schockierend, zumindest unverständlich. Unbestimmte Sehnsüchte und ein Drang in die Ferne kennzeichnen diesen Menschen.

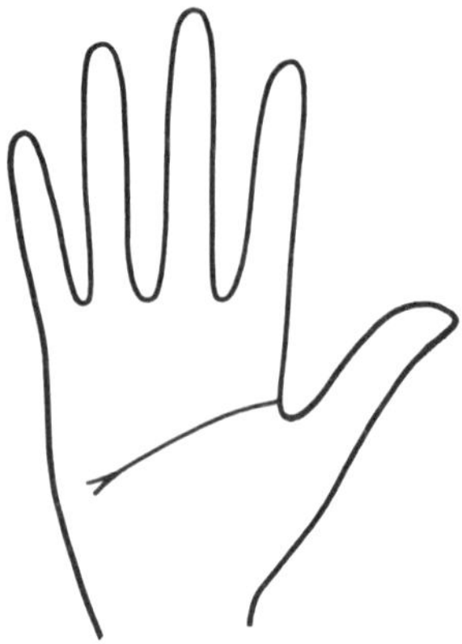

Kopflinie: Am Ende gespalten

Bei der Spaltung der Kopflinie ist auch das Denken gespalten. Wie sich dies auswirkt, hängt unter anderem davon ab, wie früh die Spaltung eintritt. Je früher, desto schlimmer. Eine Spaltung vor der Handmitte kann zur echten Bewußtseinsspaltung führen. Die unterschiedlichen Eindrücke können vom Verstand nicht mehr integriert werden, das Denken wird überbeansprucht. Der Mensch kann Wahrnehmungen und Erfahrungen nicht mehr richtig verarbeiten.
Findet die Spaltung erst später statt, dann bleibt ein zwiespältiges Wesen. Ein solcher Mensch ist geistig flexibel, da er mit seinem Verstand unterschiedliche Eindrücke und Energien aufnimmt. Diese Überfüllung des Geistes führt aber auch zu Unruhe und Nervosität. Dieser Mensch glaubt, am falschen Ort zu sein und nicht richtig eingesetzt zu werden. Deswegen wechselt er häufig den Beruf. Er ist ehrgeizig und unzufrieden. Er kennt die Vielseitigkeit seines Verstandes, weiß aber nicht, wie er sie zielgerichtet einsetzen soll.

Kopflinie: Kräftig

Eine starke, kräftige, durchlaufende und tief eingeschnittene Kopflinie ist die beste Voraussetzung für konzentrierte geistige Tätigkeit. Ein Mensch mit dieser Linie kann geistige Arbeit auch auf längere Zeit gut ertragen. Er ermüdet nicht und bekommt keine Kopfschmerzen. Er läßt sich nicht ablenken, und sein Gehirn wird ausreichend durchblutet. Möglicherweise ist er in seinem Denken ebenso eingefahren wie seine Kopflinie, was bedeutet, daß er von einem einmal eingeschlagenen Weg schwer abzubringen ist. Doch kann dies auch ein Vorteil sein.

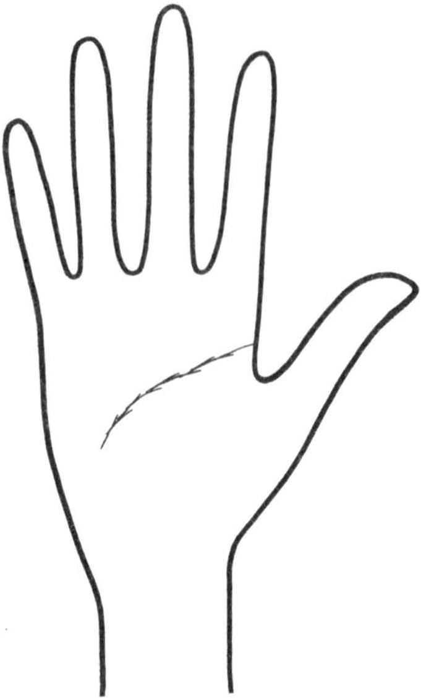

Kopflinie: Schwach ausgeprägt

Ist die Kopflinie dünn, zart, blaß, aus Haarstrichen zusammengesetzt oder sonstwie schwächlich, deutet dies auf leicht angreifbare Kopfnerven hin. Ein Mensch mit dieser Linie ist zwar sensibel und flexibel, d. h. er erfaßt Situationen und Ideen schnell, und er kann sich geistig gut anpassen. Doch fehlen ihm Ausdauer und Festigkeit. Er neigt zu nervösen Erschöpfungszuständen infolge geistiger Überanstrengung, zu Kopfschmerzen und Schlaflosigkeit. Sein Nervengeflecht ist ebenso wie seine Kopflinie: zart und störungsanfällig.

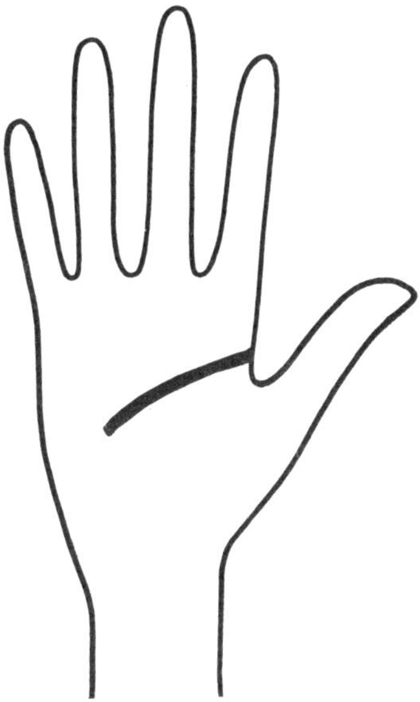

Kopflinie: Breit, verwaschen

Eine verwaschene Kopflinie deutet auf ein verwaschenes Denken hin. Der Verstand funktioniert unscharf, träge, versumpft. Menschen mit breiter Kopflinie bereiten intellektuelle Tätigkeiten Schwierigkeiten. Sie ermüden rasch, überarbeiten sich geistig schnell und neigen deshalb dazu, geistige Tätigkeiten (zum Beispiel Lesen) möglichst zu meiden.

Kopflinie: Doppelt

Zwei Kopflinien zeigen, daß dieser Mensch sozusagen zwei Gehirne hat, die er abwechselnd benutzen kann. Das verleiht ihm ein ungeheures geistiges Durchhaltevermögen. Er kann die größten geistigen Anstrengungen mühelos ertragen (zum Beispiel Mammutkonferenzen) und dabei durch Vielseitigkeit glänzen. Das garantiert ihm Erfolg in einem Beruf, in dem diese Fähigkeiten gebraucht werden. Auf die Umwelt wirkt sein Denken bisweilen sprunghaft, da er von einer geistigen Bahn übergangslos auf die andere umschalten kann.

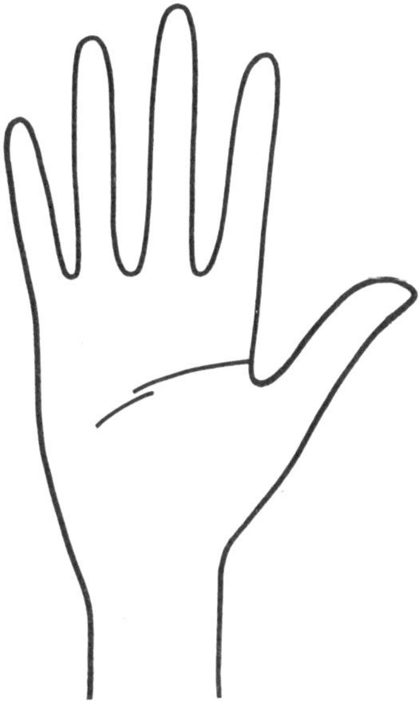

Kopflinie: Unterbrochen

Das Denken verläuft wie die Linie: sprunghaft, ohne durchgehende Linie, widersprüchlich und unmotiviert. Ein Mensch mit unterbrochener Kopflinie kann im einen Augenblick logisch und vernünftig ein Thema behandeln, um plötzlich und scheinbar unmotiviert auf ein ganz anderes Gebiet zu springen. Das bringt ihm den Ruf der Fahrigkeit und geistigen Unzuverlässigkeit ein.

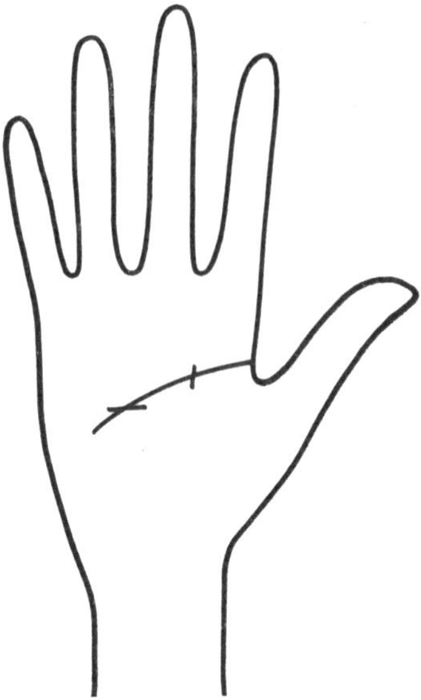

Kopflinie: Schnittlinien

Ist die Kopflinie durchschnitten, deutet dies auf einen Schlag gegen den Kopf oder auf einen Stich im Denken hin. Im ersteren Fall kann dies auf Kopfverletzungen hinweisen, im letzteren Fall auf plötzliche Aggressivität gegen andere oder gegen sich selbst.

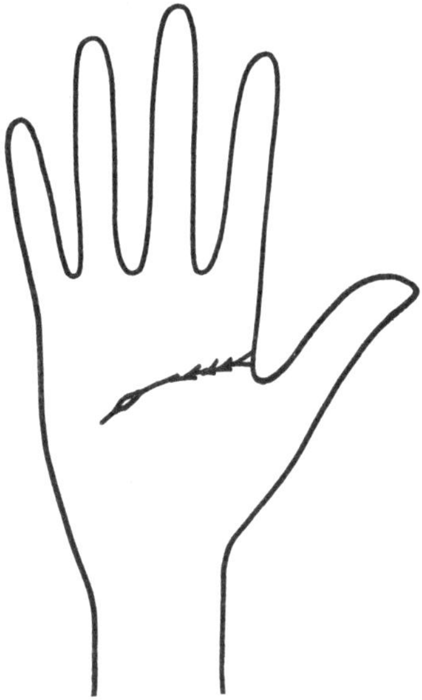

Kopflinie: Inseln

Inseln in der Kopflinie können auf organische Hirnfehler hindeuten. Im Geistigen ist ein solcher Mensch gefangen. Seine Gedanken laufen im Kreis wie ein Hamster im Tretrad. Er kommt von seinen Problemen nicht los, leidet an Schlaflosigkeit und Kopfschmerzen.
Eine Vielzahl von Inseln äußert sich als *Kette.* Meist ist dieses Merkmal am Beginn der Kopflinie zu beobachten; dies deutet auf Denkprobleme oder Nervenschwäche in der Kindheit hin.

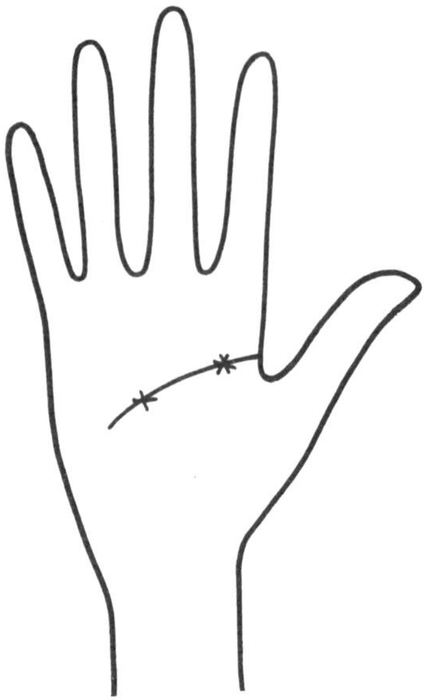

Kopflinie: Kreuz oder Stern

Die Bedeutung ist ähnlich wie die einer Schnittlinie. Plötzliche Zwischenfälle können eintreten, die eine Gefahr für den Kopf und seine Organe darstellen. Ein Stern kann allerdings auch auf besonders brilliante Einfälle hindeuten.

Kopflinie: Punkt oder Fleck

Punkte und Flecken sind stets Krankheitszeichen. Auf der Kopflinie sind sie Anzeichen für eine fiebrige Erkrankung des Gehirns, für die Vergiftung eines Kopforgans oder für eine Verletzung mit Bluterguß.

Kopflinie: Zweig zur Herzlinie

Durch einen Ast zur Herzlinie versucht der Verstand, die Kontrolle über die Gefühle zu erlangen. Solche Menschen lassen Gefühle nicht zu, ohne sie zuvor durch den Verstand gefiltert zu haben. Sie tun sich schwer, Gefühle spontan zu zeigen oder Stimmungen offen zu äußern.

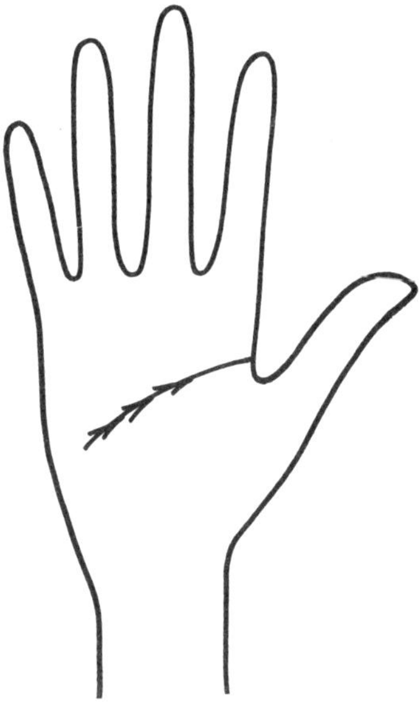

Kopflinie: Äste nach vorn

Gehen von der Kopflinie feine Äste in Flußrichtung aus, sucht ein Mensch mit diesem Merkmal ständig nach neuen Erkenntnissen. Seine geistigen Antennen sind immer offen, er ist immer auf der Suche nach etwas Neuem. Er ist feinfühlig, aufnahmebereit und intuitiv.

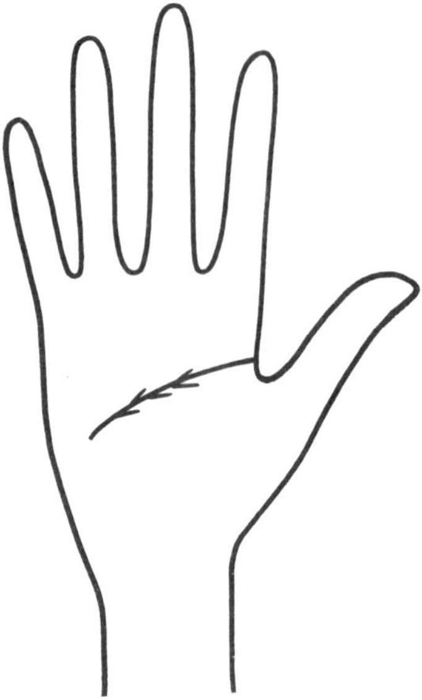

Kopflinie: Äste von hinten

Münden in die Kopflinie feine Äste ein, kann dieser Mensch Erfahrungen der Vergangenheit gut verarbeiten. Er ist den Einflüssen früherer Erlebnisse gegenüber offen und kann aus ihnen lernen.

Kopflinie: Weiter Abstand zur Herzlinie

Menschen mit weitem Abstand zwischen Gemüt und Verstand haben ein ebenso großzügiges wie elastisches Gewissen. Sie sind angenehme Zeitgenossen, denn ihre Unbekümmertheit und Toleranz macht den Umgang mit ihnen leicht. Sie sind großzügig, entgegenkommend und heiter. Meist haben sie große Pläne, die sie um so weniger realisieren, je größer der Abstand ist. Wegen ihrer Toleranz und wohlwollenden Distanz sind sie hervorragende Erzieher. Allerdings nehmen sie nichts genau, am allerwenigsten das eigene Leben. So werden sie nachlässig und schlampig. Sie lassen sich treiben und enden im Guten als Bonvivants, im Schlechten als Landstreicher.

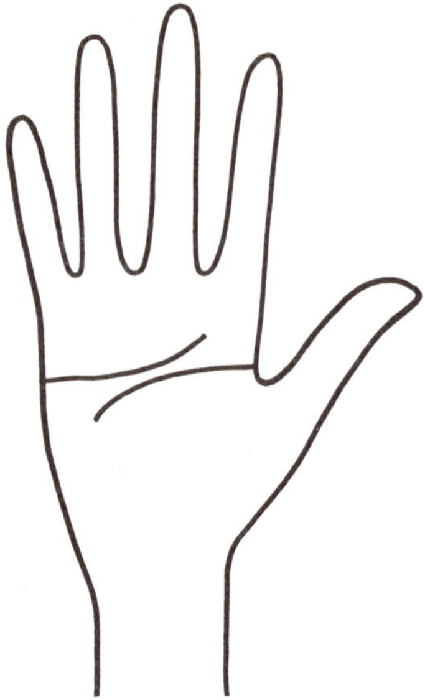

Kopflinie: Enger Abstand zur Herzlinie

Herz und Verstand lassen einander wenig Spielraum; sie behindern sich gegenseitig. Solche Menschen sind engstirnig, kleinlich und intolerant. Sie verurteilen andere und können nichts hergeben. Meist sind sie im Leben äußerlich recht erfolgreich (im Gegensatz zu denen mit einem großen Abstand), da sie es verstehen, sich abzusichern und mit Sorgfalt, Vorsicht und Mißtrauen die eigenen Ziele zu verfolgen und sich Vorteile zu Nutzen zu machen.
Menschen dieser Art sind ängstlich und verkrampft. Die Neigung, von sich nichts herzugeben, kann sich im körperlichen Bereich als Tendenz zu Asthma auswirken.

Kopflinie: Gleichlaufend mit der Herzlinie

Ein Gleichlauf der beiden Linien deutet auf Synchronizität von Gemüt und Verstand hin. Solche Menschen können ihren Verstand für die Gefühle und die Gefühle für den Verstand einsetzen. Sie sind, mit anderen Worten, gute Schauspieler. Sie denken, was sie fühlen, und sie fühlen, was sie denken. – Meist ist das Merkmal nur über eine bestimmte Strecke ausgeprägt.

Herzlinie (Dreifingerfurche, Mensalis, Emotionalis)

Bedeutung. Die Herzlinie hat, wie ihr Name sagt, Bezug zum Herzen. *Organisch* bezieht sie sich auf Herz, Kreislauf und Nieren. *Psychologisch* steht sie für das Empfindungsvermögen, für Herzlichkeit, Zuneigung und Schwung der Gefühle.

Verlauf. Die Herzlinie beginnt an der Handkante und strebt in sanftem Aufwärtsbogen zum Zeigefinger. Sie endet im Idealfall unterhalb des Zeigefingers oder zwischen Zeige- und Mittelfinger.

Zeitbestimmung. Es wurde die gleiche Form der Zeitbestimmung wie bei der Kopflinie gewählt. Eine andere Form der zeitlichen Einteilung geht von einem 21-Jahres-Rhythmus aus, der sich als Projektion der Fingermitten auf die Herzlinie ergibt. Im übrigen gilt auch hier: Die Zeitbestimmung ist unsicher.

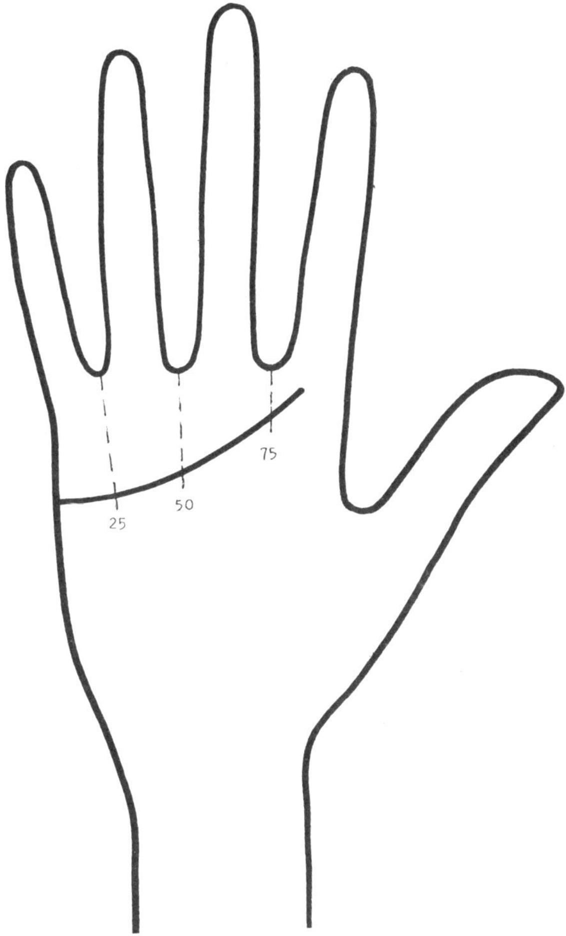
75
50
25

Herzlinie: Geschwungen

Wie die Herzlinie, so die Gefühle. Sie sind in diesem Fall harmonisch, tief und flexibel. Ein Mensch mit geschwungener Herzlinie kann sich in seinen Empfindungen der Umwelt und der jeweiligen Situation anpassen, und er ist weicher, anschmiegender Gefühle fähig.
Bei der Deutung achte man auch auf die Länge der Linie.

Herzlinie: Gerade

Die Gefühle laufen so wie die Linie: geradlinig, schwunglos, kühl. Ein Mensch mit gerader Herzlinie kann durchaus einen herzlichen Eindruck machen, doch ist er in seinen Gefühlen eher auf sich selbst orientiert. Er kann rücksichtslos, hart und streng sein und in seinen Gefühlen wenig Verständnis für andere zeigen. Seine Aufnahmefähigkeit für die Stimmungen der Umwelt ist begrenzt. So bleibt dieser Mensch in sich selbst verhaftet.

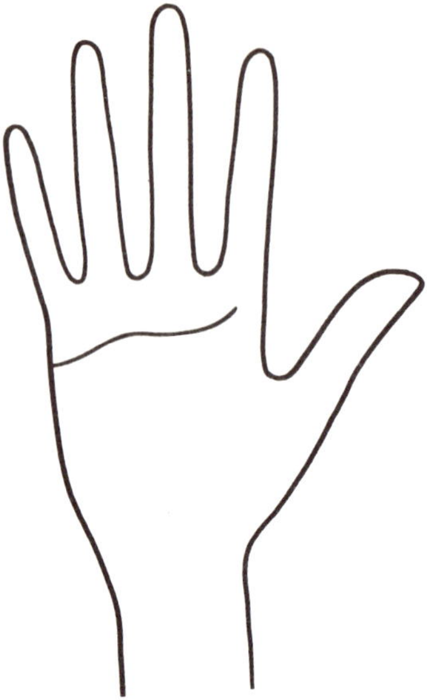

Herzlinie: Wellig

Die Gefühle sind so wie die Linie: unstet, krumm, ebenso anpassungsfähig wie ausweichend. Menschen mit welliger Herzlinie können gefühlsmäßig nicht bei einer Sache oder bei einem Menschen bleiben. Sie lavieren sich durch, was ihnen den Ruf der gefühlsmäßigen Unzuverlässigkeit eintragen kann.

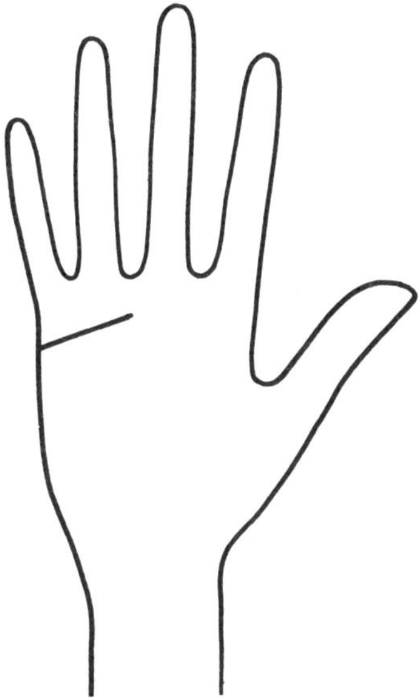

Herzlinie: Kurz

Eine kurze Herzlinie besagt, daß der Gefühlsstrom nur kurz in Aktion ist. Das Gefühlsleben ist also verkümmert. Ein Mensch mit kurzer Herzlinie ist nüchtern, kühl bis kalt und in den Gefühlen auf sich selbst fixiert. Warmherziges Verständnis für andere fehlt ihm. Er ist in Gefühlsdingen beeinflußbar und unselbständig. Er reagiert mehr instinktiv und triebhaft. Die höheren Schwingungen der Seele können sich nicht entfalten.
Eine kurze Herzlinie kann auch auf organische Herzfehler hinweisen.

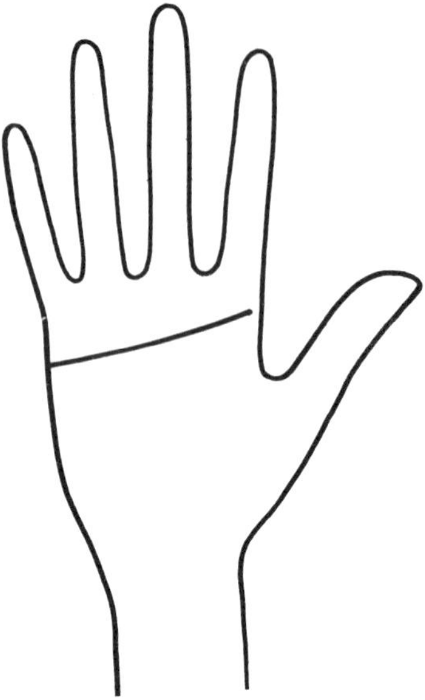

Herzlinie: Lang

Eine lange Herzlinie, die im Extremfall die gesamte Innenhand durchquert, deutet auf eine Überfülle an Gefühlen hin. Ein Mensch mit diesem Merkmal braucht andere Menschen, um sie mit Liebe zu überschütten. Das kann manchmal auch zuviel werden. Denn dieser Mensch opfert sich zwar auf, doch neigt er auch zur gefühlsmäßigen Besitzergreifung. Das führt zu Eifersucht und zur ständigen gefühlsmäßigen Beschäftigung mit dem Partner, der nie in Ruhe gelassen wird.

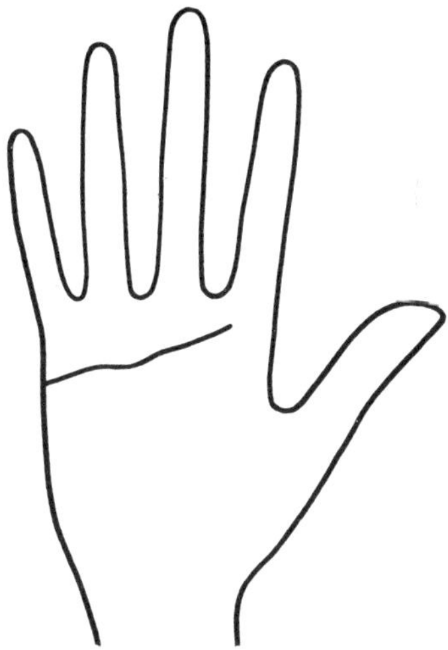

Herzlinie: Ausbuchtungen nach unten

Enthält die Herzlinie eine Art Grube, bleiben die Gefühle dort stehen. Sie sacken ab und warten auf Anregung. Je nach Finger, unter dem die Herzlinie absackt, ist die Bedeutung verschieden. Liegt die Grube unter dem kleinen Finger, braucht das Gefühlsleben Anregungen durch Gespräche und Gedanken. Liegt sie unter dem Ringfinger, nimmt sie künstlerische Anregungen durch die Umwelt und durch den Partner auf. Liegt die Grube unter dem Mittelfinger, macht sich eine gewisse Kälte und Frostigkeit breit. Materielle Überlegungen fließen ins Gefühlsleben ein; Pflichtgefühl und Absonderungstendenzen hemmen die volle Entfaltung. Bei einer Grube unter dem Zeigefinger kommen Ehrgeiz und Machtstreben ins Spiel, und die Gefühle sind stark von Überlegungen bezüglich sozialem Ansehen und gesellschaftlichem Weiterkommen geprägt.

Herzlinie: Tiefer Ansatz

Beginnt die Herzlinie weit weg von den Fingeransätzen, ist viel Raum für Empfinden, Gemüt und seelisches Eindrucksvermögen. Menschen mit diesem Merkmal nehmen viel an Gefühlen, Stimmungen und Anregungen mit ihrer Seele auf. Sie besitzen seelische Fülle und Tiefe, haben Mitgefühl und Verständnis.

Herzlinie: Hoher Ansatz

Beginnt die Herzlinie nahe den Fingern, bleibt wenig Raum für seelisches Empfinden. Menschen mit diesem Merkmal sind eher kühl und haben wenig Verständnis für die Gefühle und Nöte ihrer Mitmenschen. Ihr seelisches Empfindungsvermögen ist mangelhaft; sie sind nüchtern, materiell und kalt.

Herzlinie: Beginn in der Handmitte

Beginnt die Herzlinie nicht am Handrand, sondern irgendwo in der Hand, hängen die Gefühle in der Luft. Die Liebesfähigkeit ist beeinträchtigt, da die Anregungen der Umwelt nicht ankommen. Menschen mit diesem Merkmal haben in der Kindheit oder Jugend schwere seelische Traumata erlebt, durch die ihr Gefühlsbereich gelähmt wurde. Der Mangel an Liebesfähigkeit kann diesen Menschen recht schmerzlich bewußt werden.

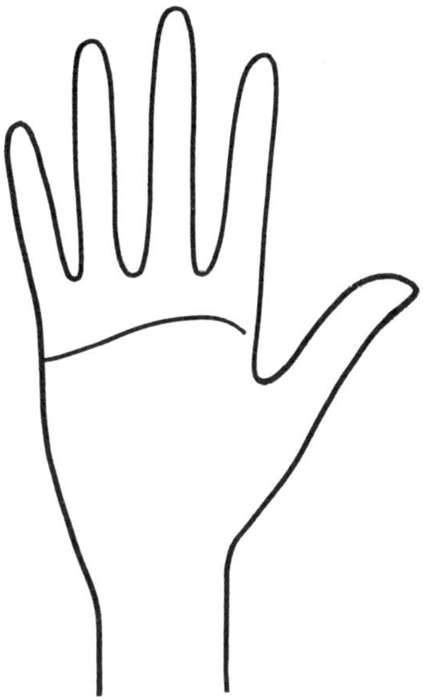

Herzlinie: Ende nach unten gekrümmt

Bei diesem Verlauf neigt sich die Herzlinie am Ende dem Bereich des eigenen Ichs zu. Menschen mit dieser Endung beschäftigen sich gefühlsmäßig viel mit sich selbst. Alle Gefühle fließen zum eigenen Ich zurück. Solche Menschen sind autistisch (auf sich selbst bezogen, isoliert) und narzißtisch (verliebt in sich selbst). Sie neigen oft zu melancholischen Seelenzuständen. Manchmal opfern sie sich auch für andere Menschen auf, was aber nie gewürdigt wird.

Herzlinie: Ende unter dem Zeigefinger (im Jupiterberg)

Die Gefühle nehmen Energien aus dem Jupiterberg auf. Ein Mensch mit dieser Endung der Herzlinie besitzt Urteilsfähigkeit und Selbstvertrauen. Er möchte seinen sozialen Status verändern (zum Beispiel durch eine standesgemäße Heirat) und seine gesellschaftlichen Beziehungen erweitern (zum Beispiel durch Wegzug vom Elternhaus). Er hat viele Freunde und liebt die Geselligkeit. Doch kann ihn sein Gefühl für den eigenen Wert zum Haustyrannen machen. In Gesellschaft ist er jovial und großzügig, zu Hause erwartet er Anpassung und Unterordnung.

Strebt die Herzlinie in den Zeigefinger hinein, werden die negativen Jupiter-Eigenschaften verstärkt. Aus Großzügigkeit wird Überheblichkeit, aus Selbstbewußtsein Arroganz, aus dem Wunsch nach Verbesserung der Lebensumstände Ehrgeiz und Machtstreben. Solche Menschen haben ein empfindliches Ehrgefühl. Sie eignen sich gut für Führungspositionen, da sie Verantwortung gern auf sich nehmen. Doch kann es wegen ihrer Empfindlichkeit und Autorität zu Reibereien mit den Untergebenen kommen.

Herzlinie: Ende zwischen Zeige- und Mittelfinger

Die Gefühle für Partner und Familie erfahren eine glückliche Mischung aus Großzügigkeit (Jupiter) und Treue (Saturn). Ein Mensch mit dieser Herzlinie ist tiefer Gefühle und Empfindungen fähig, die sich besonders auf die eigene Familie richten. Die Bindung an einen Partner ist tief und wichtig. Verletzungen der Harmonie in einer Beziehung werden ernst genommen und belasten das Gemüt. Menschen mit diesem Merkmal binden sich häufig früh an einen Partner, da sie meinen, ohne einen Gegenpol nicht auskommen zu können.

Herzlinie: Ende unter dem Mittelfinger (im Saturnberg)

Zur Kürze der Linie kommt die Schwere Saturns. Solche Menschen richten ihre Gefühle auf das Faßbare, Materielle. Sie versuchen, den Lebensstandard in materieller Hinsicht zu verbessern. Sie sind nüchtern und kühl, distanziert und berechnend. Ihr Gefühlsleben ist eher trocken und erstarrt, ihre Liebesfähigkeit eingeschränkt und von Mißtrauen überschattet. Pflichten sind für sie wichtiger als Liebe.
Verstärkt werden die negativen Eigenschaften, je weiter die Herzlinie in den Mittelfinger eindringt. Dann können Pflichten und nüchterne Überlegungen alle Gefühle überschatten.

Herzlinie: Am Ende gespalten

Wie die Linie, so die Gefühle. Auf jeden Fall ist das Gefühlsleben vielseitig. Es wird von Liebe zum Partner ebenso beeinflußt wie von Ehrgeiz oder Egoismus; je nachdem, wo die Gabelenden liegen. Schwärmerei und Idealismus können sich mit Ehrgeiz und kühler Berechnung paaren, was diesem Menschen etwas Schillerndes, Beunruhigendes verleiht. Es liegt an ihm, ob er die unterschiedlichen Einflüsse harmonisch miteinander in Einklang bringen kann.

Herzlinie: Kräftig

So wie die Linie sind auch die Gefühle: kräftig, tief und einfach. Ein Mensch mit gut ausgeprägter, durchlaufender und störungsfreier Herzlinie ist tiefer, konzentrierter Gefühle fähig. In seinen Gefühlsäußerungen bleibt er stetig, ist aber eher einfach, geradlinig und unkompliziert. Er beobachtet sich selbst kaum. Seine Gefühle kommen aus dem Innern und werden durch Erwägungen des Verstandes oder durch Impulse aus der Umwelt kaum beeinflußt.

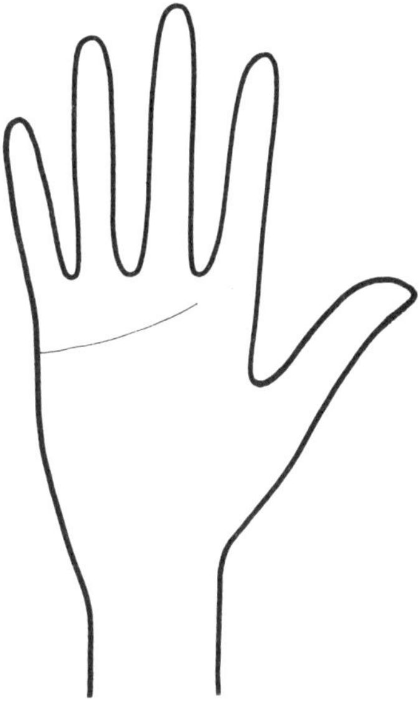

Herzlinie: Schwach ausgeprägt

Die Gefühle sind wie die Linie: dünn, blaß, unterbrochen, aber feinfühlig und sensibel. Ein Mensch mit einer zarten, blassen, verästelten oder zerrissenen Herzlinie kann sich gefühlsmäßig nicht richtig entfalten. Er nimmt zwar viele Eindrücke aus der Umwelt auf, ist aber gefühlsmäßig nicht belastbar. Seine Bindungen sind schwankend, unsicher und oberflächlich. Er ist eher kühl in seinen Gemütsregungen.

Herzlinie: Breit, verwaschen

Wie der Fluß der Linie sind auch die Gefühle: breit, träge, verwaschen. Einem Menschen mit diesem Merkmal gelingt es nicht, seine Gefühle zu kanalisieren. Er neigt zur Sinnlichkeit, das heißt zum undifferenzierten Genießen. Das kann zu Genußsucht und Ausschweifung führen. Den Gefühlen fehlt die Tiefe. – Organisch kann dieses Merkmal auf erweiterte Blutgefäße hindeuten.

Herzlinie: Doppelt

Die Belastbarkeit des Gemüts ist hoch. Ein Mensch mit doppelter Herzlinie hält in seelischer Hinsicht viel aus. Er kann Kummer gut ertragen und überwinden. Sein Gefühlsreichtum befähigt ihn zum Dienst am Nächsten. Er kann sich für andere aufopfern und in humanitären Arbeiten entfalten. Seine persönlichen Beziehungen sind allerdings zwiespältig. Der Umwelt erscheint er als herzensguter Mensch mit ungeheuer viel Mitgefühl und Liebe. Wenn er aber enttäuscht wird, kann er plötzlich ganz andere Gefühle zeigen und statt Liebe Rache empfinden.

Herzlinie: Unterbrochen

Ein Bruch in der Herzlinie kann auf ein „gebrochenes Herz“ hinweisen. Ein einschneidendes Ereignis zum Zeitpunkt des Bruchs hat die Seele stark mitgenommen. Ein schockartiges Erlebnis brachte gefühlsmäßig eine totale Umstellung. Durch den Bruch verlaufen auch die Gefühle unstet. Aus Warmherzigkeit und Zuneigung kann plötzlich Abweisung und Kälte werden.

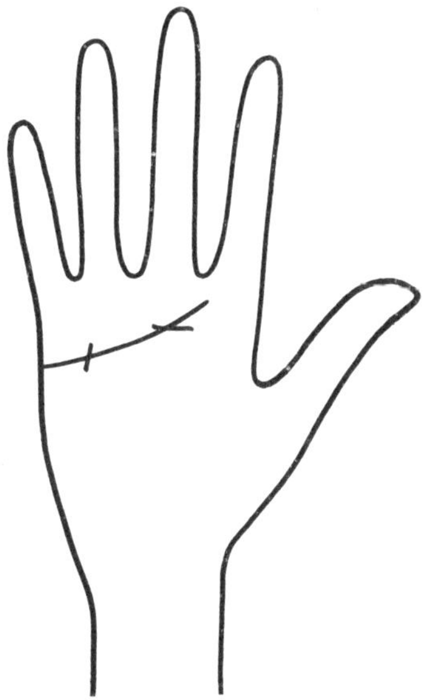

Herzlinie: Schnittlinien

In einer gefühlsmäßigen Beziehung gab es einen plötzlichen Einschnitt. Eine Freundschaft oder Liebe wurde jäh unterbrochen, oder irgendein Ereignis wirkte wie ein Stich ins Herz. – Das Merkmal kann auch auf organische Herzfehler hinweisen, etwa auf Beklemmungszustände, bei denen man Herzstiche spürt.

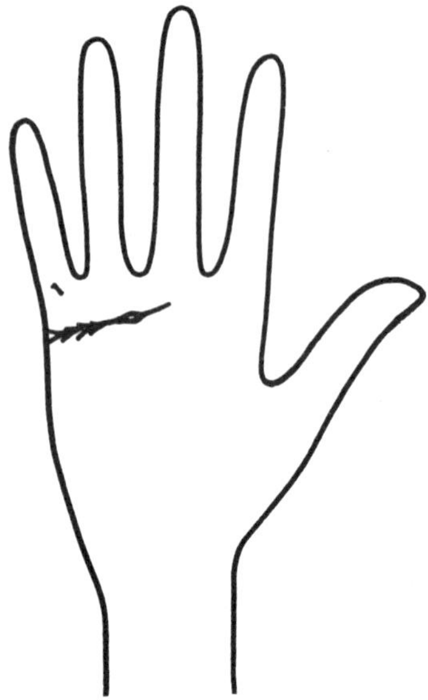

Herzlinie: Inseln

Eine Insel in der Herzlinie zeigt eine seelische Belastung an. Eine Situation wird als bedrückend und ausweglos erlebt. Die Gefühle kreisen immer wieder um das gleiche Problem, ohne einen Ausweg zu finden. Organisch kann eine chronische Belastung oder Überlastung des Herzens oder des Kreislaufs angezeigt sein.
Eine Vielzahl von Inseln äußert sich als *Kette.* Meist ist dieses Merkmal am Beginn der Herzlinie zu beobachten, was auf gefühlsmäßige Belastungen und scheinbar ausweglose Situationen in der Kindheit hindeutet.

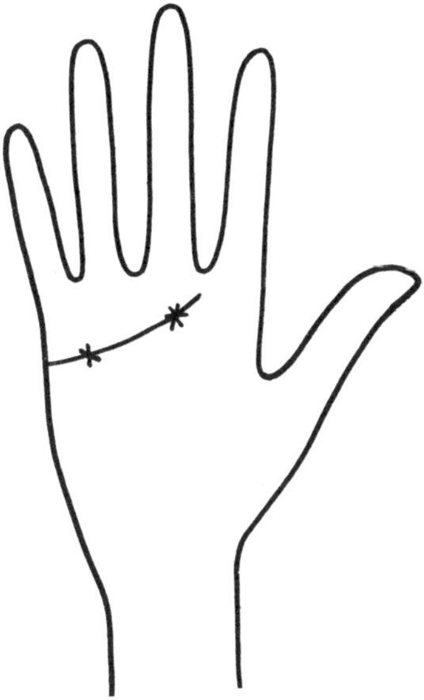

Herzlinie: Kreuz oder Stern

Beide Zeichen deuten auf plötzliche Ereignisse hin, die eine organische Schädigung des Herzens oder seiner Gefäße bewirken können.

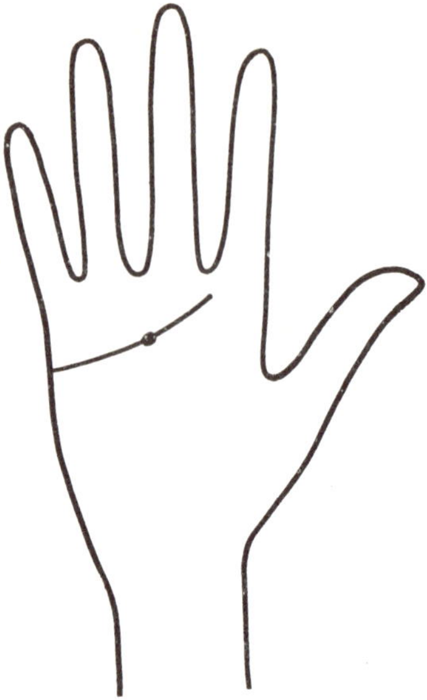

Herzlinie: Punkt oder Fleck

Punkte und Flecken sind Krankheitsanzeichen. Auf der Herzlinie beziehen sie sich auf Herz und Kreislauf, unter dem Ringfinger möglicherweise auch auf Augen und Nieren. Meist handelt es sich um eine Durchblutungsstörung (roter Punkt) oder um eine Schädigung bestimmter Stellen des Herzens, die durch akute oder chronische Krankheiten hervorgerufen wurde.

Herzlinie: Zweig zur Kopflinie.

Gefühle, Stimmungen und Empfindungen belasten den Verstand. Wenn sich ein Mensch mit diesem Merkmal schlecht fühlt, kann er nicht richtig denken. Mündet der Zweig in die Kopflinie ein, ist die Koppelung von Verstand und Gemüt gegenseitig. Ein solcher Mensch wird seine Gefühle immer beherrschen wollen und durch gedankliche Überlegungen filtern. Im Extremfall kann eine solche Verbindung zur *Sperrlinie* (Affenfurche, Mongoloidenfurche) werden.

Herzlinie: Äste nach oben

Äste verfeinern das Empfindungsvermögen und vergrößern die Sensibilität. Gehen sie nach oben, so verleiht dies den Gefühlen etwas Schwungvolles, Optimistisches. Menschen mit diesem Merkmal nehmen viele Schwingungen ihrer Umwelt auf; sie sind feinfühlig und verbringen ihre Zeit gern im Kreis lieber Menschen.

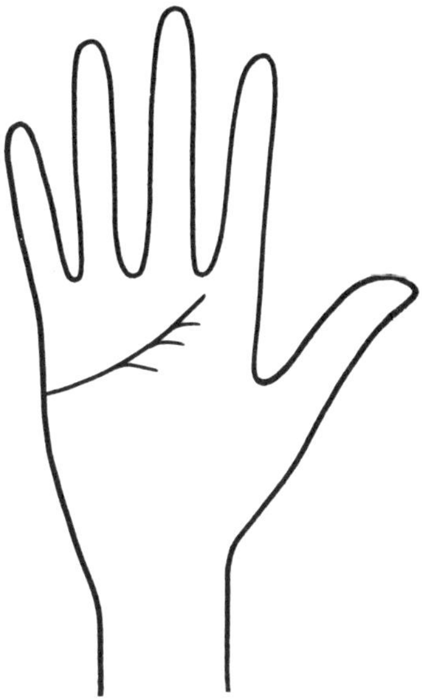

Herzlinie: Äste nach unten

Äste bringen zusätzliche Wahrnehmungen, in diesem Fall also Stimmungen und Gefühle. Gehen sie nach unten, werden die Empfindungen durch zu viele Überlegungen und verstandesmäßige Einschränkungen beeinträchtigt. Das führt zu Unsicherheit in Beziehungen und zu Enttäuschungen.

Sperrlinie (Affenfurche, Mongoloidenfurche, Vierfingerfurche)

Verschmelzen Herz- und Kopflinie, wird die Hand im oberen Bereich vollständig abgesperrt. Es gibt verschiedene Übergangsformen der Verschmelzung. Die nebenstehende Zeichnung zeigt einige davon. Die höheren Affen, aber auch andere Tiere mit Greifhänden (zum Beispiel Bären) besitzen eine solche Sperrlinie, daher der Name „Affenfurche". Bei Mongolismus (einer genetisch bedingten Retardierung von Geist und Seele) wurde diese Linie überproportional häufig beobachtet, daher der Name „Mongoloidenfurche" (manchmal fälschlich auch „Mongolenfurche" genannt). Heute weiß man, daß Menschen mit diesem Merkmal weder Eigenschaften von Affen noch von Zurückgebliebenen haben.

Verstand und Gefühle sind durch die Verschmelzung immer aneinander gekoppelt. Das bedeutet, daß ein solcher Mensch nichts tut, was ihm nicht gefühlsmäßig liegt, oder nichts fühlt, was er nicht verstandesmäßig für richtig hält. Durch die Sperrung werden innere Regungen zurückgehalten. So wirkt dieser Mensch nach außen ruhig und verläßlich. Das sichert ihm den beruflichen Erfolg. Er braucht meist selbst nichts zu unternehmen. Wo eine Stelle frei wird, wo man einen zuverlässigen und stets gleichmütigen Menschen braucht, wird man auf ihn zurückgreifen.

Doch sein Innenleben ist keineswegs so ruhig wie es den Anschein hat. Zum Beispiel gelten die gleichen Aussagen wie bei der langen Herzlinie. Ein solcher Mensch neigt also gefühlsmäßig zu Besitzergreifung und Eifersucht. Auch die Aussagen zur langen Kopflinie treffen zu. Ein Mensch mit einer Sperrlinie kann sich geistig sehr gut konzentrieren und durch sein hervorragendes Tatsachengedächtnis die anderen verblüffen; er bleibt aber immer ein Einzelgänger. Zusammenarbeit liegt ihm nicht; er müßte zuviel von sich preisgeben, was er nicht kann. Er ist sensibel und leicht verletzlich, zeigt dies aber nicht. Durch die Stauung der Lebensenergien leidet er an inneren Verkrampfungen. Er gibt nichts von sich preis, was entspre-

chende organische Erkrankungen nach sich ziehen kann, zum Beispiel Verstopfung oder Asthma. Manchmal fühlt sich ein solcher Mensch ausgestoßen; dann wieder explodiert er, wird rücksichtslos oder dreht durch. Kalte Überlegungen können durch leidenschaftliche Gefühle unterbrochen oder beeinflußt werden. Doch im allgemeinen hat sich dieser Mensch im Griff. Er setzt seine Energien konzentriert und zielgerichtet ein, und er widersetzt sich jedem Zwang. Er ist ein origineller Einzelgänger.
Existieren Kopf- oder Herzlinie noch teilweise oder ganz, müssen obige Aussagen entsprechend modifiziert werden.

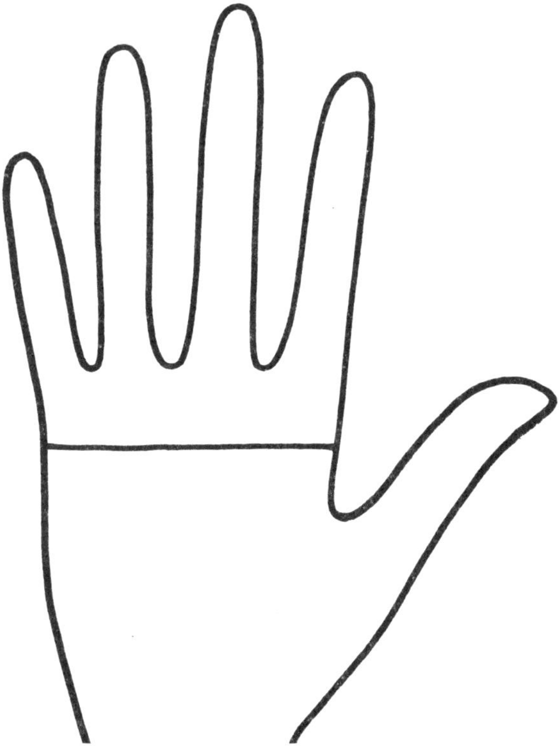

Übergangsform zur Affenfurche

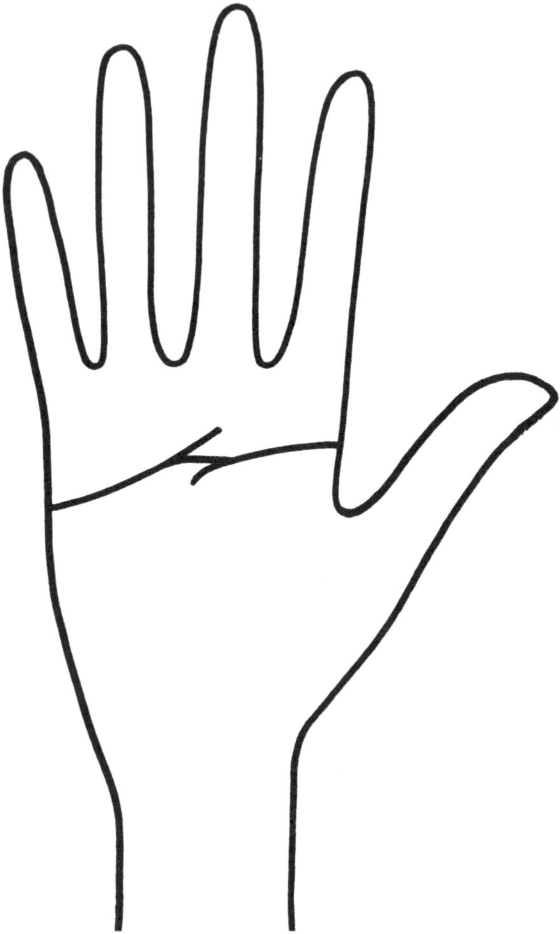

Übergangsform zur Affenfurche

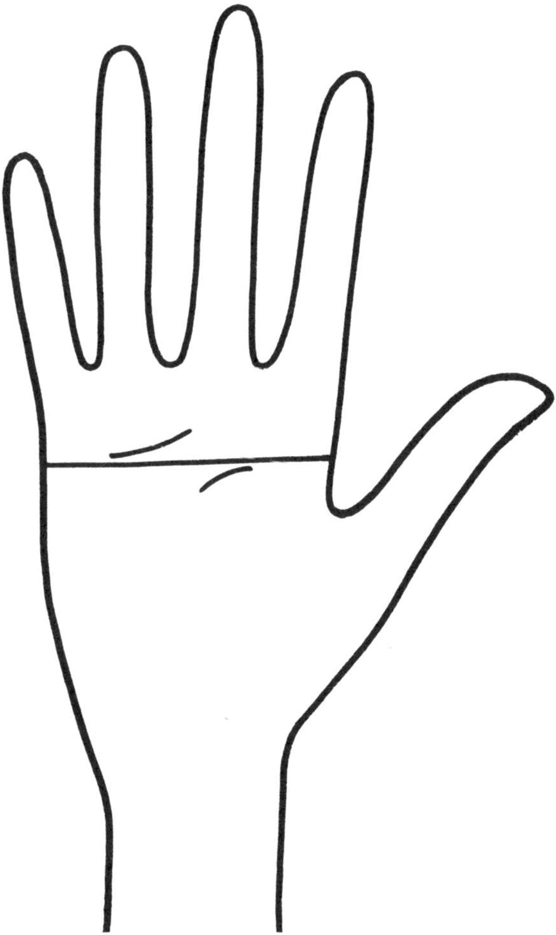

Schicksalslinie

(Saturnalis, Longitudinalis, Mittelfingerfurche)

Bedeutung. Die Schicksalslinie gibt, wie ihr Name sagt, Auskunft über unser Schicksal, also über den beruflichen und sonstigen Werdegang eines Menschen, über den Lebensweg. Sie zeigt, ob jemand sein Schicksal selbst in die Hand nimmt oder sich einfach treiben läßt.
Verlauf. Die Schicksalslinie verläuft senkrecht in der Hand. Beginn und Ende können ganz unterschiedlich liegen, und sie kann auch ganz fehlen, ohne deswegen einen Defekt anzeigen zu müssen. Im Idealfall läuft sie gerade von der Handwurzel bis zum Mittelfinger. Dieser Idealfall ist aber nicht unbedingt auch ideal für seinen Träger.
Zeitbestimmung. Die in der Literatur an die Schicksalslinie angelegten Maße weichen zum Teil erheblich voneinander ab. Bewährt hat sich das Schema mit dem 21-Jahres-Rhythmus. Wo die Schicksalslinie die Kopflinie erreicht, liegt ein Alter von 21 Jahren, wo sie die Herzlinie erreicht, ein Alter von 42 Jahren. Zwischen Kopf- und Herzlinie, also in der Marsebene, liegt auch zeitlich die eigentliche Auseinandersetzung des Menschen mit seiner Umwelt.

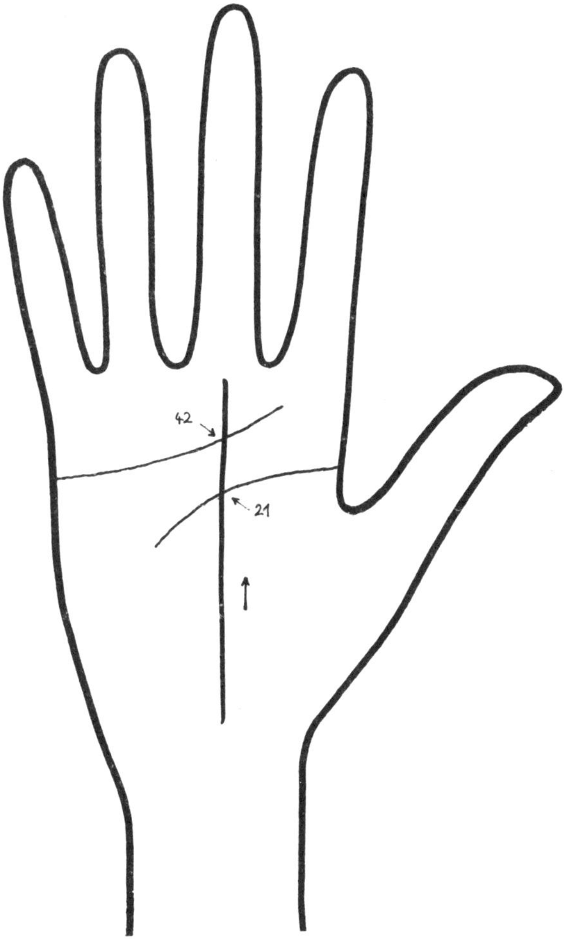
42
21

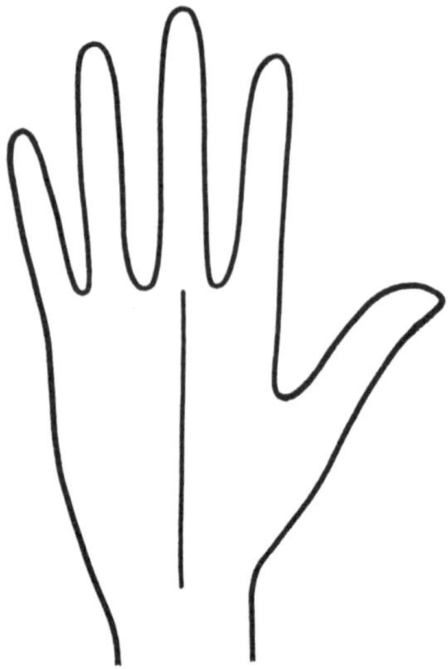

Schicksalslinie: Lang, gerade

Eine lange, gerade, ungebrochene Schicksalslinie verweist auf einen strebsamen, fleißigen, zielbewußten Menschen. Er wird seinen Lebensweg so konsequent gehen wie es seine Schicksalslinie andeutet. Er wird früh Verständnis für Pflichten und Verantwortung haben und mit starkem Willen seine Lebensziele verfolgen. Da seine Schicksalslinie keine Abweichungen duldet, wird er auf seinem Weg zum Erfolg bisweilen rücksichtslos und unflexibel sein. Doch er besitzt Ausdauer, Durchhaltevermögen und Organisationstalent. Manchmal allerdings fühlt er sich wie von einem unerbittlichen Schicksal zum Erfolg getrieben. Dieses Schicksal kann auch die Gestalt von Menschen annehmen, zum Beispiel die seiner Eltern und ihres Ehrgeizes.

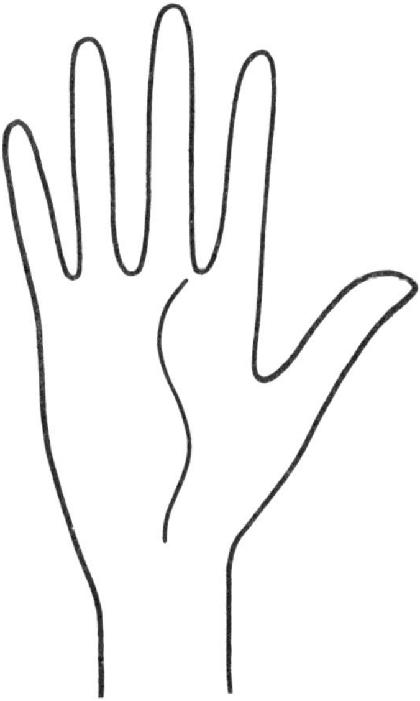

Schicksalslinie: Gebogen

Wie die Schicksalslinie, so der Lebensweg: schwankend, „krumm“, lavierend. Menschen mit krummer Schicksalslinie bleiben nicht bei der Sache. Sie ergreifen viele Berufe, weichen Hindernissen im Leben aus und sind nicht immer zuverlässig in der Bearbeitung von Aufgaben, die mit Pflicht und Verantwortung zu tun haben.

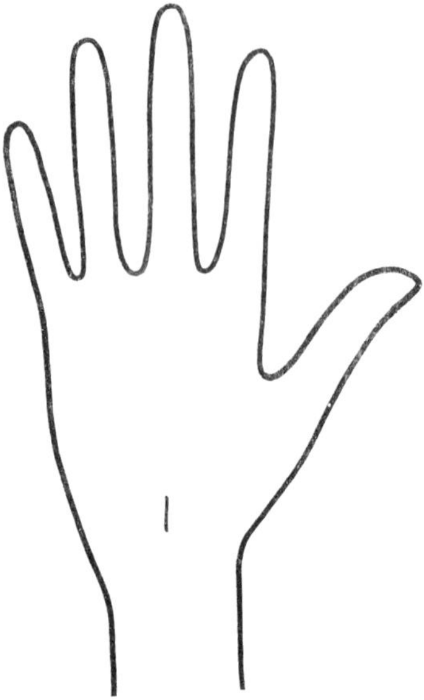

Schicksalslinie: Kurz oder fehlend

Bei mangelhafter Schicksalslinie fehlt der individuelle Lebensweg. Es besteht wenig Vorausschau, Ehrgeiz und Wille. Ein Mensch mit kurzer Schicksalslinie läßt sich treiben und in beruflicher Hinsicht von anderen beeinflussen. Er lebt mehr für den Augenblick und hat Schwierigkeiten, ein geregeltes Leben zu führen oder vorgefaßte Ziele konsequent zu verfolgen. Andererseits fühlt er sich auch an kein Schicksal gekettet. Er hat das Gefühl, sein Leben selbst in der Hand zu haben, auch wenn er nicht viel daraus macht.

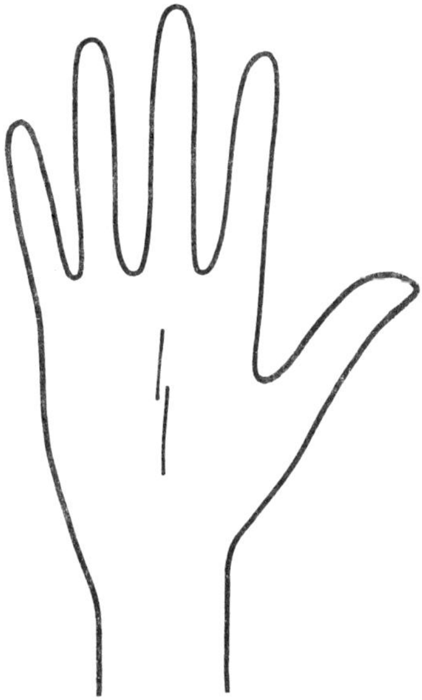

Schicksalslinie: Unterbrochen

Ein Bruch der Schicksalslinie zeigt einen starken Bruch der Lebensentwicklung an. Im Beruf oder in dem, was man als Karriere betrachtet (das kann auch mit Partnerschaft zu tun haben) gibt es eine plötzliche und einschneidende Veränderung, nach der das Leben einen anderen Verlauf nimmt.
Wenn die Schicksalslinie seitlich verschoben erscheint (wie in der Zeichnung), dann beginnt an dieser Stelle ein neues Leben. Je nach Ausprägung und Qualität der neuen Schicksalslinie tritt eine Verschlechterung oder eine Verbesserung der Lebensumstände ein.

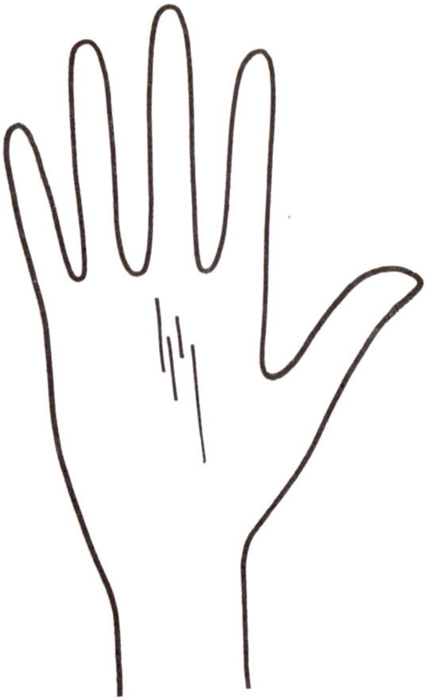

Schicksalslinie: Mehrfach

Gibt es in der Hand mehrere parallele Schicksalslinien, führt dieser Mensch eine Art Doppel- (oder Mehrfach-)Leben. Vielleicht übt er mehrere Berufe gleichzeitig aus, oder eines seiner Hobbies nimmt seine Aufmerksamkeit ebenso in Anspruch wie sein Beruf. Vielleicht tritt er auch in mehreren Erscheinungsformen auf, unter Pseudonymen oder falschen Identitäten. Jedenfalls ist er vielseitig, aktiv und neugierig. Er ist aufgeschlossen und anpassungsfähig. Alles Neue interessiert ihn. Dabei zersplittert er seine Energien und kommt möglicherweise auf keinem Gebiet zu einem durchschlagenden Erfolg.

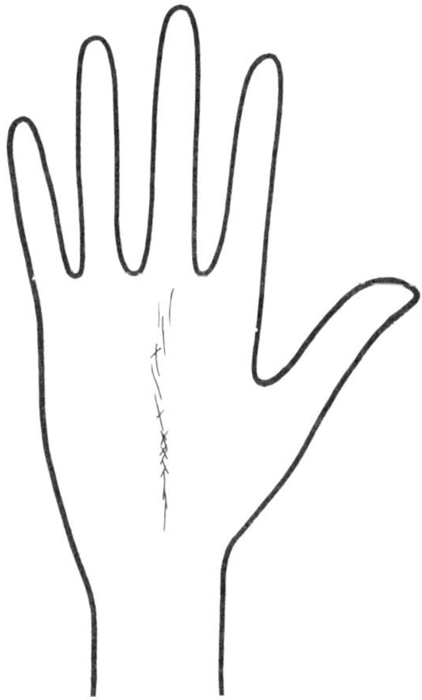

Schicksalslinie: Schlecht ausgeprägt

Ist die Schicksalslinie blaß, zerrissen, verästelt, unterbrochen, zerschnitten oder sonstwie gestört, ist der Lebensweg durch Schwierigkeiten und Fehlschläge gezeichnet. Ein Mensch mit einer solchen Schicksalslinie ist zwar pflichtbewußt, hat aber Schwierigkeiten, seine Pflichten zu erfüllen. Es fehlt ihm der innere Halt und die äußere Festigkeit, sich gegen widrige Umstände durchzusetzen. Darum treffen ihn Fehlschläge schwer. Er gibt schnell auf, fühlt sich müde und minderwertig.

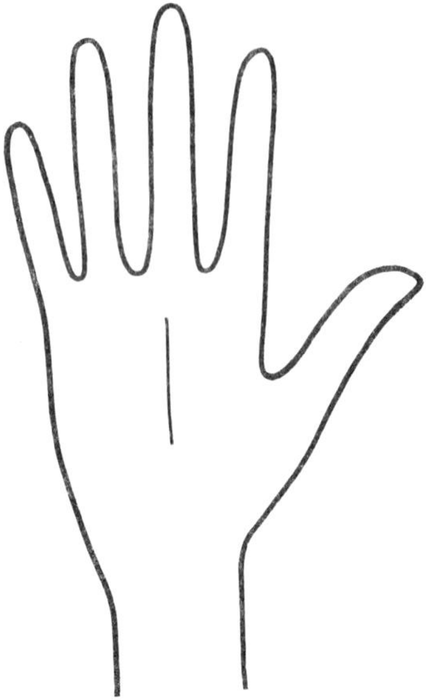

Schicksalslinie: Anfang in der Handmitte

Beginnt die Schicksalslinie irgendwo in der Hand, hängt das eigene Schicksal sozusagen in der Luft. Es fehlt eine Verwurzelung in Tradition oder unbewußten Vorstellungen. Ein Mensch mit diesem Merkmal muß sich immer wieder am eigenen Schopf packen und ständig um den Erfolg kämpfen. Die Erreichung der Lebensziele hängt nur von den eigenen Anstrengungen ab. Das kann auch gute Auswirkungen haben: Dieser Mensch ist nicht mit Tradition oder festgefügten Vorstellungen belastet.

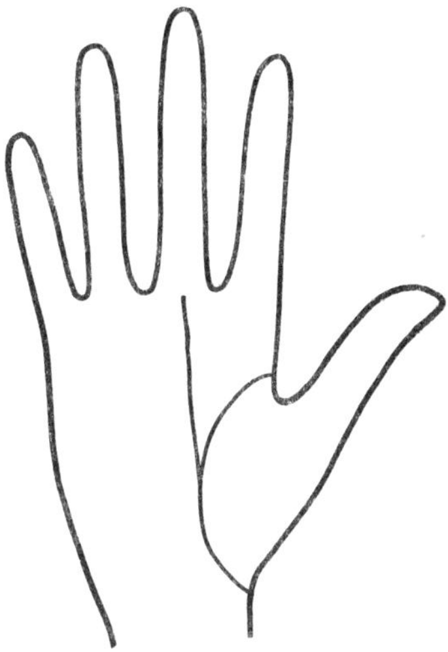

Schicksalslinie: Anfang in Lebenslinie

Kommt die Schicksalslinie unmittelbar aus der Lebenslinie, entspringt die äußere Gestaltung des Lebens unmittelbaren vitalen Bedürfnissen. Ein solcher Mensch tut nur, was ihm Spaß macht. Sein Beruf muß ihm unmittelbare Befriedigung geben; Ansehen, Macht oder Geld sind zu wenig (oder zu viel, wie man's nimmt). Andererseits fühlt sich dieser Mensch auch stark abhängig von Familie und Tradition, was seine Persönlichkeitsentwicklung beeinträchtigen kann.
Entspringt die Schicksalslinie im *Daumenberg*, dann wird die Triebbefriedigung zum wichtigsten Ansporn bei der Verfolgung der beruflichen Karriere.

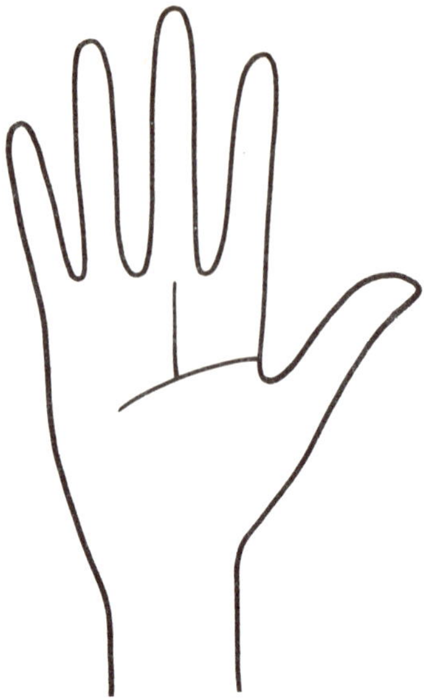

Schicksalslinie: Auf der Kopflinie aufsetzend

Es gilt das gleiche wie unter „Beginn in der Handmitte“. Der Erfolg kommt erst spät. Die Bestimmung im Leben wird frühestens im Alter von 20 Jahren klar. Das eigene Schicksal kann nur durch geistige Anstrengungen gestaltet werden. Alles hängt am Kopf, wird beeinflußt vom Verstand. Das kann gelegentlich zu geistiger Überbeanspruchung führen.

Schicksalslinie: Auf der Herzlinie aufsetzend

Beruf, Karriere und Erfolg sind abhängig vom seelischen Empfinden, von Gefühlen, vom Gemüt. Das kann zu einer gefühlsmäßigen Belastung infolge eines als zwanghaft empfundenen Lebensweges führen. Ein Mensch mit dieser Schicksalslinie wird sich spät seines Lebenswegs bewußt. Der Erfolg stellt sich ein bei einer Tätigkeit, bei der Gefühle eine wichtige Rolle spielen.

Schicksalslinie: Gleichlaufend mit der Lebenslinie

Der untere Teil der Schicksalslinie steht für die Kindheit und Jugend. Da man als Kind sein eigenes Leben noch nicht frei gestalten kann, sondern noch an Familie und Elternhaus geknüpft ist, bedeutet ein Gleichlauf zwischen Schicksal und Leben eine starke Bindung an die Traditionen, Verhaltensweisen und Ziele der Familie. Solche Menschen können sich erst dann frei entfalten, wenn sich die Schicksalslinie von der Lebenslinie löst und ihren eigenen Weg geht.

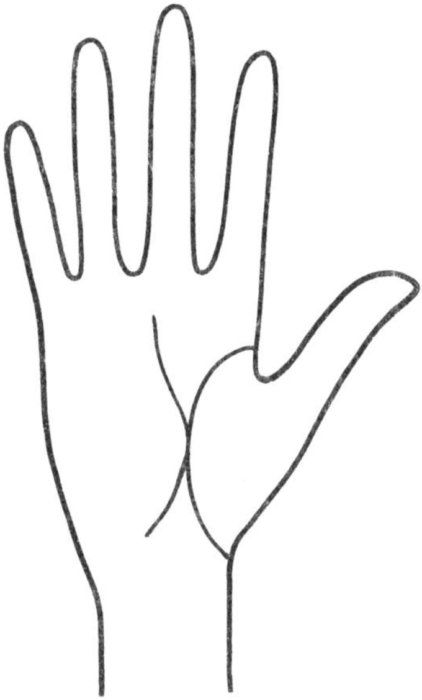

Schicksalslinie: Mit Lebenslinie verbunden

Die Aussagen über den Gleichlauf von Schicksals- und Lebenslinie werden verstärkt. Es besteht eine schicksalhafte Verkettung mit dem Elternhaus und der Familie. Das kann zum Beispiel durch eine kriegsbedingte Flucht aus der Heimat bewirkt werden. Es dauert eine Zeit, bis dieser Mensch sich aus den Rücksichten und Vorschriften seiner Familie lösen und ein eigenes Leben führen kann.

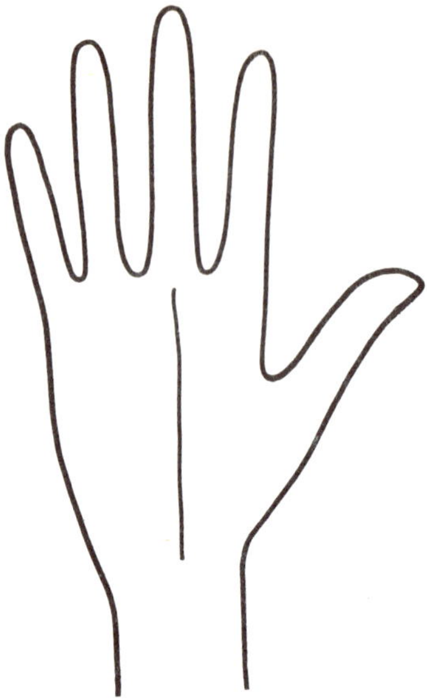

Schicksalslinie: Beginn im Berg des Ursprungs

Der Name des Ursprungsgebiets deutet es schon an. Das Schicksal wird stark vom Erbe der Tradition gesteuert. Das Elternhaus wird als Ort der Stabilität, Sicherheit und Festigkeit empfunden. Das sind auch die Zielvorstellungen im eigenen Leben. Ein Mensch mit diesem Merkmal möchte Anerkennung und Sicherheit. Im Grunde seines Herzens ist er konservativ. Er schätzt bestehende Werte und möchte sie auch bewahren.

Schicksalslinie: Beginn im Neptunberg

Die Gestaltung des Lebenswegs wird von Neptun-Eigenschaften geprägt. Das kann eine Karriere als Medium, Wahrsager oder Astrologe beinhalten. Es kann aber auch bedeuten, daß das Leben von unbewußten Vorstellungen, Ahnungen und Gefühlen beeinflußt wird. Ein solcher Mensch kann nicht erklären, was er eigentlich will im Leben; er erreicht es aber trotzdem. Instinktsicher sucht er unbewußt die Situationen und Stationen, die seinen tiefverborgenen Visionen am ehesten entsprechen.

Schicksalslinie: Beginn im Mondberg

Die Gestaltung des Lebenswegs wird von Mond-Eigenschaften geprägt. Unbewußtes drängt sich ins Leben, Beruf und Lebensziele sind von Stimmungen abhängig. Es kann eine Karriere als Künstler bedeuten (besonders als Schriftsteller oder Musiker); es kann sich auch die Unbeständigkeit des Mondes auf den Lebensweg übertragen, was viele Berufswechsel zur Folge hat. Bei der Gestaltung des eigenen Schicksals sind diese Menschen phantasievoll und unabhängig. Freude an der Arbeit wird wichtig. Berufe, die dem inneren Empfinden und der Seelenlage nicht entsprechen, werden abgelehnt oder aufgegeben.

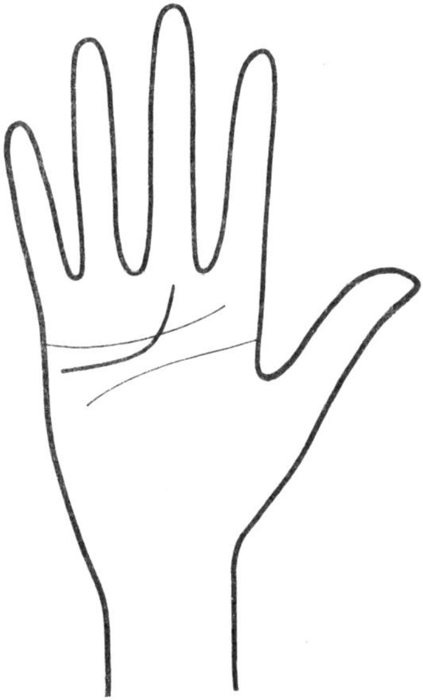

Schicksalslinie: Beginn im großen Marsberg

Beruf und Karriere werden aus dem Potential der ständigen Auseinandersetzung mit der Umwelt gespeist. Anregungen durch andere bestimmen den Lebensweg, der als Kampf aufgefaßt wird.

Schicksalslinie: Ende an der Kopflinie

Hindert die Kopflinie die Schicksalslinie an der Fortsetzung, wird die berufliche Karriere durch die Arbeit des Verstandes aufgehalten. Ein Mensch mit diesem Merkmal denkt zuviel, wo Handeln nötig wäre. Er behindert sich selbst mit seinen Gedanken.

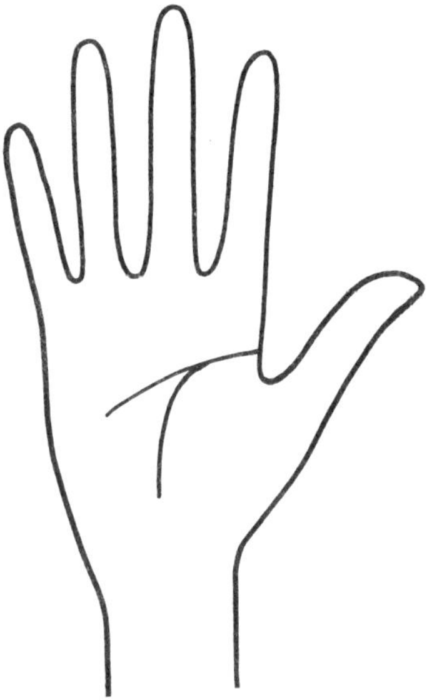

Schicksalslinie: In die Kopflinie einmündend

Mündet die Schicksalslinie in die Kopflinie, wird der weitere Lebensweg ausschließlich von verstandesmäßigen Überlegungen beherrscht. Man kann hier mit Recht von „Karrieredenken“ sprechen.

Schicksalslinie: Ende an der Herzlinie

Hindert die Herzlinie die Schicksalslinie an der Fortsetzung, wird die berufliche Karriere durch Gefühle aufgehalten. Das mag eine unglückliche Liebesbeziehung sein, eine glückliche Liebesbeziehung oder andere Gefühle, die vor der Karriere Vorrang erhalten. Es kann sich auch (bei schlechter Beschaffenheit der Herzlinie) um organische Herzfehler oder um Kreislaufstörungen handeln.

Schicksalslinie: In die Herzlinie einmündend

Mündet die Schicksalslinie in die Herzlinie, wird der weitere Lebensweg ausschließlich von Gefühlen, Stimmungen und Empfindungen beherrscht. Ob das die Karriere fördert oder behindert, hängt von den Gefühlen ab. Zum Beispiel kann eine Partnerschaft zum Lebensinhalt werden. Oder eine Arbeit mit starkem Gefühlseinsatz (zum Beispiel Dienst am Nächsten) wird zum Beruf.

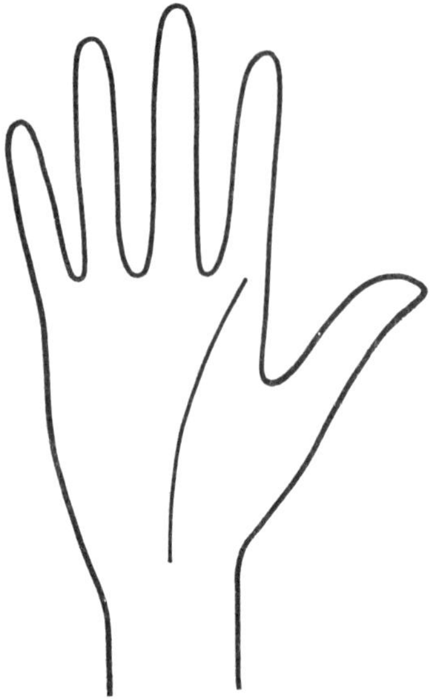

Schicksalslinie: Ende unter dem Zeigefinger

Die Eigenschaften des Planeten Jupiter bestimmen das Lebensziel: Ehrgeiz, Verantwortung, Autorität. Ein solcher Mensch ist strebsam und auf die Verbesserung der eigenen Lebensbedingungen bedacht. Seine berufliche Laufbahn (wozu auch eine Ehe gehören kann) dient der Befriedigung ehrgeiziger Pläne und dem Herausstellen der eigenen Person. Solche Menschen besitzen Selbstvertrauen und sind eitel.

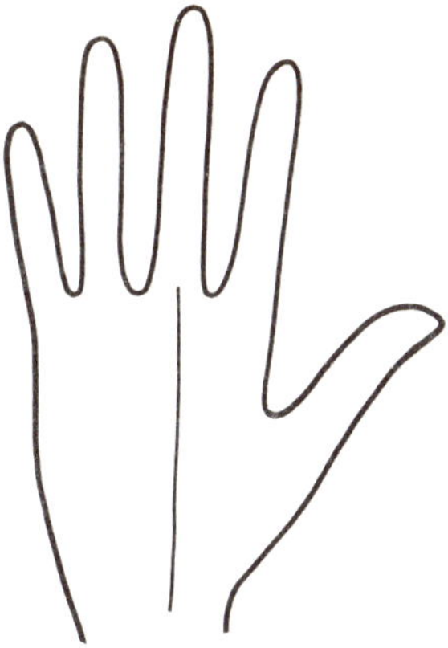

Schicksalslinie: Ende unter dem Mittelfinger

Die Eigenschaften des Planeten Saturn bestimmen das Lebensziel: Beharrlichkeit, Konzentration, Sparsamkeit und Ausdauer. Ein solcher Mensch ist gewissermaßen an ein Schicksal gekettet. Er hat Sinn für Faßbares, aber auch für Studien, die Geduld und Konzentration verlangen. Er besitzt Verantwortungsbewußtsein, ohne sich selbst in Szene setzen zu wollen. Er arbeitet um der Arbeit willen, nicht zur Verbesserung des eigenen Lebens.
Geht die Schicksalslinie bis in den Mittelfinger hinein, sind Pflichtgefühl und Arbeitseinsatz übersteigert. Ein solcher Mensch überarbeitet sich, setzt sich für unpersönliche Ziele bis zur Erschöpfung ein und führt im allgemeinen ein freudloses Leben.

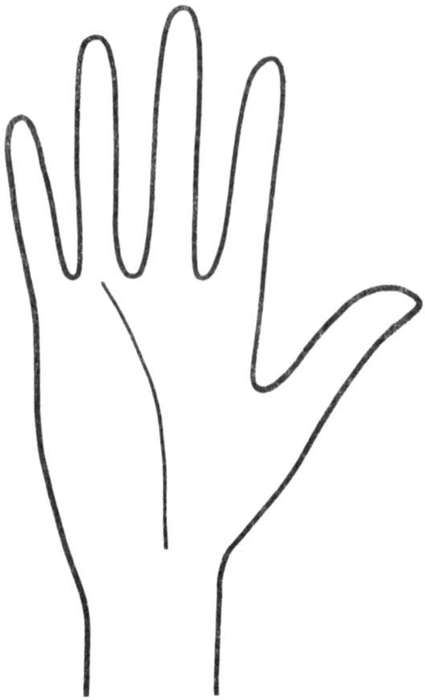

Schicksalslinie: Ende unter dem Ringfinger

Aus der Schicksalslinie wird eine Kunstlinie mit den dafür typischen Eigenschaften (siehe „Kunstlinie“).

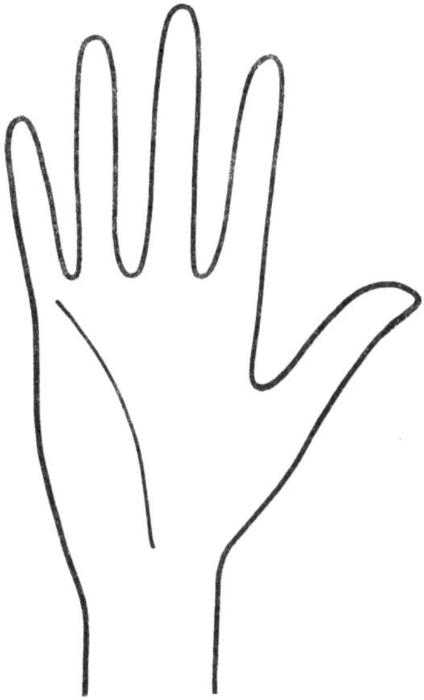

Schicksalslinie: Ende unter dem kleinen Finger

Aus der Schicksalslinie wird hier eine Bewegungslinie (siehe dieselbe).

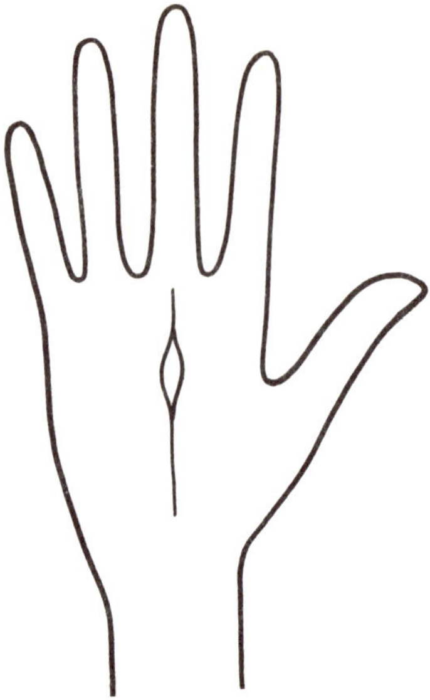

Schicksalslinie: Insel

Eine Insel in der Schicksalslinie besagt, daß sich das Schicksal sozusagen im Kreis dreht. Der Mensch hat das Gefühl, nicht von der Stelle zu kommen und ewig in der gleichen Tretmühle hocken zu müssen. Er wird ängstlich und fühlt sich in seiner Welt ein- und von der Umwelt ausgeschlossen. Möglicherweise durchschaut er die ihn behindernden Umstände nicht, sodaß ihn ein Geheimnis zu umgeben scheint.

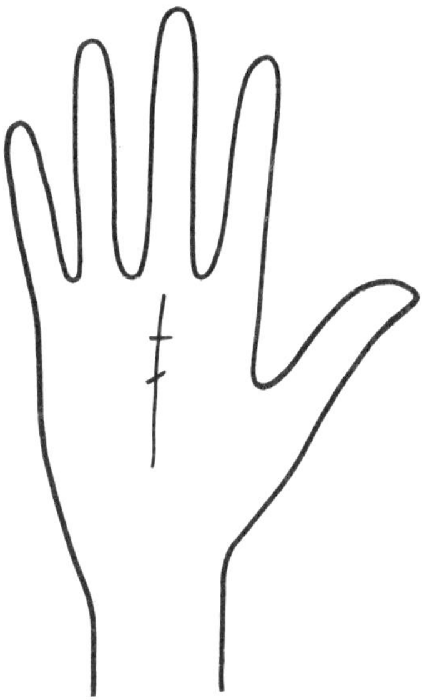

Schicksalslinie: Schnittlinien

Kleine Linien, welche die Schicksalslinie durchstechen, bezeichnen ein einschneidendes Ereignis zu diesem Zeitpunkt. Der bisher eingeschlagene Lebensweg wird allerdings nicht unterbrochen. Es kann sich zum Beispiel um einen Umzug bei Beibehaltung des bisherigen Berufs handeln, oder um einen Berufswechsel, wobei aber die Branche gleich bleibt, oder um eine größere Umstellung bei unveränderten Lebenszielen.

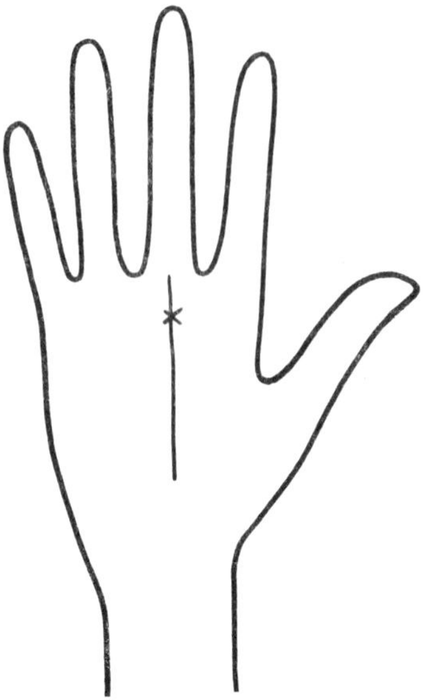

Schicksalslinie: Kreuz oder Stern

Kreuze und Sterne bezeichnen immer plötzliche (meist unangenehme) Ereignisse. Im Lebensweg tritt etwas Unerwartetes ein. Das kann wie ein Kreuz auf einem lasten oder wie ein Blitz (= Stern) über einen hereinbrechen. Es kann aber auch ein Stern aufgehen, in des Wortes bildlicher Bedeutung.

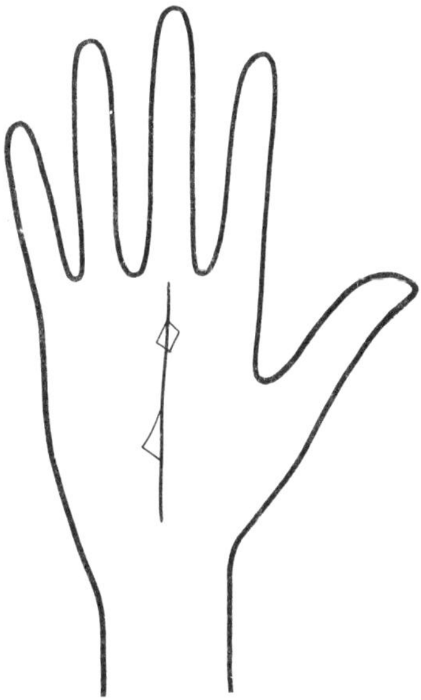

Schicksalslinie: Viereck oder Dreieck

Das, was im Lauf des Lebens angesammelt wird, staut sich in einem Becken: Erfahrungen, Besitz, Geld, Beziehungen. Das kann bedeuten, daß einem großer Besitz (auch geistiger) zur Verfügung steht. Es kann aber auch sein, daß dieser Besitz nicht mehr greifbar ist. Oder aber man selbst sitzt in einem Becken; in einem goldenen oder eisernen Käfig, dem man eine Zeitlang nicht entrinnen kann.

Kunstlinie

Kunstlinie (Venuslinie, Sonnenlinie, Apollolinie, Glückslinie, Ringfingerfurche)
Bedeutung. Die Kunstlinie ist ein Indiz für die Wertschätzung des Idealen, Schönen und Harmonischen. Sie gibt Auskunft über die Möglichkeiten der künstlerischen Gestaltung, über Art und Ausmaß der Partnerbindung, über Geschmack.
Verlauf. Die Kunstlinie verläuft senkrecht und endet unter dem Ringfinger. Meist ist sie nicht sehr lang. Durchquert sie die ganze Hand, kann man schon von außerordentlicher Länge sprechen.

Gut ausgeprägt

Eine lange, klare, kräftige und gerade Kunstlinie zeugt von Geschmack, künstlerischen Fähigkeiten und Sinn für harmonische Beziehungen. Ein solcher Mensch liebt das Ideale, auch in einem Partner. Dann bindet er sich nicht an einen Menschen, sondern an ein Ideal. Wenn dieses Ideal nun doch ein Mensch ist, kann das fatale Folgen haben. Außerdem möchte ein Mensch mit einer schönen Kunstlinie sich selbst ideal darstellen. Er ist also eitel. Im allgemeinen wird er das Leben genießen wollen und ihm die schönen Seiten abgewinnen können. Es kann sich auch um einen Lebenskünstler handeln, wahrscheinlich auch um einen guten Unterhalter.

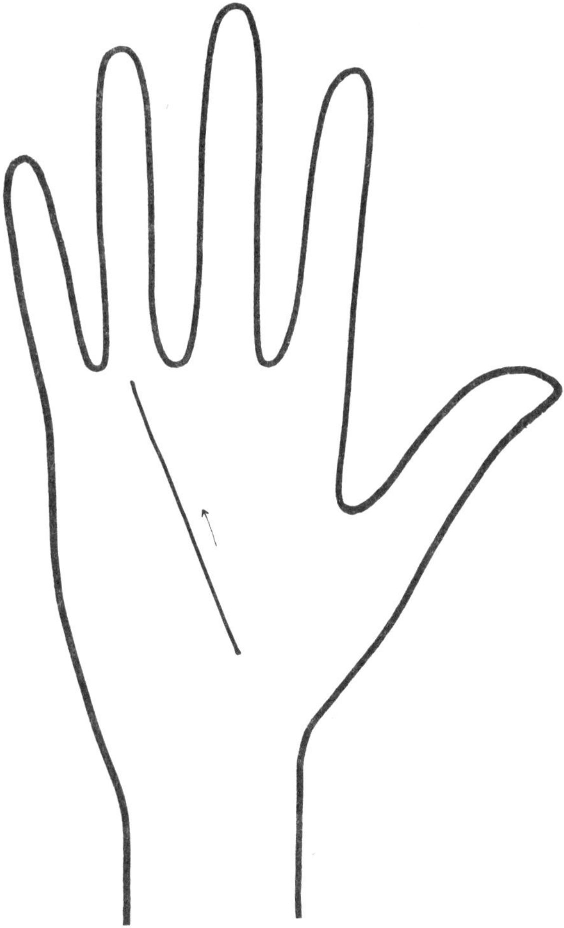

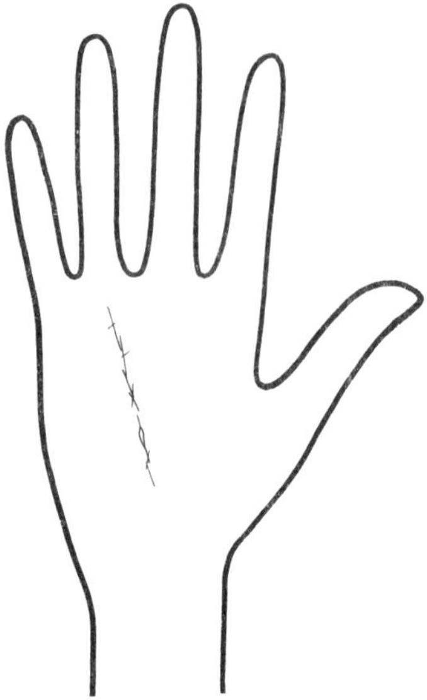

Kunstlinie: Schlecht ausgeprägt

Ist die Kunstlinie zerrissen, verkettet, zerfasert oder sonstwie gestört, ist zwar ein Bemühen um Kunst und Fragen des Geschmacks vorhanden, doch kommt es nie zu durchschlagendem Erfolg. Es gibt immer wieder neue Ansätze, die im Sand verlaufen. Die Sensibilität ist hoch, doch können die angenommenen Eindrücke schwer in bleibenden künstlerischen Erfolg umgesetzt werden.

Kunstlinie: Fehlt

Interesse an Ideellem, insbesondere an Kunst, ist kaum vorhanden. Die Ausrichtung der Interessen geht auf das Naheliegende, Praktische. Dieser Mensch ist eher ernst, nüchtern und skeptisch.

Kunstlinie: Wellig

Im künstlerischen Bereich und in der Selbstdarstellung geht ein Mensch mit gewundener Kunstlinie „krumme Wege". Er bleibt nicht bei einem Gebiet, sondern probiert vieles. Nicht immer ist auf ihn in Fragen der Kunst und des Geschmacks Verlaß. Er verkleidet sich gern, auch im übertragenen Sinn. Er schmückt sich und stellt ein falsches Bild zur Schau.

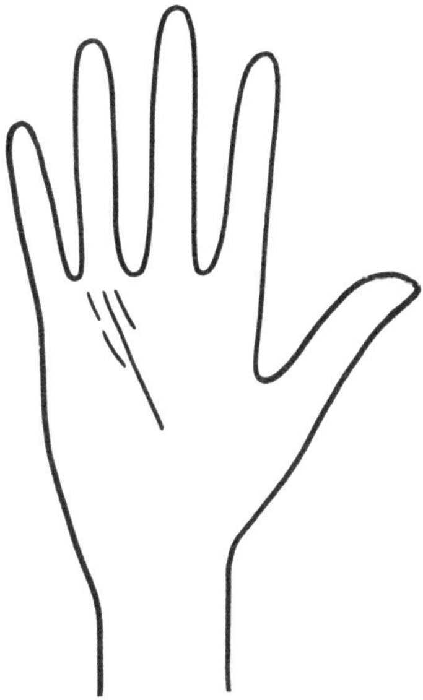

Kunstlinie: Mehrfach

Im Bereich von Kunst, Geschmack, Takt und Beziehungen sind solche Menschen anpassungsfähig und einfühlsam. Sie sind künstlerisch mehrfach begabt, was allerdings auch dazu führen kann, daß sie ihre Fähigkeiten zersplittern.

Kunstlinie: Am Ende verzweigt

Die Bedeutung einer verzweigten oder gegabelten Kunstlinie ist ähnlich der einer mehrfachen Linie. Die künstlerischen Interessen und Begabungen sind vielseitig, aber zersplittert. Menschen mit diesem Merkmal lieben im Bereich der Kunst (und der Beziehungen) das Vielseitige. Je nachdem, wo die Äste enden, werden Einflüsse von Saturn und von Merkur aufgenommen. Ersterer weist auf mehr wissenschaftlich-ernste künstlerische Studien hin, letzterer auf Sprachkunst sowie die Umsetzungsmöglichkeit künstlerischer Interessen in kommerziellen Erfolg.

Kunstlinie: Anfang in der Lebenslinie

Der Erfolg auf künstlerischem Gebiet kommt nicht durch Äußerlichkeiten, sondern durch eigene Anstrengungen. Es besteht ein unmittelbares, vitales Bedürfnis nach Schönheit und Harmonie. Verstärkt werden diese Eigenschaften bei einem Beginn *innerhalb* der Lebenslinie, also im Daumenberg. Ein Mensch mit diesem Merkmal strahlt viel angenehme Vitalität, Schönheit und Charme aus.

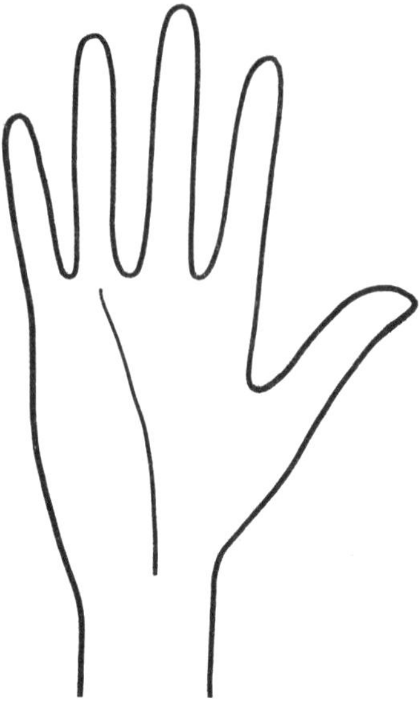

Kunstlinie: Beginn im Berg des Ursprungs

Bei einem solchen Beginn ist die Kunstlinie meist auch sehr lang. Das deutet auf große künstlerische Erfolge hin. Die Wurzeln dazu liegen im Erbgut der Familie, sei es Tradition, ein finanzielles Polster oder ein aufgeschlossenes und förderndes Elternhaus.

Kunstlinie: Beginn im Mondberg

Einflüsse des Unterbewußtseins speisen die künstlerische Intuition. Das kann zu hohen künstlerischen Inspirationen führen, da Phantasie, Vorstellungskraft und Einfühlungsvermögen stark wirken. Die Beziehungen zu einem Partner sind von Idealvorstellungen geprägt. Eine praktische Verwirklichung künstlerischer Impulse ist bei diesem Beginn nicht angezeigt. Dazu müssen andere Merkmale vorhanden sein. Da die Kunstlinie auch von „Lebenskunst" zeugt, kann es in einem solchen Fall zu einem Sich-Treiben-Lassen kommen, zu Trägheit und Versinken in phantasievollen Vorstellungen.

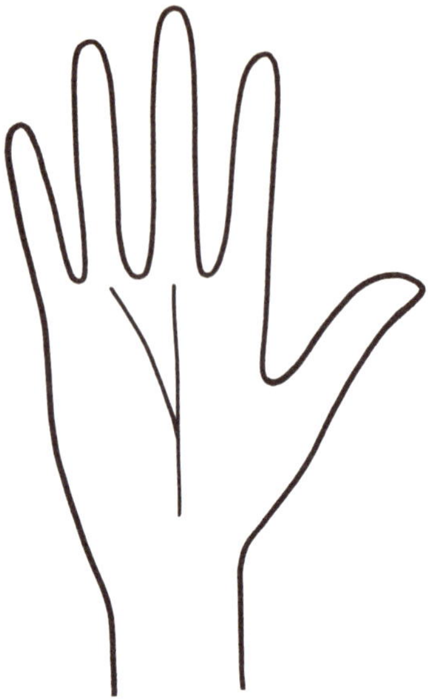

Kunstlinie: Anfang in der Schicksalslinie

Künstlerische Betätigungen und menschliche Beziehungen werden ernst genommen und als schicksalhaft empfunden. Der Lebensweg teilt sich zu einem bestimmten Zeitpunkt in zwei Ströme. Einer davon ist durch Fragen von Kunst, Geschmack und Beziehungen bestimmt.

Kunstlinie: Beginn in der Handmitte

Die künstlerische Karriere hängt gewissermaßen in der Luft. Ein Mensch mit dieser Kunstlinie muß sich anstrengen und die Voraussetzungen für den Erfolg immer wieder neu schaffen.

Kunstlinie: Beginn an der Kopflinie

Eine kopfgesteuerte künstlerische Tätigkeit ist angezeigt: Schriftsteller, Wissenschaftler, Diplomat. Auch Beziehungen sind beeinflußt vom Verstand. Das verleiht ihnen einerseits Klarheit, andererseits Kopflastigkeit.

Kunstlinie: Beginn in der Herzlinie

Eine gefühlsgesteuerte künstlerische Tätigkeit ist angezeigt. Da den Gefühlen die Gestaltungskraft fehlt, kann sich dieses Merkmal auch als Sehnsucht nach einer besonders gefühlvollen Partnerschaft ausdrücken.

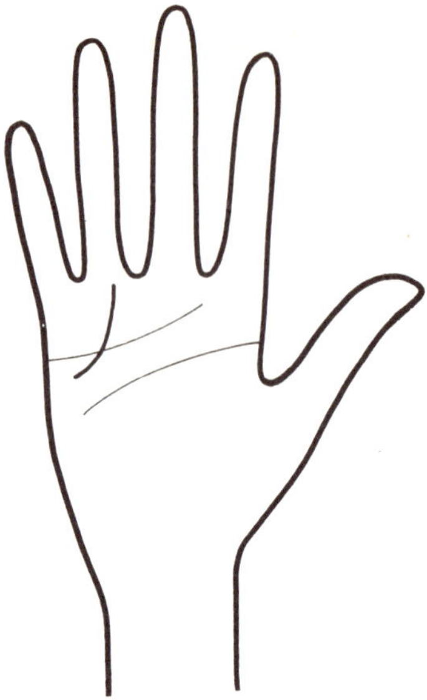

Kunstlinie: Beginn im großen Marsberg

Die kämpferische Auseinandersetzung mit der Umwelt speist künstlerische Betätigung und Beziehung zum Partner. Solche Menschen brauchen den Kampf, um künstlerisch tätig sein zu können.

Kunstlinie: Insel

Das künstlerische Schaffen wird durch innere oder äußere Umstände an der Entfaltung gehindert. Das kann auch durch Ängstlichkeit im künstlerischen Schaffen bewirkt werden. Darum wird dieses Merkmal auch manchmal als „Lampenfieber" gedeutet. Die Ausweglosigkeit kann sich auch auf Beziehungen erstrecken, die man liebevoll gestalten möchte, ohne daß dies gelingt.

Bewegungslinie

Bewegungslinie (Merkurlinie, Magenlinie, Gesundheitslinie, Hepathica, Kleinfingerfurche)
Bedeutung. Die Bewegungslinie sagt etwas aus über die Beweglichkeit eines Menschen. Im unteren Teil bezieht sie sich auf die körperliche, im oberen Bereich auf die seelisch-geistige Beweglichkeit. Organisch gehören zu ihr Nervensystem und Magen (da sich nervöse Störungen meist auf den Magen schlagen).
Verlauf. Die Bewegungslinie verläuft leicht schräg zum kleinen Finger. Oft ist sie nur im oberen Handbereich (auf dem Merkurberg) sichtbar.
Die Deutungen der einzelnen Merkmale sind denen der Kunstlinie sehr ähnlich, weshalb nur die wichtigsten hier angeführt werden.

Gut ausgeprägt

Eine gut ausgeprägte Bewegungslinie zeugt von Sprach- und Organisationstalent. Ein Mensch mit guter Bewegungslinie besitzt Talent für intellektuelle und kaufmännische Berufe. Er eignet sich zum Techniker, Wissenschaftler, Kaufmann, zum Journalisten, Schriftsteller und Lehrer. Er ist vielseitig und beweglich (auch körperlich) und kann geistige Inhalte gut systematisieren und ordnen. Sein geistiges Aufnahmevermögen ist gut entwickelt.

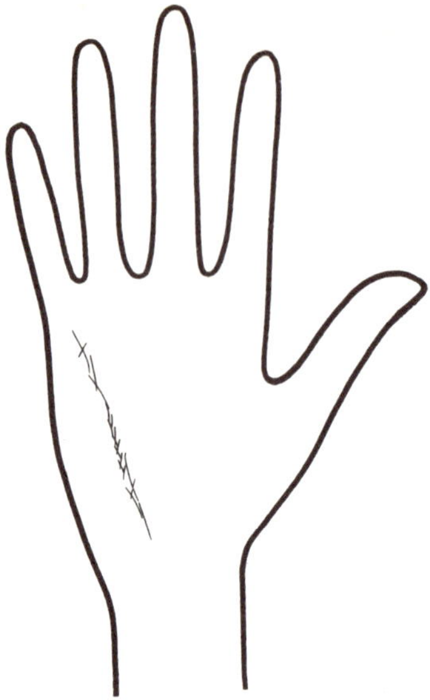

Bewegungslinie: Schlecht ausgeprägt

Ist die Bewegungslinie zerfasert, verkettet, unterbrochen oder zerrissen, deutet dies auf schwache Nerven hin. Die Sensibilität für geistige Eindrücke ist durchaus vorhanden, doch ist ein Mensch mit schlechter Bewegungslinie nicht imstande, die Flut der Eindrücke aufzuarbeiten. Das kann zu nervösen Störungen (auch von Magen und Darm) führen. Ein solcher Mensch ist vielseitig interessiert, zersplittert sich aber im Reden und Handeln.
Außerdem kann eine leiterförmig zusammengesetzte Bewegungslinie auf Leberstörungen hinweisen.

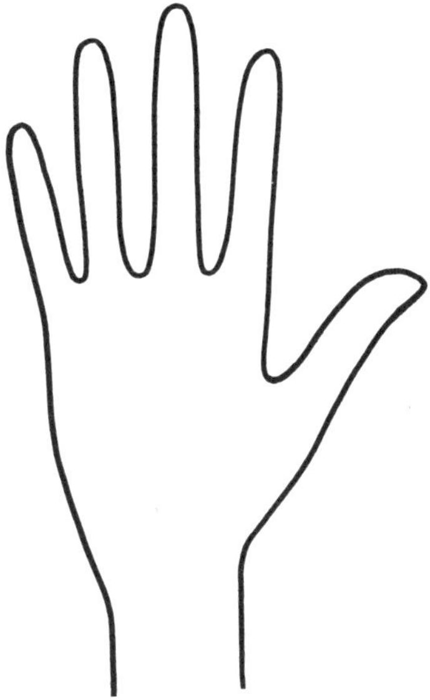

Bewegungslinie: Fehlt

Gesundheit und Nerven sind gut. Der Mensch ist unbelastet von Eindrücken, die ihn stören und negativ beeinflussen könnten. Es mangelt ihm an geistiger Sensibilität und Flexibilität. Er wirkt eher unbeholfen und eckig.

Bewegungslinie: Wellig

Geistige Beweglichkeit verbindet sich mit extremer Anpassungsfähigkeit. Ein solcher Mensch kann sich aus jeder Situation herauswinden. Allzuleicht gerät er in Versuchung, seine besonderen Fähigkeiten anzuwenden, wobei Wahrheit, Aufrichtigkeit und Verläßlichkeit oft auf der Strecke bleiben.

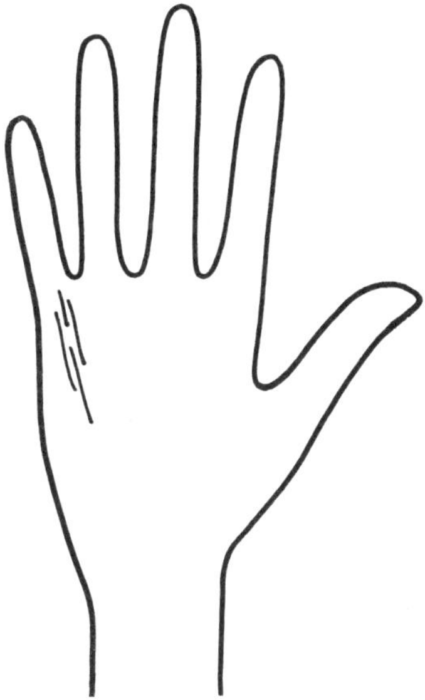

Bewegungslinie: Mehrfach

Dieser Mensch hat viele geistige Interessen. Sein Verstand ist außerordentlich beweglich und anpassungsfähig. Durch seine Neugier kann er sich aber zersplittern. Außerdem neigt er zu Oberflächlichkeit im Denken und im Reden.

Bewegungslinie: Beginn in der Lebenslinie

Es besteht ein unmittelbares vitales Bedürfnis nach Bewegung. Geistige Interessen werden von einer beinahe triebhaften Neugier gespeist. Ein solcher Mensch zeigt besonderes Interesse an nichtverbaler Kommunikation, also an Ausdrucksformen, die von der Sprache unabhängig sind und den Einsatz des eigenen Körpers verlangen (zum Beispiel Tanz, Pantomimik). Verstärkt werden diese Eigenschaften bei Beginn der Bewegungslinie *innerhalb* der Lebenslinie, also im Daumenberg.

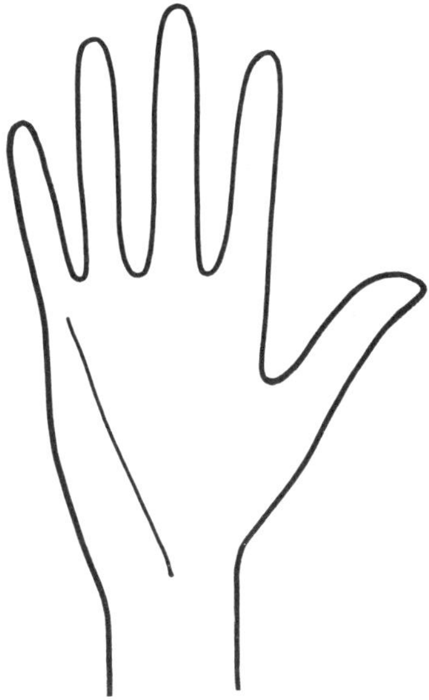

Bewegungslinie: Beginn im Berg des Ursprungs

Tradition, Familienüberlieferung und Erbgut stützen die intellektuellen und kommerziellen Unternehmungen. Das kann nur gutgehen; allerdings im Rahmen traditioneller Vorstellungen. Ein solcher Mensch möchte das Überlieferte bewahren und ausbauen, sei es in geistiger oder in materieller Hinsicht.

Bewegungslinie: Beginn im Mondberg

Das Bewußte des Merkur verbindet sich mit dem Unbewußten des Mondes. Was dabei herauskommt, hängt viel von anderen Faktoren ab. Im günstigen Fall kann ein solcher Mensch unbewußte Eindrücke, Ahnungen und Inspirationen geistig gut aufnehmen und in Aktionen umsetzen. Im ungünstigen Fall werden Kommunikation und Handeln durch Stimmungen und verwirrende Phantasien negativ beeinflußt.

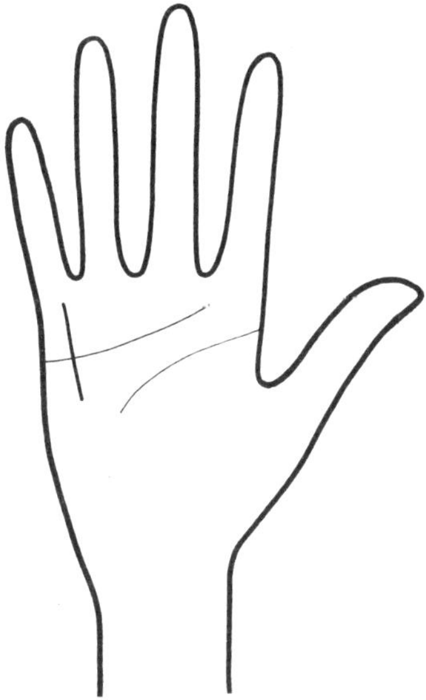

Bewegungslinie: Beginn im großen Marsberg

Es gibt viele geistige Auseinandersetzungen, welche die treibende Energie für Kommunikation, Studien und Handlungen darstellen.

Neptunlinie

Die Neptunlinie verläuft waagrecht im unteren Teil der Hand, an der Handkantenseite. Meist sendet sie Fühler zur Schicksalslinie oder zur Kopflinie. Häufig ist sie mehrfach ausgeprägt oder in einer Hand stärker vorhanden. Zu ihr gehören außersinnliche Fähigkeiten wie Hellsehen, Präkognition (Zukunftsschau) und Telepathie (Gedankenlesen). Diese Fähigkeiten äußern sich aber meist als Phantasien, Ahnungen, Stimmungen und Träume. Sie machen oft unsicher, ängstlich oder depressiv, besonders dann, wenn sie nicht vom rationalen Verstand aufgenommen werden können. Das Verhältnis zur Umwelt ist von Stimmungen und Gefühlen geprägt. Es besteht eine Vorliebe für Wasser oder für Rauschmittel.
Inseln in der Neptunlinie können sich ausnahmsweise positiv auswirken und ihre Funktion noch verstärken.

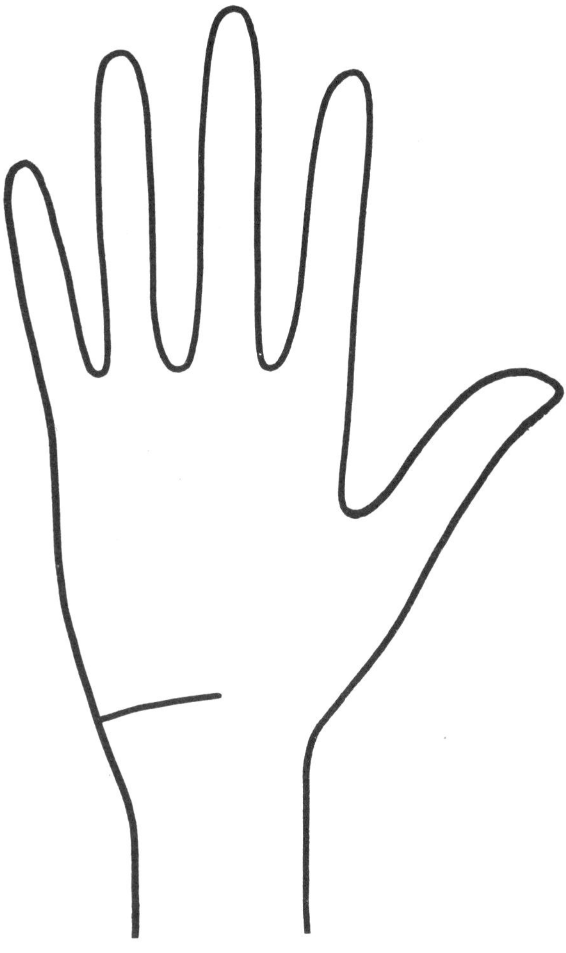

Uranuslinie (Intuitionslinie)

Die Uranuslinie verläuft meist leicht bogenförmig vom Neptunberg zum Merkurberg. Sie verbindet das Ahnungsvermögen des Neptun mit der geistigen Klarheit des Merkur. Menschen mit dieser Linie besitzen ungewöhnliche Einfälle, eine lebhafte Phantasie und Witz. Sie sind voll origineller Ideen, die sie auch in die Tat umsetzen wollen. Sie sind geistige Revolutionäre und organisatorische Erneuerer.
Bei *schlechter Ausprägung* (zersplittert, zerrissen, zerstückelt, verkettet, durchschnitten, unterbrochen etc.) wird aus einer brillanten Idee ein skurriler Einfall, aus dem Streben nach Erneuerung eine fixe Idee, aus Originalität Albernheit, aus Ungewöhnlichem Bizarres. Ein solcher Mensch hat verrückte Ideen, deren Umsetzung in die Realität kaum möglich ist.

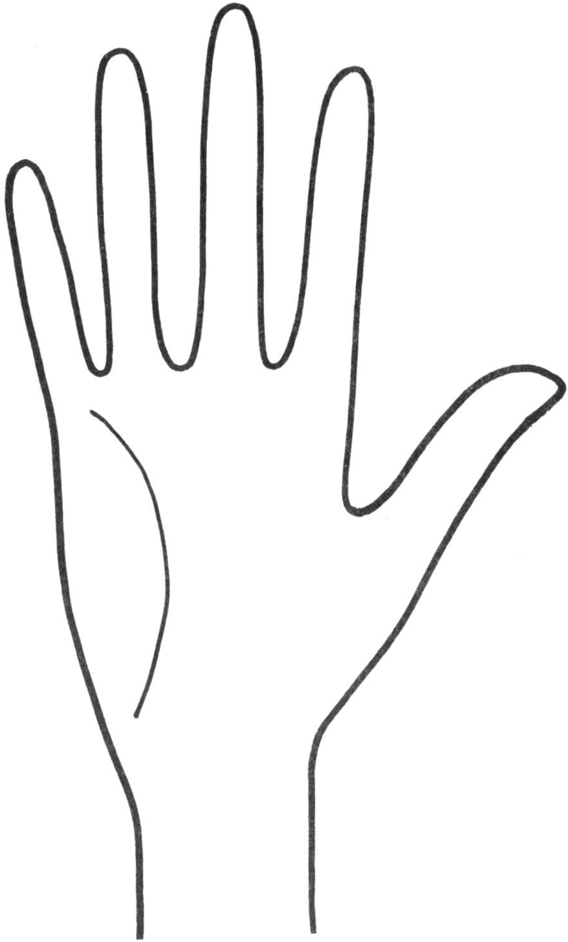

Plutolinie (Isislinie, Handkantenfurche)

Die Plutolinie verläuft senkrecht an der Handkante. Diese seltene Linie deutet auf einen Menschen mit Ernst und Würde hin. Er besitzt große innere Kräfte, die er zur Umgestaltung seiner Persönlichkeit einsetzen kann. Oft ist er anspruchslos und asketisch.

Jupiterring

Der Jupiterring umschließt den Jupiterberg (auch teilweise). Selbstbewußtsein und Urteilsvermögen sind „eingeschlossen“, was hier positiv gedeutet wird. Das Selbstwertgefühl wird geschützt, ist unantastbar und unerschütterlich. Man sagt diesen Menschen auch ein gesteigertes Interesse und eine besondere Begabung für religiöse und okkulte (mystische) Probleme nach. Sie sind gute Berater und Handleser!

Saturnring

Wird der Saturnberg abgeschlossen (auch teilweise), sind die Saturneigenschaften betont, aber schwer zugänglich. Ein solcher Mensch fühlt sich besonders belastet, ohne sagen zu können warum. Er trägt das Kreuz der Menschheit gewissermaßen auf seinen Schultern, was zu Schwermütigkeit und Absonderung führt.

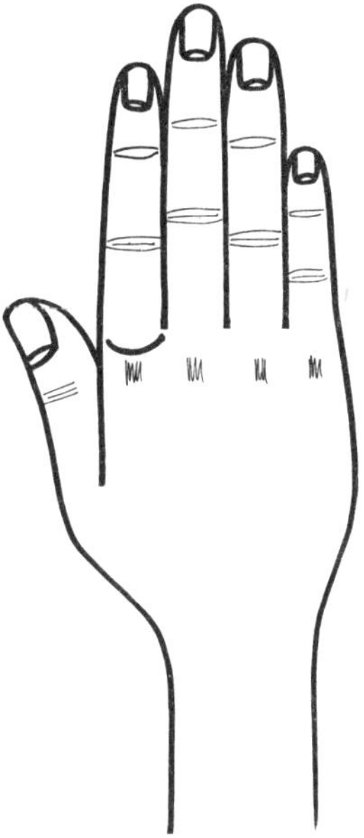

Ring des Salomon

Der Ring des Salomon ist ein nach außen verlagerter Jupiterring. Er umschließt (auch teilweise) den Zeigefinger an der Außenfläche der Hand. Die Jupiter-Eigenschaften werden durch ihn besonders betont, insbesondere das Interesse an der Förderung anderer Menschen, an philosophisch-weltumspannenden Ideen. Solche Menschen besitzen innere Weisheit und die Fähigkeit zum geistigen Wachstum, wobei auch die Umwelt in diesen Prozeß miteinbezogen wird.

Armbänder (Raszetten)

Die Armbänder schließen die Hand gegen den Handrumpf ab. Normalerweise findet man zwei Bänder, in manchen Händen auch drei. Sie haben mit Vitalität zu tun. Je mehr Armbänder vorhanden und je besser sie ausgeprägt sind, desto länger lebt ein Mensch, desto weniger ist er von Krankheiten und Schwächen geplagt. Die Deutung entspricht im wesentlichen der der Lebenslinie. Das gilt auch für Linien, die von den Armbändern aufsteigen. Das oberste Armband soll Bezug zum Becken haben. Seine Krümmung nach oben deutet auf eine Verkrümmung des Beckens und damit bei Frauen auf Schwierigkeiten bei Geburten hin.

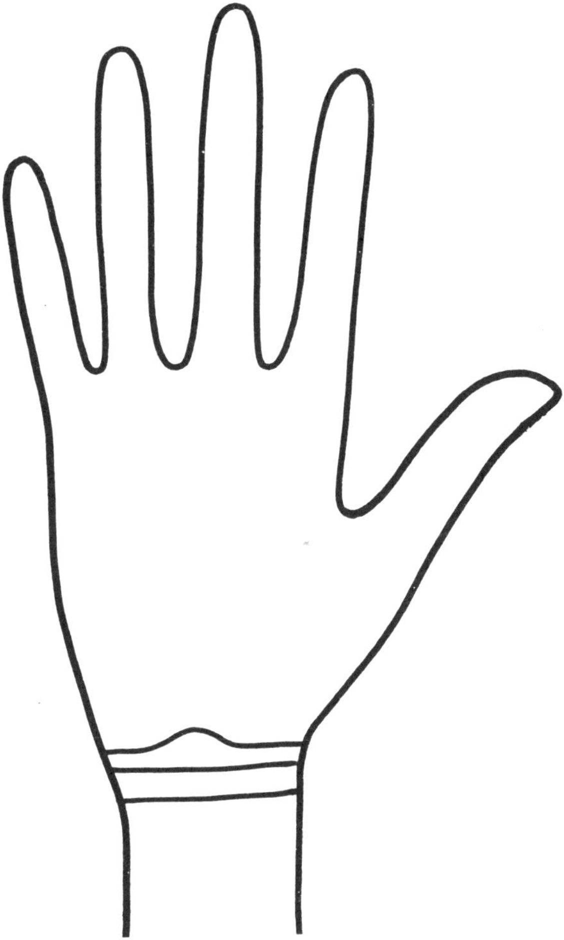

Venusgürtel (Venusring)

In manchen Händen sieht man über der Herzlinie eine bogenförmige Linie, die vom Zeigefinger zum kleinen Finger verläuft. Oft sind nur Teile vorhanden, manchmal tritt sie auch mehrfach auf. Kunst- und Pflichtberg werden durch sie gewissermaßen abgeschlossen, so daß sich die Kombination dieser Kräfte ungestört entfalten kann. Einem Menschen mit Venusgürtel spricht man verfeinertes und sublimiertes Sexualempfinden zu. Das heißt, daß dieser Mensch seine Triebe auf einer höheren Ebene – in der Kunst – auslebt. Ein gut ausgeprägter Venusgürtel deutet auf besondere Feinfühligkeit hin. Die Verfeinerung des Sexuallebens kann sich auch als Dekadenz äußern, als Interesse an ungewöhnlichen Sexualpraktiken, die aber nie zu einer vollen Befriedigung führen.

Die Deutung verschiebt sich, je nachdem, unter welchem Finger der Venusgürtel besonders ausgeprägt ist. Liegt der Hauptteil unter dem *Mittelfinger* (Pflicht), werden Liebesempfinden und Liebesfähigkeit durch Gewissenhaftigkeit und Hemmungen beeinträchtigt. Ein Mensch mit diesem Venusgürtel meint, in der Liebe zu kurz zu kommen. Er ist sexuell unbefriedigt und schnell beleidigt, und er neigt möglicherweise zu Hysterie. – Liegt der Hauptteil unter dem *Ringfinger* (Partnerbeziehung, Genuß), weist dies auf eine Neigung zu übersteigertem Sinnengenuß hin, was aber zu Enttäuschungen in der Partnerschaft führen kann. – Liegt der Hauptteil unter dem *kleinen Finger* (Kontakte, Neugier), erwacht das Interesse an sexuellen Angelegenheiten früh. Neugier und Offenheit führen zu sexuellen Experimenten.

Venusgürtel: Schlecht ausgeprägt

Ist der Venusgürtel bruchstückhaft, verkettet, zerrissen oder sonstwie gestört, deutet dies auf einen empfindsamen und komplizierten Menschen hin. Persönliches nimmt er schwer, da er sich viel mit sich selbst beschäftigt.

Liebeslinien (Ehelinien)

Die Liebeslinien liegen auf der Handkantenseite zwischen Herzlinie und Beginn des kleinen Fingers. Sie laufen horizontal von der Außenhand zur Innenhand.
Die Liebeslinien (eigentlich Bindungslinien) sagen etwas aus über Art, Anzahl und Verlauf von Partnerschaften. Grob gesagt entspricht jeder Liebeslinie die Möglichkeit einer tiefen Partnerbeziehung. Den Zeitpunkt der Partnerschaft kann man in etwa ihrer Höhe entnehmen; den Verlauf aus der Beschaffenheit der Linie, wenn man sie von außen nach innen liest.
Die folgenden Merkmale können auf eine oder auf alle Linien zutreffen. Im letzteren Fall verstärkt sich ihre Bedeutung.

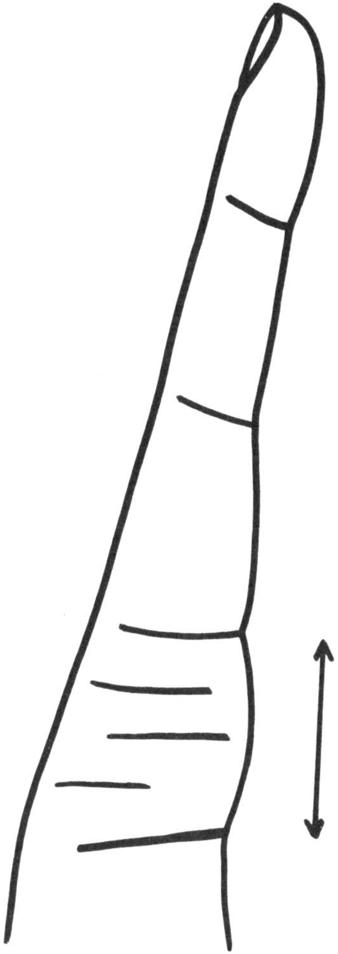

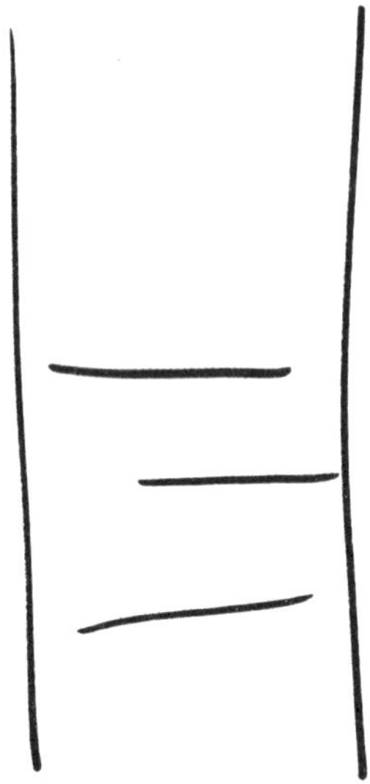

Liebeslinie: Gut ausgeprägt

So wie die Liebeslinie, so auch die Beziehung oder zumindest die Auffassung von einer Beziehung. Ein Mensch mit klarer, kräftiger, ungestörter Liebeslinie nimmt seine Partnerschaft als etwas Natürliches, Gerades, Schönes. So klar und einfach wie die Linie soll auch die Beziehung sein. Von Experimenten hält er nichts, komplizierte Gefühle oder verwickelte Beziehungen liegen ihm auch nicht. Er ist in seiner Beziehung aufrichtig und direkt.

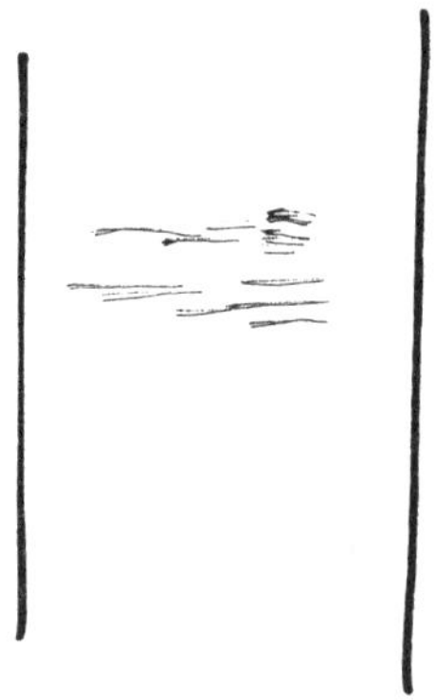

Liebeslinie: Schlecht ausgeprägt

Ist die Liebeslinie dünn, zerfasert, blaß, zerrissen oder sonstwie gestört, trifft diese Beschreibung auch auf die Beziehung zu. Sie ist unruhig und unbeständig. Bei kleinen Belastungen bricht sie bereits auseinander. Auch die Liebesfähigkeit ist eher dünn. Ein Mensch mit einer solchen Liebeslinie wird oft enttäuscht sein, da sein Bemühen um eine tiefe Beziehung immer wieder fehlschlägt.

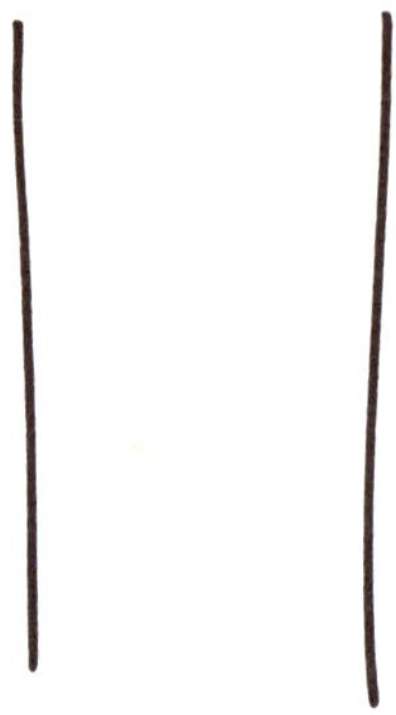

Liebeslinien: Fehlen

Ein Mensch ohne Liebeslinien hat kein Verlangen nach einer tiefen Beziehung. Er mag viele Affären haben, doch wird er nie bei einer (bei einem) bleiben. Im Grunde ist er ein Einzelgänger, obwohl er sich manchmal nach einer tiefen Bindung sehnen mag. Doch letzten Endes werden seine Privatinteressen und sein Beruf die wichtigere Komponente in seinem Leben bleiben.

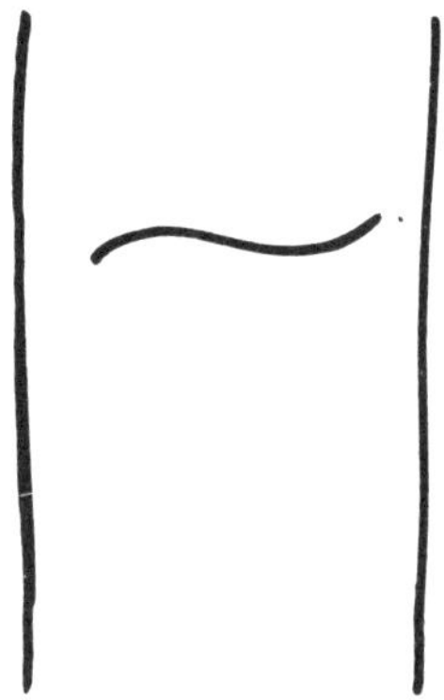

Liebeslinie: Wellig

In einer Beziehung ist auf einen solchen Menschen wenig Verlaß. Unter Druck weicht er aus, windet sich heraus. Er legt sich selten fest, hält sich eine Hintertür offen.

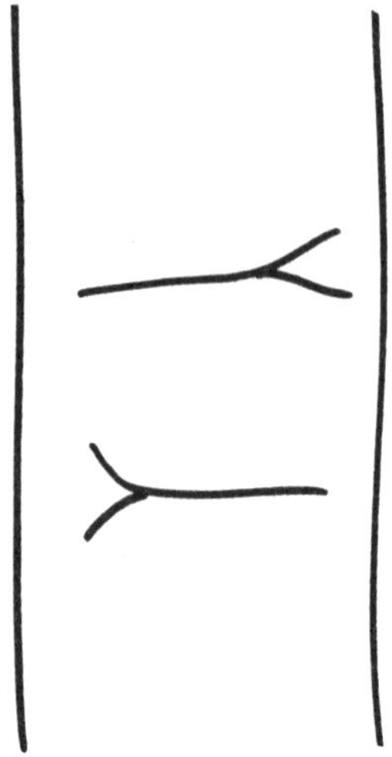

Liebeslinie: Gabelung

Eine Gabelung (Verzweigung) bedeutet eine Trennung vom Partner. Liegt die Gabel *am Anfang,* sind die Partner zu Beginn ihrer Beziehung getrennt. Liegt die Gabel *am Ende* der Linie, geht die Beziehung auseinander, und die Partner trennen sich.

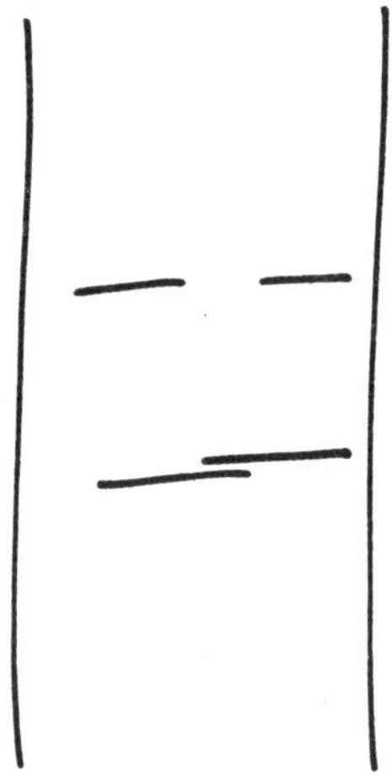

Liebeslinie: Unterbrochen

Ein Bruch der Linie bedeutet einen Bruch der Beziehung. Die Beziehung kann weitergehen, allerdings setzt dies einen Neubeginn unter veränderten Bedingungen voraus.

Liebeslinie: Trennlinien

Eine Schnittlinie bedeutet ein größeres Hindernis, das sich der Beziehung in den Weg stellt, ohne daß deswegen die Beziehung auseinanderbrechen muß. Das Hindernis kann von außen kommen (z. B. Einwände der Eltern oder anderer Personen), es kann von innen kommen (z. B. besondere Charaktereigenschaften oder Krankheit des Partners, welche die Beziehung erschweren), oder es kann durch die Umstände bedingt sein (z. B. starkes berufliches Engagement eines Partners).
Endet die Liebeslinie an der Schnittlinie, beendet das Hindernis auch die Beziehung.

Liebeslinie: Nach oben gebogen

Die Einstellung zu der Beziehung ist optimistisch (was vom Partner nicht unbedingt geteilt werden muß). Man nimmt die Dinge leicht und überwindet Schwierigkeiten schnell.

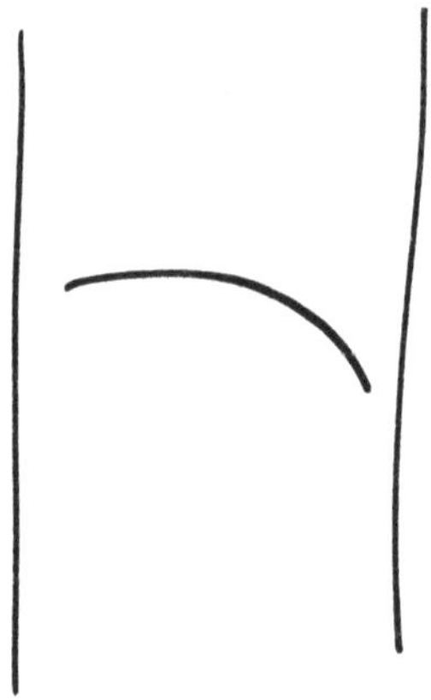

Liebeslinie: Nach unten gebogen

Die Einstellung zu der Beziehung ist pessimistisch. Man nimmt Zwistigkeiten und Probleme in der Partnerschaft ernst und überwindet Schwierigkeiten oder gar eine Trennung schwer. Diese Eigenschaften werden verstärkt, wenn die Liebeslinie bis zur Herzlinie herabsinkt und damit das Gemütsleben zusätzlich belastet.

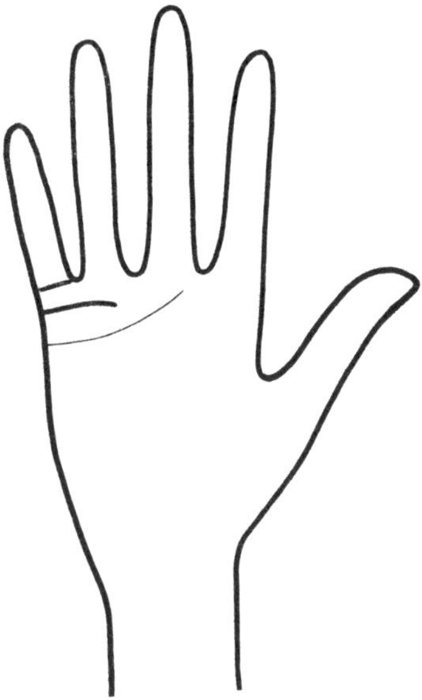

Liebeslinie: Lang

Die Deutung ist im wesentlichen die gleiche wie bei einer langen Herzlinie. Ein solcher Mensch legt Wert auf eine lange Beziehung. Er ist besitzergreifend und eifersüchtig. Er opfert sich für seinen Partner auf, erwartet aber dafür Treue und Bindung.

Liebeslinie: Kurz

Beziehungen sind kurz und heftig (besonders bei dicken Linien). Die Bindung hält nicht lange. Das Interesse liegt mehr bei Affären als bei langdauernden Beziehungen.

Liebeslinien: Färbung

Sind die Liebeslinien *röter* als die anderen Linien der Hand, ist die Liebe erblüht. Die Beziehung ist in vollem Gang, das Interesse für den Partner stark, die Leidenschaft groß.
Sind die Liebeslinien *blasser* als die anderen Linien, besteht im Augenblick wenig Interesse an einer tiefen Beziehung oder an einer Liebesaffäre. Die Hauptinteressen liegen auf anderen Gebieten.
Sind die Liebeslinien *rechts stärker* sichtbar als links, wird die Liebe offen zur Schau getragen. Man bekennt sich zu seiner Beziehung.
Sind die Liebeslinien *links stärker* sichtbar als rechts, wird die Liebe verheimlicht, vielleicht sogar vor einem selbst. Man gibt nicht zu, daß man verliebt ist.

Die unbekannte Linie

In beinahe jeder Hand findet sich mindestens eine Linie, die in keinem Buch steht und nirgends eingeordnet werden kann. Dennoch kann man sie deuten. Dabei geht man so vor, daß man folgende Fragen beantwortet:

1. In welche Richtung läuft die Linie? Die Frage dient zur Bestimmung des Anfangs- und des Endpunktes. Im allgemeinen laufen Linien von unten nach oben. Bei horizontalen Linien kann man die Frage nicht immer eindeutig beantworten. Dann muß man die Deutung versuchsweise in beiden Richtungen vornehmen, also jeden Endpunkt einmal als Anfangs- und einmal als Endpunkt betrachten.

2. In welchem Berg / in welcher Linie beginnt sie? Daraus kann man die Energien erkennen, welche die Linie speisen.

3. In welchem Berg / in welcher Linie endet sie? Daraus kann man die Zielrichtung der Linie erkennen, also wohin die aus der Ursprungsregion geschöpften Energien fließen.

Die Beurteilung der Linienbeschaffenheit erfolgt nach den üblichen Deutungsregeln.

Drei Beispiele zeigen, wie man vorgeht.

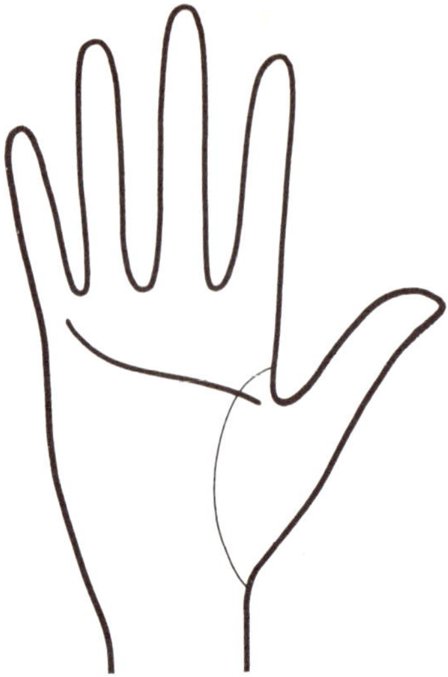

Beispiel 1

Die Linie verläuft schräg nach oben. Sie beginnt im kleinen Marsberg und endet unter dem kleinen Finger, also im Merkurberg. Die Deutung ist sehr einfach: Diesem Menschen gelingt es, Hilfsbereitschaft (kleiner Marsberg) und kommerzielle Interessen bzw. Vermittlungsdienste (Merkurberg) miteinander in Einklang zu bringen. Seine Hilfsbereitschaft richtet sich auf eine Vermittlertätigkeit, die ihm bei vorhandener Begabung auch finanziellen Gewinn einbringen kann.

Tatsächlich ist dieser Mensch sehr hilfsbereit, ohne dabei sich selbst zu vergessen. Er vermittelt für seine Bekannten Leute, die eine Versicherung brauchen, wobei er ein guter und ehrlicher Berater ist.

Beispiel 2

Die Linie kann als Venusgürtel gedeutet werden. Man kann sie aber auch direkt interpretieren. Sie läuft aus dem Zwischenraum zwischen Ring- und Mittelfinger zum kleinen Finger. Den Ursprungsort kann man als „ernste Kunst“ oder „künstlerische Wissenschaft“ deuten. Der Zielort bezieht sich auf geistige Vermittlung oder kaufmännische Begabung. Also könnte man die Linie deuten als „Vermittlung von bzw. Geschäften mit einer ernsten Kunst“. – Die Dame, an deren Hand wir die Linie fanden, hatte ihr Interesse und ihre Begabung für das Handlesen entdeckt und damit auch einigen Erfolg gehabt. Sie war auch als Grafikerin tätig und verdiente sich damit nebenbei ein kleines Taschengeld.
Die Deutung ist auch in Gegenrichtung möglich: Kommunikation ist der Antrieb für künstlerische Impulse.

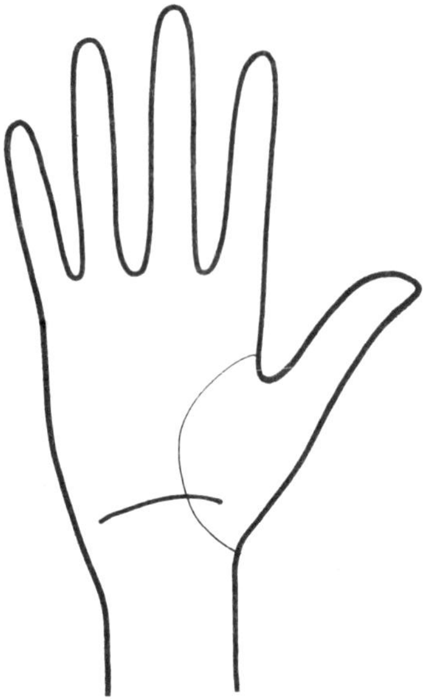

Beispiel 3

Wir haben vor uns die schon besprochene Sexlinie. Die Energien des Sonnenbergs fließen in das Unterbewußtsein. Genausogut kann man umgekehrt deuten: Unbewußte Vorstellungen beeinflussen den Triebbereich.

Krankheitszeichen in den Händen

Die Deutung von Krankheitszeichen ist umstritten. In erster Linie sind die Fingernägel, die Hauptlinien und die Bewegungslinie zur Deutung heranzuziehen. Zeichen in den Händen deuten auf Anlagen hin, nicht unbedingt auf tatsächlich vorhandene Krankheiten oder Schwächen.

Zur Wiederholung nochmals in Kürze die organische Bedeutung der Linien.

Kopflinie: Kopf, Hirn, Augen, Ohren, Nerven.

Herzlinie: Herz, Herzkranzgefäße, Kreislauf.

Lebenslinie: Alle Organe (siehe „Organuhr“ bei der Besprechung der Lebenslinie).

Bewegungslinie: Verdauungsorgane (Magen, Darm), Leber, Galle.

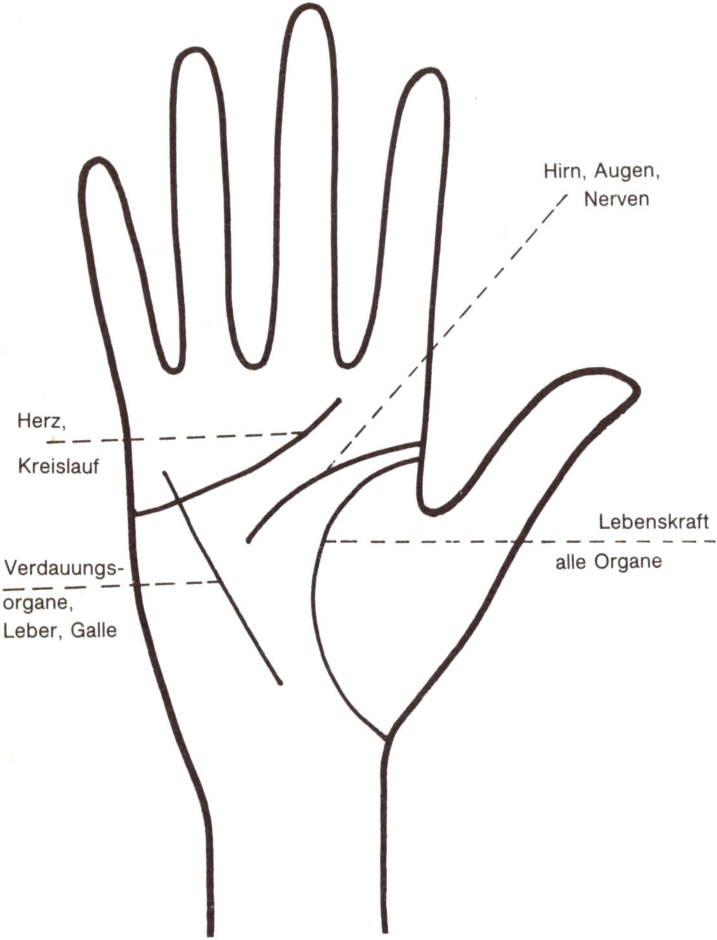
Hirn, Augen,
Nerven
Herz,
Kreislauf
Lebenskraft
alle Organe
Verdauungs-
organe,
Leber, Galle

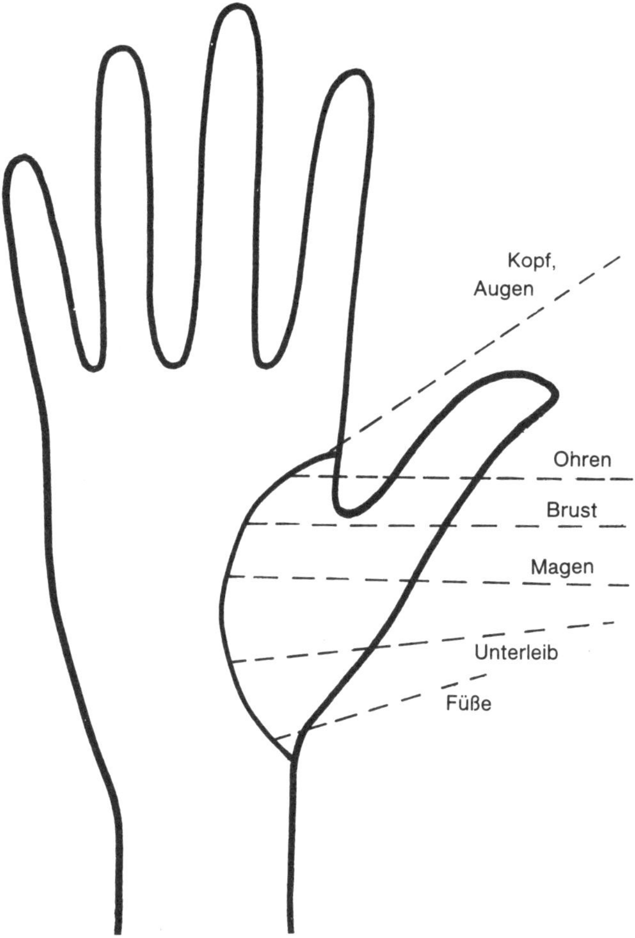
Kopf,
Augen
Ohren
Brust
Magen
Unterleib
Füße

Zeichen auf den Bergen können auf folgende Krankheiten hindeuten:

Sonnenberg (Daumenballen): Allgemeine Lebenskraft, Sexualorgane, Verdauungsorgane.
Jupiterberg (Zeigefinger): Lunge, Leber.
Zwischen Jupiter- und Saturnberg: Rückenmark.
Saturnberg (Mittelfinger): „Harte" Körperteile: Zähne, Knochen, Gelenke; Rheumatismus, chronische Krankheiten.
Venusberg (Ringfinger): Herz, Augen, Drüsen.
Merkurberg (Kleinfinger): Schilddrüse, Geschlechtsorgane, Blase, Nieren.
Mondberg: Gemütskrankheiten; im unteren Teil: Zuckerkrankheit; Geschlechts- und Ausscheidungsorgane.

Legt man die Finger zusammen, und betrachtet man die Außenhand, liegt zwischen Daumen und Zeigefinger eine muskulöse Erhebung, die *Maus.* Sie ist ein Abbild der Lunge. Ihre Beschaffenheit läßt also Rückschlüsse auf dieses Organ zu.

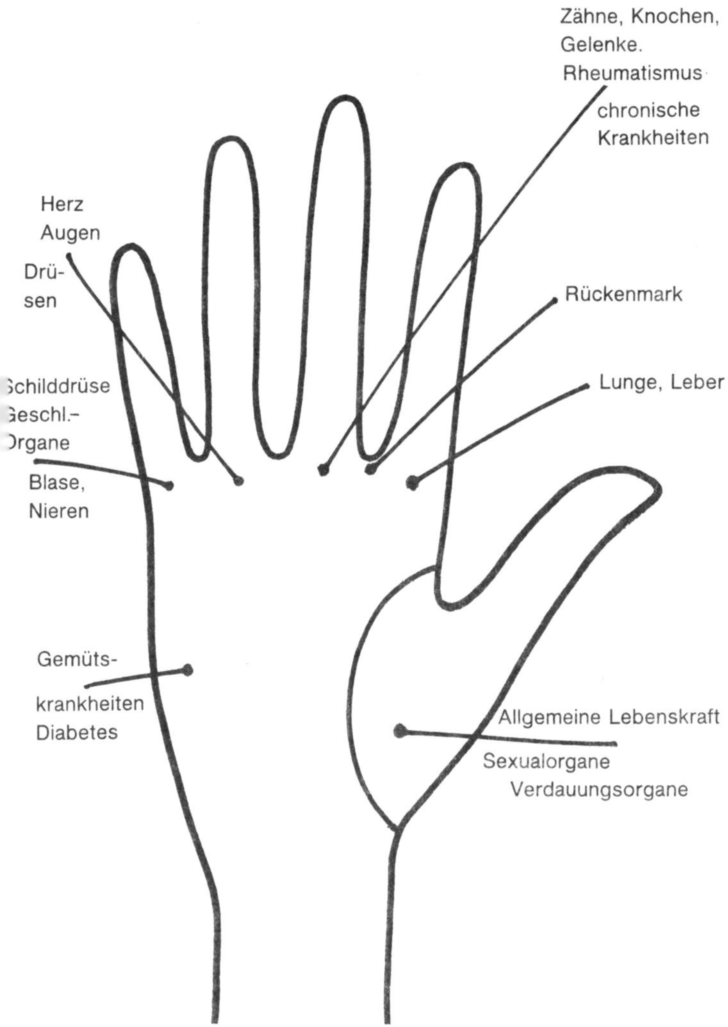

Zähne, Knochen,
Gelenke.
Rheumatismus
chronische
Krankheiten
Herz
Augen
Drü-
sen
Rückenmark
childdrüse
eschl.-
rgane
Lunge, Leber
Blase,
Nieren
Gemüts-
krankheiten
Diabetes
Allgemeine Lebenskraft
Sexualorgane
Verdauungsorgane

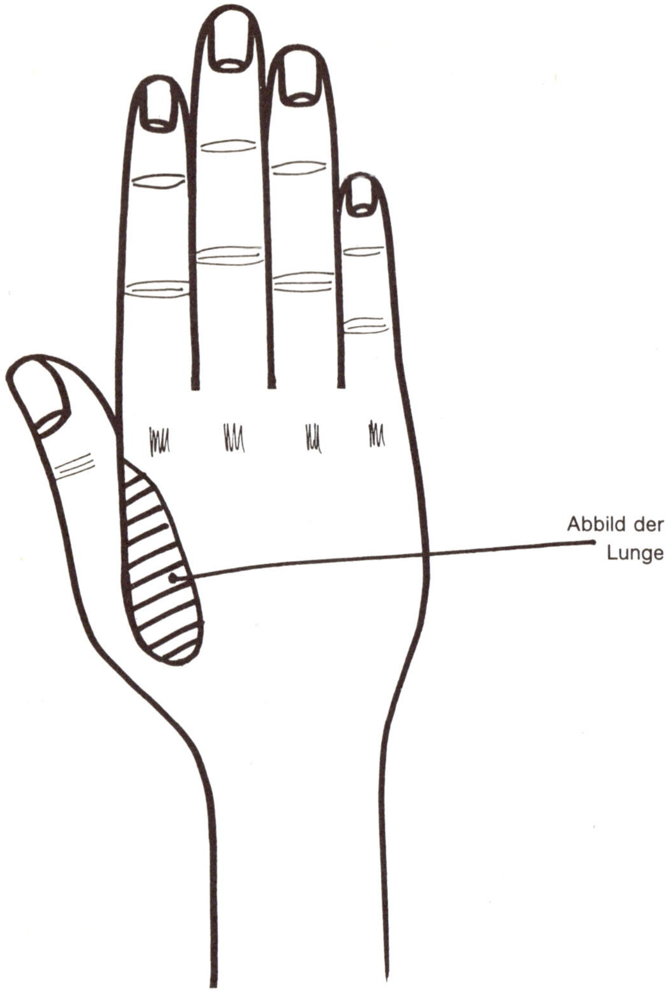
Abbild der
Lunge

Papillaren

Die feinen Linien der Innenhand, Papillaren oder Finger- und Handleisten genannt, bleiben das ganze Leben über unverändert. Darauf stützt sich ihr Wert in der Kriminalistik (Daktyloskopie). Die Papillarleisten haben Bezug zum Nervensystem und damit zur Sensibilität eines Menschen.
Ein *feines* Papillarleistenmuster deutet auf einen feinen, zarten, sensiblen Menschen hin, der leicht unter nervösen Störungen leidet und gesundheitlich anfällig ist.
Ein *grobes* Papillarleistenmuster deutet auf einen groben, robusten, unsensiblen Menschen hin. Er hält viel aus (auch körperlich) und erfreut sich im allgemeinen guter Gesundheit.
Die Papillaren können ansonsten wie die Linien gedeutet werden. Hier einige Stichworte zum Allgemeinbild, das entsprechend auf die Charakter-Grundstruktur übertragen werden kann: einheitlich – uneinheitlich, harmonisch – unharmonisch, geordnet – wirr, gleichmäßig – unruhig, fein – grob, klar – verwaschen, usw.
Die Papillaren sieht man erst richtig auf einem Handabdruck.
Die folgenden Muster (außer der Traube) beziehen sich auf die Fingerbeeren. Sie müssen für jeden Finger einzeln gedeutet werden. Überwiegt ein Muster, kommt ihm besondere Bedeutung für die Prägung des Menschen zu. Das gleiche gilt für das Muster auf dem Daumen, da dieser den wichtigsten Finger der Hand bildet.

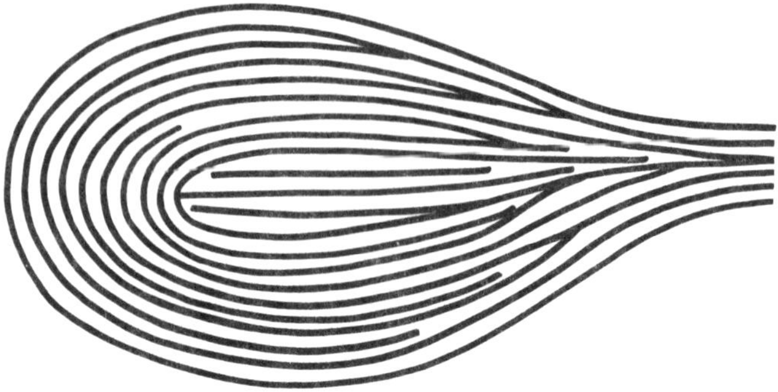

Traube

Im Bereich des Mondberges ist häufig ein trauben- oder tropfenförmiges Gebilde sichtbar, das sich zur Kopflinie hin öffnet. Man kann es auch mit einem Strudel oder Wirbel vergleichen. In ihm stecken große schöpferische Kräfte, die von der Kopflinie aufgenommen werden können, wenn sie oder einer ihrer Fühler dieses Gebiet berührt.

Die Traube betont Eigenschaften des Mondes oder (weiter unten) des Neptun. Phantasie, Einbildungskraft und dichterische Intuition herrschen vor, aber auch eine gewisse Empfindlichkeit, die sich auf den Magen schlagen kann. Liegt die Traube weiter unten, existieren hellseherische Fähigkeiten. Einem Menschen mit diesem Muster sagt man auch Fähigkeiten zum Geistheilen nach.

Trirade

Triraden (Dreier-Zentren) sind Ruhepunkte im Strom dreier Papillarleistenmuster. Sie befinden sich an der Handwurzel und unter den Fingern (ohne Daumen). Die Finger-Triraden betonen die Eigenschaften des Berges, auf dem sie liegen. Verschiebungen sind so zu interpretieren wie bei der Besprechung der Berge.

Bogen

Stichworte: einfach, schlicht, „männlich", organisatorisch begabt, praktisch, geschickt; hält Gefühle zurück; treu.

Tannenbogen (Zeltbogen, T-Muster)

Menschen mit Tannenbogenmuster haben etwas Unberechenbares, Explosives in sich. Im Guten äußert sich dies als Erfindungsreichtum, Originalität und Begeisterungsfähigkeit. Im Schlechten kann es zu Unüberlegtheit, Voreiligkeit und Explosivität führen. Bei längerem Druck von außen kann es zu unbedachten Handlungen kommen.

Schleife (Schlinge)

Schleifen bedeuten Tatkraft und Ideen. Der Wille ist stark und beeinflußt das Denken. In der Schleife liegt auch eine starke Spannung, die zu Ehrgeiz und Unausgewogenheit führen kann.
Öffnet sich die Schleife zum Daumen (also zur Ich Seite) hin, spricht man von einer *Radialschleife.* Die Kräfte kommen aus dem Inneren, das eigene Ich steht im Vordergrund. Radialschleifen deuten auf Introvertiertheit hin, aber auch auf Durchsetzung der eigenen Wünsche und Bedürfnisse. Tüchtigkeit, Impulsivität und Realismus zeichnen diesen Menschen aus.
Öffnet sich die Schleife zum kleinen Finger (also zur Du-Seite) hin, spricht man von einer *Ulnarschleife.* Die Kräfte werden durch die Umwelt stark beeinflußt, der Kontakt mit den anderen steht im Vordergrund. Ulnarschleifen deuten auf Extravertiertheit hin, auf Anpassung und Rücksichtnahme, auf Kontaktfähigkeit und rasches Reaktionsvermögen.

Radialschleife (Daumen rechts)

Ulnarschleife (Daumen rechts)

Doppelschleife

Das Muster erinnert an das Yin-Yang-Symbol der Chinesen. Es offenbart einen Zwiespalt der Seele. Im Positiven (bei gutem Gesamteindruck von Hand und Linien) vermag ein Mensch mit Doppelschleifen Gegensätze zu überbrücken. Er liebt den Ausgleich, den Kompromiß, und er kann beide Seiten einer Sache sehen und verstehen. Im Negativen hat ein Mensch mit Doppelschleifen Schwierigkeiten bei Entscheidungen. Er empfindet sich als zwiespältigen Charakter, der zwischen zwei Polen (beruflich, privat, in Meinungen oder Entscheidungen) hin- und herschwankt und damit für die Umwelt unzuverlässig wird.

Wirbel (Wirbelkreis)

Die Abgeschlossenheit der Figur gilt auch für den Charakter. Ein Mensch mit Wirbeln ist undurchschaubar und abgeschlossen. Er kann zum Eigenbrötler werden und ein Eindringen in den persönlichen Bereich ablehnen. Bisweilen besitzen diese Menschen einen eigenartigen Charme, aber sie interessieren sich mehr für sich als für andere. Manchmal haben sie auch besondere Fähigkeiten zur Beeinflussung von Menschen (Hypnose, Geistheilen).

Spirale (Schnecke)

Eindrücke der Umwelt werden durch die Spirale angezogen und ins Innere befördert. Ein Mensch mit Spiralmuster auf den Fingern vergißt nicht so leicht. Gutes wie Schlechtes bleibt in seinem Inneren lebendig und beeinflußt ihn. Er erinnert sich gern an Schönes, ist aber genauso nachtragend. Manchmal zieht er sich in sein Schneckenhaus zurück, da er seelisch leicht verletzbar ist. So kann er sich häufig abkapseln und in seiner Erinnerungswelt leben. Der Mittelpunkt der Spirale deutet auf eine gewisse Fixiertheit (in Ideen, Ansichten, Verhaltensweisen) hin.

Ovarial

Pfauenauge

Ovarial

Das Ovarial ist eine Art verfeinerter Wirbel. Es zeigt künstlerische Fähigkeiten und einen verfeinerten Geschmack an. Menschen mit diesem Muster sind eitel, besonders wenn es sich auf dem Ringfinger findet.
Eine besonders verfeinerte Form des Ovarials ist das *Pfauenauge* (auch Zentraltasche genannt).

Repertorium der Eigenschaften

Das folgende alphabetische Verzeichnis enthält über einhundert Charaktereigenschaften mit zugehörigen Merkmalen, die aus der Hand ersichtlich sind. Damit können Sie sozusagen Ihren Charakter berechnen. Dazu gehen Sie folgendermaßen vor:

Prüfen Sie für jedes Merkmal, ob und wie stark es vorhanden ist, oder ob das Gegenteil zutrifft. Vergeben Sie dafür Punkte, nämlich

+ 2, wenn das Merkmal stark vorhanden ist,
+ 1, wenn das Merkmal mäßig vorhanden ist,
– 1, wenn das Gegenteil zutrifft,
– 2, wenn das Gegenteil stark zutrifft.

Kann man keine Aussage machen, vergeben Sie 0 Punkte. Das Gegenteil von kurz ist natürlich lang, von schmal ist es dick, von spatelig ist es konisch, aber „eckig" hat kein Gegenteil. Addieren Sie alle Punkte, und dividieren Sie das Ergebnis durch die Zahl, die in Klammern hinter der Eigenschaft steht. Multiplizieren Sie das ganze mit 100, und Sie erhalten einen *Eigenschaftsindex.* Er liegt zwischen –100 und + 100 Punkten. Sie können die Punkte etwa so deuten:

0– 30 Punkte:	Tendenz zur Eigenschaft vorhanden, aber Aussagen nicht eindeutig;
30– 60 Punkte:	Eigenschaft vorhanden;
60–100 Punkte:	Eigenschaft stark vorhanden.

Entsprechend ist die Deutung bei Minus-Punkten. Dann trifft das Gegenteil zu.

Wollen Sie diesen Eigenschaftstest für alle Eigenschaften durchführen und dabei auch Ihre Bekannten und Verwandten einbeziehen, kopieren Sie das Formular am Ende des Buches, und tragen Sie die errechneten Punktwerte ein. So kommen Sie zu einem „Charakterprofil", das Sie mit den Profilen anderer Menschen vergleichen können. Aber nehmen Sie das Ganze nicht zu ernst. Betrachten Sie es als Spiel, das nebenbei interessanten Aufschluß über Sie und Ihre Bekannten gibt.

Beispiele für Merkmale und ihr Gegenteil

Merkmal (1 bis 2 Punkte)	neutral (0 Punkte)	Gegenteil (–1 bis –2 Punkte)
gut ausgeprägt	normal	schlecht ausgeprägt
lang	normal	kurz
vorhanden	nicht vorhanden	–
spatelig	eckig	konisch
wenige Linien	–	viele Linien
rauhe Haut (ledrig)	–	glatte Haut (seidig)
stark behaart (bei Frauen: behaart)	normal (bei Frauen: haarlos)	haarlos
beweglich	–	steif
nach außen gebogen	gerade	nach innen gekrümmt
lang, schmal	normal (lang, breit)	kurz, breit
glatt	–	knotig
Knöchel stark	schwach	fehlen
hart (fest)	normal	weich (schwammig)
Sperrlinie	keine Sperrlinie	–
rosa	–	alle anderen Farben

Merkmal (1 bis 2 Punkte)	neutral (0 Punkte)	Gegenteil (–1 bis –2 Punkte)
großer Abstand kleiner Abstand	mäßig verbunden	lang verbunden
Rumpf groß, Finger kurz breite Hand	schmale Hand	Rumpf klein, Finger lang
Linienende nach oben	–	Linienende nach unten

Nehmen wir ein Beispiel. Jemand will wissen, wie es um seine Gesundheit steht. In der nebenstehenden Tabelle ist nun aufgeführt, was sich bei Überprüfung der Eigenschaft „Gesundheit“ ergibt. In der ersten Spalte steht das *vorhandene Merkmal,* also das, was in der Hand des Betreffenden vorzufinden ist. In der zweiten Spalte steht das *geforderte Merkmal,* also das, was für eine gute Gesundheit erforderlich wäre. In der dritten Spalte steht die *Bewertung,* also eine Zahl zwischen –2 und + 2. In der vierten Spalte steht die jeweilige Zwischensumme. Der Endwert (2) wird durch die in Klammern angegebene Zahl bei der Eigenschaft „Gesundheit“ (34) dividiert und mit 100 multipliziert. Es ergibt sich der Wert + 6. Mit der Gesundheit steht es nicht besonders.
Jetzt könnte man noch die Gegenprobe machen und unter der Eigenschaft „krankheitsanfällig“ das gleiche wiederholen. Überhaupt empfiehlt sich zu jeder Eigenschaft die Gegenprobe, also die Überprüfung mit dem Gegenteil. Noch besser, man bestimmt den Index für alle Eigenschaften und faßt die hohen positiven Werte (über 30) und die hohen negativen Werte (unter –30) zu zwei Eigenschaftskomplexen zusammen. Der erste Komplex bezeichnet Eigenschaften, die man hat; der zweite Komplex solche, die man bestimmt nicht hat.

Beispiel: Wie schneide ich bei der Eigenschaft „gute Gesundheit“ ab?

vorhandenes Merkmal	gefordertes Merkmal	Punkte	Summe
(1) eckige Hände	Hände spatelig	0	0
(2) Hände normal behaart	Hände stark behaart	0	0
(3) Haut glatt	Haut rauh	–1	–1
(4) Haut rosa	Haut rosa	2	1
(5) Haut fleckig	Haut gleichmäßig	–1	0
(6) Nägel hart, aber brüchig	Nägel hart und elastisch	–1	–1
(7) Nägel leicht violett	Nägel rosa	–1	–2
(8) Nägel teilweise mit Längsrillen	Nägel störungsfrei	–1	–3
(9) Finger überwiegend spatelig	Finger spatelig	1	–2
(10) Kleinfinger etwas gekrümmt	Finger gerade	–1	–3
(11) Daumenballen stark	Daumenballen gut	2	–1
(12) leichtes Gitter	Daumenballen störungsfrei	–1	–2
(13) Lebenslinie am Anfang verkettet	Lebenslinie störungsfrei	–1	–3
(14) Lebenslinie unten doppelt	Lebenslinie doppelt	1	–2
(15) Drei gute Armbänder	Armbänder gut	2	0
(16) Bewegungslinie fehlt	Bewegungslinie klar oder fehlend	2	2
(17) Papillarmuster normal	Papillarmuster grob	0	2

Index für „Gesundheit“: $\frac{2}{34} \times 100 = 6$.

Eigenschaften

A

abgeschlossen (32). Siehe auch introvertiert, Hemmungen
(1) Spatelhand (ovale Hand)
(2) Finger nach innen gekrümmt
(3) Finger zusammengelegt
(4) Mittelfinger lang
(5) Mittelfinger spatelig
(6) Saturnberg stark ausgeprägt
(7) kleiner Marsberg fehlt
(8) Mondberg stark ausgeprägt
(9) Kopf- und Lebenslinie lang verbunden
(10) Sperrlinie
(11) Kopflinie kurz
(12) Ende Kopflinie weit unten
(13) Herzlinie kurz
(14) Herzlinie Ende nach unten gebogen
(15) Inseln (besonders in Hauptlinien und Schicksalslinie)
(16) Papillarmuster: Wirbel, Spirale, Doppelschleife

aggressiv (16). Siehe auch cholerisch, kritisch, rücksichtslos
(1) Hände stark behaart
(2) Nägel kurz, breit
(3) Daumen sehr lang
(4) Marsberg stark ausgeprägt
(5) Marsberg mit Gitter
(6) Kopflinie am Ende nach oben gebogen
(7) Linien zum großen Marsberg (besonders Kopflinie)
(8) Linien aus dem kleinen Marsberg (besonders Kopflinie)

aktiv (18). Siehe auch beweglich, energisch
(1) Hände spatelig/oval
(2) Finger spatelig (besonders Daumen)
(3) Hände warm
(4) Hände rot
(5) Linien dunkelrot

(6) Nägel breit
(7) Nagelglieder lang
(8) Marslinie
(9) Bewegungslinie aus Lebenslinie/Daumenballen

ängstlich (14). Siehe auch Hemmungen, vorsichtig, mißtrauisch
(1) Daumen klein, kurz
(2) Daumen eng anliegend
(3) Marsberge fehlen
(4) Mond/Neptun stark ausgeprägt
(5) Angstlinie
(6) Kopf- und Lebenslinie lang verbunden
(7) Abstand Kopf- und Herzlinie gering

anpassungsfähig (20). Siehe auch gesellig, sensibel
(1) Hände konisch, schmal
(2) Hände weich und elastisch
(3) Hände haarlos
(4) Finger konisch/spitz (besonders Daumen)
(5) Nagelglieder der Finger lang (besonders Ring- und Kleinfinger)
(6) Daumen beweglich
(7) Daumen nach rückwärts gebogen
(8) Daumen tailliert (in der Mitte eingeschnürt)
(9) Daumen tief angesetzt
(10) Linien wellig

arrogant → autoritär, eitel, stolz

aufbrausend → cholerisch

ausdauernd → zäh

außersinnliche Fähigkeiten (8)
(1) Neptunberg stark, mit Linien
(2) Traube im Neptun-Bereich
(3) Lebenslinie endet im Neptunbereich (oder Ast dorthin)
(4) Wirbelmuster

autoritär (8)
(1) Daumen sehr lang
(2) Zeigefinger lang
(3) Jupiterberg übermäßig

(4) Herzlinie endet unter oder in Zeigefinger

B

beeinflußbar (12). Siehe auch anpassungsfähig, haltlos
(1) Hände konisch
(2) Hände weich/schwammig
(3) Finger konisch (besonders Daumen)
(4) Finger lang
(5) Finger glatt
(6) Linien gekrümmt
begeisterungsfähig (8). Siehe auch optimistisch
(1) Knöchel schwach oder fehlend
(2) Finger glatt
(3) Daumennagel sichtbar (von außen)
(4) Tannenbogenmuster
Berufe.
Aus den Händen kann man nur auf Eigenschaften und Fähigkeiten schließen, nicht auf Erfolg oder Mißerfolg in einem bestimmten Beruf. Zudem ist die Anzahl der Berufe unübersehbar. Alljährlich kommen neue dazu, während andere verschwinden. Hier einige Hinweise.
Angestellter → Innendienst
Arzt. Der Arztberuf ist komplex. Je nach Zielausrichtung entspricht ihm mehr der → Berater, → Kaufmann, → Repräsentant oder → Wissenschaftler.
Außendienst (in der Natur, z. B. als Förster, Matrose, Bauarbeiter, Landwirt) → beweglich, → energisch, → praktisch.
Berater → sensibel, → Mystik (für den chirologischen Berater)
Büroarbeit → Innendienst
Diplomat → diplomatisch
Erfinder → intuitiv, originell, Wissenschaftler
Innendienst (Büroarbeit) → geistig, systematisch
Kaufmännische Berufe → kaufmännische Begabung
Künstlerberufe → künstlerisch, Schauspieler, Schriftsteller

Lehrer → Repräsentant, Innendienst
Manager → Repräsentant
Politiker → Repräsentant
Repräsentant (ein Mensch, der Verantwortung hat oder in der Öffentlichkeit steht): → ehrgeizig, entschlußfreudig, erfolgreich, Organisationstalent, pflichtbewußt, selbstbewußt, Urteilsvermögen, Überblick
Reporter → neugierig, Schriftsteller
Richter → Repräsentant
Techniker → Wissenschaftler, Erfinder, Außendienst (z. B. Automechaniker), Innendienst (z. B. Elektroniker)
Verbrecher (auch das kann eine Karriere werden, siehe diverse Meldungen in der Tagespresse): → kriminell, unehrlich, kaufmännisch
Vorgesetzter → Repräsentant
Wissenschaftler → Wissenschaft, gründlich, intelligent, konzentriert, systematisch.
Zum Erfolg gehören Eigenschaften wie erfolgreich, gesund, intelligent, pflichtbewußt.
bequem → träge
beweglich (20). Siehe auch aktiv, energisch
(1) Hände spatelig (oval)
(2) Finger spatelig (besonders Daumen)
(3) Hände rauh
(4) Hände stark behaart
(5) Nägel kurz und breit
(6) Wurzelglieder der Finger lang und breit
(7) Daumenballen stark (körperliche Beweglichkeit)
(8) Merkurberg stark (geistige Beweglichkeit)
(9) gute Bewegungslinie
(10) Ulnarschleifen (besonders am Daumen)

C

charmant (8). Siehe auch gesellig, Geschmack, optimistisch, Sprachbegabung

(1) Haut glatt (seidig)
(2) Jupiterberg gut ausgeprägt
(3) Abstand Kopf- und Lebenslinie mäßig
(4) Kunstlinie aus Lebenslinie oder Daumenballen

cholerisch (16). Siehe auch triebhaft
(1) Hand stark behaart
(2) Haut dunkelrot
(3) Linien dunkelrot
(4) Fingernägel dunkelrot
(5) Keulendaumen
(6) Marsberge übermäßig
(7) Lebenslinie unten offen
(8) Sperrlinie

D

depressiv → melancholisch
diplomatisch → anpassungsfähig, charmant, gesellig

E

egoistisch (14). Siehe auch ehrgeizig, rücksichtslos
(1) Handrumpf groß, Finger kurz
(2) Hand blaß, weißlich
(3) Wurzelglieder der Finger lang
(4) Wurzelglieder fleischig
(5) Daumen stark
(6) Zeigefinger lang, stark
(7) Berge stark (besonders Jupiter und Saturn)

Ehe, Bedürfnis nach (6). Siehe auch treu
(1) Herzlinie endet zwischen Zeige- und Mittelfinger
(2) Wenige Liebeslinien (1–2, aber nicht 0!)

(3) Liebeslinien klar, nicht durchschnitten oder gegabelt

ehrgeizig (12).

(1) Zeigefinger lang

(2) Zeigefinger spatelig

(3) Berge stark (besonders Jupiter)

(4) Linien oder Äste zum Zeigefinger (besonders Hauptlinien und Schicksalslinie)

(5) Linien vom Zeigefinger (besonders Kopflinie)

(6) Schleifenmuster (besonders auf Daumen und Zeigefinger)

eifersüchtig (4)

(1) Herzlinie lang

(2) Liebeslinien lang

(3) Sperrlinie

einfach (8)

(1) Linien breit, verwaschen

(2) Linien kräftig, klar

(3) Wenige Linien

(4) Papillarmuster grob

(5) Bogenmuster

einfühlend → sensibel

eingebildet → stolz

eitel (18)

(1) Hände konisch

(2) Finger konisch (besonders Daumen)

(3) Haut glatt

(4) Ringfinger lang

(5) Jupiterberg stark

(6) Venusberg stark

(7) Linien zum Zeigefinger (besonders Schicksalslinie)

(8) Kunstlinie wellig

(9) Ovarial/Pfauenauge (besonders auf Zeige- und Ringfinger)

empfindlich → verletzlich

energielos → träge

energisch (24). Siehe auch aktiv, beweglich, entschlußfreudig

(1) Hände spatelig (oval)

(2) Hände breit

(3) Hände dick

(4) Hände hart
(5) Hände stark behaart
(6) Finger spatelig (besonders Daumen)
(7) Nägel kurz und breit
(8) Berge stark (besonders Marsberge)
(9) Daumenballen stark
(10) Linien scharf
(11) Linien tief
(12) Radialschleifen (besonders am Daumen)

entschlußfreudig (20). Siehe auch aktiv, beweglich, energisch, impulsiv

(1) Hände spatelig (oval)
(2) Hände klein
(3) Finger spatelig (besonders Daumen)
(4) Finger glatt
(5) Finger kurz (außer Zeigefinger)
(6) Finger fächerförmig auseinander
(7) Zeigefinger lang
(8) Daumennagel von außen sichtbar
(9) großer Marsberg stark ausgeprägt
(10) Abstand Kopf-/Lebenslinie

erfolgreich (26). Siehe auch ehrgeizig, Gesundheit, willensstark

(1) Hände eckig
(2) Hände hart
(3) Hände breit
(4) Fingeransatz gleichförmig
(5) Finger eckig
(6) Daumen lang
(7) Daumen Nagelglied gleichlang oder größer als Mittelglied
(8) Merkurberg gut ausgeprägt
(9) Linien aus dem Berg des Ursprungs (besonders Schicksalslinie, Kunstlinie)
(10) Lebenslinie gut
(11) Kopflinie gut
(12) Schicksalslinie gut
(13) Kunstlinie gut

ernst (6)
(1) Mittelfinger lang
(2) Mittelfinger spatelig
(3) Kunstlinie fehlt
erschöpft (16). Siehe auch krankheitsanfällig
(1) Hände dünn
(2) Nägel lang und schmal
(3) Daumen lang und dünn
(4) Lebenslinie flacher Bogen
(5) Lebenslinie verkettet
(6) Kopflinie verkettet
(7) Bewegungslinie schlecht ausgeprägt
(8) Daumenballen eingefallen
extravertiert (8). Siehe auch gesellig
(1) Hände konisch
(2) Hände weich/schwammig
(3) Finger konisch (besonders Ring- und Kleinfinger)
(4) Ulnarschleifen

F

Familienbindung (6)
(1) starker Berg des Ursprungs
(2) Schicksalslinie aus Lebenslinie oder Daumenballen
(3) Schicksalslinie parallel zu Lebenslinie
(4) Schicksalslinie teilweise mit Lebenslinie verknüpft
(5) Schicksalslinie aus dem Berg des Ursprungs
Familiensinn (6)
(1) Daumenballen gut ausgeprägt
(2) Berg des Ursprungs gut ausgeprägt
(3) weiter Bogen der Lebenslinie
phantasievoll (14). Siehe auch intuitiv, originell
(1) Hände weich
(2) Finger glatt
(3) Ringfinger lang

(4) Mondberg gut ausgeprägt
(5) Traube im Mondbereich
(6) Linien zum Mondberg (besonders Kopflinie)
(7) Tannenbogenmuster
faul → träge
fleißig → energisch, pflichtbewußt, zuverlässig

G

Gedächtnis, gutes (10). Siehe auch logisch, nachtragend
(1) Finger eckig (nicht: Daumen)
(2) Kopflinie gut ausgeprägt
(3) Kopflinie gerade
(4) Kopflinie lang
(5) Spiralmuster
geduldig → Kleinigkeiten, Sinn für
gefühlvoll (14)
(1) Daumenballen gut ausgeprägt
(2) Lebenslinie gut ausgeprägt
(3) weiter Bogen der Lebenslinie
(4) Herzlinie geschwungen
(5) Herzlinie lang
(6) Herzlinie tiefer Ansatz
(7) Finger konisch (nicht: Daumen)
geistig (10). Siehe auch beweglich, logisch, sensibel
(1) Hände konisch
(2) Hände haarlos
(3) Finger konisch (besonders Kleinfinger)
(4) Finger lang (besonders Kleinfinger)
(5) Finger knotig (besonders oben)
geizig (10). Siehe auch egoistisch, kühl
(1) Hand hart (knochig)
(2) Haut gelb
(3) Finger nach innen gekrümmt
(4) Sperrlinie

(5) enger Zwischenraum Kopflinie–Herzlinie
genau → Kleinigkeiten, Sinn für; systematisch
genußsüchtig (20). Siehe auch verschwenderisch
(1) Hände konisch
(2) Hände weich, schwammig
(3) Haut glatt, seidig
(4) Finger konisch
(5) Wurzelglieder der Finger dick, fleischig
(6) Trommelschlegelfinger
(7) Daumenballen stark
(8) Gitter auf Daumenballen
(9) Linien breit (besonders Herzlinie)
(10) Venusgürtel
Geschmack (14). Siehe auch eitel, künstlerisch, Schönheit
(1) Hände konisch
(2) Hände haarlos
(3) Haut glatt
(4) Finger konisch
(5) Nägel lang
(6) Kunstlinie gut ausgeprägt
(7) Ovarial/Pfauenauge (besonders auf Ringfinger)
gesellig (22)
(1) Hände konisch
(2) Finger konisch
(3) Finger lang
(4) Finger nach außen gebogen
(5) Nagelglieder lang
(6) Daumen beweglich
(7) Daumen nach rückwärts gebogen
(8) Daumen in der Mitte eingeschnürt (tailliert)
(9) Jupiterberg gut ausgeprägt
(10) weiter Bogen der Lebenslinie
(11) Herzlinie endet unter dem Zeigefinger
gesprächig (8). Siehe auch gesellig, neugierig
(1) Kleinfinger lang
(2) Kleinfinger abgespreizt
(3) Kopflinie gerade

(4) Kopflinie lang

Gesundheit, gute (34)

(1) Hände spatelig
(2) Hände stark behaart
(3) Haut rauh
(4) Haut rosa
(5) Haut gleichmäßig gefärbt
(6) Nägel hart und elastisch
(7) Nägel rosa
(8) Nägel ohne Störungen
(9) Finger spatelig
(10) Finger gerade
(11) Daumenballen gut ausgeprägt
(12) Daumenballen störungsfrei
(13) Lebenslinie gut ausgeprägt, ohne Störungen
(14) Lebenslinie doppelt
(15) Armbänder stark und störungsfrei
(16) Bewegungslinie klar oder fehlend
(17) Papillarmuster grob

gewalttätig → aggressiv, cholerisch, rücksichtslos, triebhaft

gewissenhaft → pflichtbewußt

grob → einfach, rücksichtslos

großzügig (12)

(1) Hände klein
(2) Hände breit
(3) Daumen nach rückwärts gebogen
(4) Daumenballen gut ausgeprägt
(5) weiter Bogen der Lebenslinie
(6) weiter Abstand zwischen Kopflinie und Herzlinie

gründlich (8). Siehe auch Kleinigkeiten; systematisch

(1) Hände eckig
(2) Hände groß
(3) Finger eckig (nicht Daumen)
(4) Finger knotig

H

haltlos (18). Siehe auch träge
(1) Hände konisch
(2) Hände schwammig
(3) Finger konisch (besonders Daumen)
(4) Finger lang
(5) Finger nach außen gebogen
(6) Daumen kurz
(7) Berge fehlen (besonders Saturnberg)
(8) großer Abstand Kopflinie – Herzlinie
(9) Schicksalslinie fehlt

hart (10). Siehe auch geizig, rücksichtslos
(1) Hand hart
(2) Daumen steif
(3) Saturnberg stark ausgeprägt
(4) Kopflinie gerade
(5) Herzlinie gerade

heftig → cholerisch

Hemmungen (24). Siehe auch abgeschlossen, vorsichtig
(1) Hände hart
(2) Finger knotig
(3) Finger mit Querlinien
(4) Finger nach innen gekrümmt
(5) Daumenansatz hoch
(6) Daumennagel von außen unsichtbar
(7) Mittelfinger lang
(8) Saturnberg stark ausgeprägt
(9) Berge gestaut und gesperrt
(10) Kopf- und Lebenslinie lang verbunden
(11) Äste von der Kopflinie zur Herzlinie
(12) Bogenmuster

I

impulsiv (24). Siehe auch entschlußfreudig
(1) Hände klein
(2) Knöchel schwach
(3) Finger glatt
(4) Finger kurz
(5) Mittelglieder der Finger kurz
(6) Mittelglieder der Finger breit und dick
(7) Daumen konisch
(8) Mittelfinger kurz
(9) Mittelfinger konisch
(10) Kopflinie kurz
(11) Abstand zwischen Kopf- und Lebenslinie
(12) Tannenbogenmuster

intelligent (12)
(1) Daumen gut entwickelt (lang, stark)
(2) Daumen tief angesetzt
(3) Kleinfinger lang, gerade
(4) Merkurberg gut ausgeprägt
(5) Kopflinie gut ausgeprägt
(6) Kopflinie mäßig mit Lebenslinie verbunden

introvertiert (10). Siehe auch abgeschlossen, Hemmungen
(1) Hände spatelig (oval)
(2) Hände hart
(3) Finger spatelig
(4) Merkurberg fehlt
(5) Wirbelmuster oder Radialschleifen

intuitiv (14)
(1) Hände konisch
(2) Finger glatt
(3) Finger konisch
(4) Kleinfinger kurz
(5) Kopflinie am Ende faserig
(6) Äste nach vorn in der Kopflinie
(7) Tannenbogenmuster

J

jähzornig → cholerisch

K

kaufmännische Begabung (10)
(1) Kleinfinger spatelig
(2) Kleinfinger lang (besonders Mittelglied)
(3) Merkurberg gut ausgeprägt
(4) Linien auf Merkurberg
(5) Linien zum oder vom Merkurberg
Kleinigkeiten, Sinn für (6)
(1) Hände groß
(2) Finger lang
(3) Finger knotig
kleinlich (8). Siehe auch kritisch, kühl
(1) Hände schmal
(2) Daumen hoch angesetzt
(3) flacher Bogen der Lebenslinie
(4) Abstand Kopflinie - Herzlinie klein
konservativ (10)
(1) Hände eckig
(2) Finger eckig
(3) starker Berg des Ursprungs
(4) Kopflinie gerade
(5) Schicksalslinie aus dem Berg des Ursprungs
kontaktfreudig → gesellig
Konzentrationsvermögen (12)
(1) Hände spatelig
(2) Finger spatelig
(3) Zeigefinger zum Mittelfinger geneigt
(4) Saturnberg gut ausgeprägt
(5) Linien scharf und tief

(6) Kopflinie gut ausgeprägt und störungsfrei
kräftig → Gesundheit, aktiv, energisch
krankheitsanfällig (36). Siehe auch erschöpft sowie die Kapitel „Nägel" und „Krankheitszeichen in den Händen"
(1) Hand haarlos
(2) Haut sehr glatt (seidig)
(3) Haut feucht und kalt
(4) Hautfarbe nicht rosa (gelb, weiß, etc.)
(5) Nägel lang und schmal
(6) Nagelfarbe nicht rosa
(7) Nägel gestört (Rillen, Dellen, Flecken, Risse, Brüche)
(8) Nägel zu stark gewölbt oder konkav eingefallen
(9) Nagelmonde zu groß oder zu klein (nur Daumen)
(10) Daumen Mittelglied schwach und dünn
(11) Daumenballen eingefallen
(12) Daumenballen gestört (Gitter)
(13) Linien gestört (Inseln, Ketten, Fransen, Schnitte, Brüche, Punkte/Flecken)
(14) Linien blaß, zerrissen, haarig
(15) Lebenslinie kurz oder unterbrochen
(16) Lebenslinie verästelt, zerfasert, verkettet
(17) Lebenslinie durchschnitten, verinselt
(18) Papillarmuster fein
kriminelle Anlagen (16). Siehe auch unehrlich
(1) Daumen klein
(2) Daumen sehr beweglich
(3) Daumen großer Abspreizwinkel
(4) Kleinfinger lang
(5) Kleinfinger krumm
(6) Merkurberg übermäßig entwickelt
(7) Linien breit, verwaschen
(8) Linien dunkelrot
kritisch (14). Siehe auch aggressiv, kleinlich, nervös
(1) Finger knotig (besonders oben)
(2) Daumen sehr lang
(3) Nägel kurz und breit
(4) Lebenslinie schlecht ausgeprägt

(5) Kopflinie lang und gerade
(6) Kopflinie Ursprung innerhalb der Lebenslinie
(7) Abstand Kopflinie – Lebenslinie groß
kühl (12). Siehe auch egoistisch
(1) Berge fehlen (besonders Daumenballen)
(2) Saturnberg gut ausgeprägt
(3) flacher Bogen der Lebenslinie
(4) Herzlinie gerade
(5) Herzlinie kurz
(6) hoher Ansatz der Herzlinie
künstlerisch (16). Siehe auch Geschmack, phantasievoll, Materie, Schauspieler, Schriftsteller
(1) Hände konisch
(2) Haut glatt
(3) Finger konisch
(4) Ringfinger lang und gerade
(5) Venusberg gut ausgeprägt
(6) Linien zum Venusberg (z. B. Kunstlinie)
(7) Kunstlinie gut ausgeprägt
(8) Venusgürtel gut ausgeprägt

L

lahm → träge
leichtsinnig → haltlos, Spieler
logisch (8)
(1) Finger knotig (besonders oben)
(2) Mittelglieder der Finger lang (besonders Daumen)
(3) Kopflinie lang und gerade
(4) Abstand Kopf- und Lebenslinie
lügnerisch → unehrlich
luxusliebend → genußsüchtig, verschwenderisch

M

Materie, Bezug zu (8)
(1) Hände spatelig (oval)
(2) Handrumpf groß, Finger kurz
(3) Finger spatelig
(4) Wurzelglieder der Finger lang

melancholisch (20)
(1) Haut gelb oder grau
(2) Finger knotig (besonders oben)
(3) Mittelfinger lang
(4) Mittelfinger spatelig
(5) Saturnberg stark ausgeprägt
(6) Saturnberg mit Gitter
(7) Kopflinie endet tief unten
(8) Herzlinienende nach unten gebogen
(9) Schicksalslinie endet im Mittelfinger
(10) Neptunberg stark

mißtrauisch (12). Siehe auch vorsichtig
(1) Haut gelb
(2) Finger knotig (besonders oben)
(3) Finger eng zusammen
(4) Finger nach innen gebogen (besonders Daumen)
(5) kleiner Abstand Kopf- und Herzlinie
(6) Herzlinienende unter dem Mittelfinger

mutig → energisch, entschlußfreudig

Mystik, Hang zu (16)
(1) Zeigefinger konisch
(2) Kleinfinger lang
(3) Saturnberg stark
(4) Jupiterring
(5) Ring des Salomon
(6) Dreieck auf Lebenslinie
(7) Dreieck im Mondberg
(8) Schicksalslinie aus dem Neptunbereich

N

nachgiebig → anpassungsfähig, beeinflußbar
nachtragend (4). Siehe auch verletzlich
(1) Kopflinie lang und gerade
(2) Spiralmuster
Naturliebe → aktiv, beweglich
nervös (10). Siehe auch erschöpft, unruhig
(1) Nägel lang und schmal
(2) Daumen sehr beweglich
(3) Linien gestört (besonders Lebenslinie, Kopflinie, Bewegungslinie)
(4) Kopflinie am Ende gespalten
(5) Papillarmuster fein
neugierig (10)
(1) Finger lang (besonders Kleinfinger)
(2) Finger nach außen gebogen
(3) Kleinfinger abstehend
(4) Kopflinie lang
(5) Linien mehrfach (besonders Schicksalslinie, Bewegungslinie)
nörglerisch → kritisch
nüchtern → kühl, praktisch

O

oberflächlich (12)
(1) Hände konisch
(2) Hände klein
(3) Finger konisch
(4) Kleinfinger lang
(5) Linien seicht, blaß
(6) Linien mehrfach (besonders Bewegungslinie)
offen → gesellig, optimistisch

optimistisch (22)
(1) Haut roas
(2) Linien rosa
(3) Finger glatt
(4) Finger nach außen gebogen
(5) Finger fächerförmig auseinander
(6) Mittelfinger konisch
(7) Daumenballen gut ausgeprägt
(8) Jupiterberg gut ausgeprägt
(9) mäßiger Abstand Kopflinie – Lebenslinie
(10) großer Abstand Kopflinie – Herzlinie
(11) Lebenslinie Äste nach oben
ordnungsliebend → systematisch
Organisationstalent (12). Siehe auch praktisch, Überblick
(1) Hände eckig
(2) Finger eckig
(3) Merkurberg gut ausgeprägt
(4) Schicksalslinie gut
(5) Bewegungslinie gut
(6) Bogenmuster
originell (10)
(1) Hände spatelig (oval)
(2) Finger spatelig
(3) Daumen großer Abspreizwinkel
(4) Kopflinienende in Papillaren übergehend
(5) gut ausgeprägte Uranuslinie

P

pessimistisch → ängstlich, Hemmungen, melancholisch
pflichtbewußt (12). Siehe auch zuverlässig
(1) Hände eckig
(2) Finger eckig (besonders Mittelfinger)
(3) Mittelfinger lang
(4) Jupiterberg gut ausgeprägt

(5) Linien zum Mittelfinger
(6) Schicksalslinie gut ausgeprägt

praktisch (18). Siehe auch Materie, Organisationstalent, systematisch
(1) Hände spatelig (oval)
(2) Hände hart
(3) großer Rumpf, kurze Finger
(4) Finger spatelig
(5) Finger knotig (besonders unten)
(6) Wurzelglieder der Finger lang
(7) Mondberg fehlt
(8) Kopflinie gut ausgeprägt
(9) Bogenmuster

R

realistisch → praktisch

risikofreudig → entschlußfreudig, Spielernatur

rücksichtslos (26). Siehe auch egoistisch
(1) Hände stark behaart
(2) Hände hart
(3) Daumen steif (unbeweglich)
(4) Daumen lang
(5) Daumen gerade
(6) Daumen spatelig
(7) Zeigefinger lang
(8) Daumenballen übermäßig ausgeprägt
(9) Linien breit, verwaschen
(10) Linien dunkelrot
(11) Kopflinie gerade
(12) Herzlinie gerade
(13) großer Abstand Kopflinie – Herzlinie

rücksichtsvoll → sensibel

S

sanft → sensibel
Schauspieler (8)
(1) Ringfinger spatelig
(2) Kleinfinger spatelig
(3) Venusberg stark ausgeprägt
(4) Kopflinie und Herzlinie gleichlaufend
schicksalhaft (16). Siehe auch melancholisch
(1) Mittelfinger lang
(2) Mittelfinger zum Zeigefinger geneigt
(3) Saturnberg stark
(4) Saturnring
(5) viele Inseln (besonders in der Schicksalslinie)
(6) Schicksalslinie bis in den Mittelfinger
(7) Schicksalslinie mit Lebenslinie verknüpft
(8) Lebenslinie fehlt zeitweise
Schönheitssinn (12). Siehe auch Geschmack
(1) Hände konisch
(2) Finger konisch (besonders Ringfinger)
(3) Daumen beweglich
(4) Daumen nach rückwärts gebogen
(5) Venusberg gut ausgeprägt
(6) Kunstlinie gut ausgeprägt
Schriftsteller (10)
(1) Ringfinger eckig
(2) Mondberg gut entwickelt
(3) Kopflinie endet im Mondberg
(4) Kunstlinie beginnt an der Kopflinie
(5) Bewegungslinie gut ausgeprägt
selbständig → unabhängig
selbstbewußt (12). Siehe auch erfolgreich, unabhängig
(1) Daumen stark
(2) Zeigefinger lang
(3) Jupiterberg gut ausgeprägt
(4) Herzlinie endet unter dem Zeigefinger

(5) Schicksalslinie endet unter dem Zeigefinger
(6) Kopflinie endet im großen Marsberg
sensibel (30)
(1) Hände konisch
(2) Hände weich
(3) Haut glatt
(4) Finger konisch
(5) Fingernägel lang
(6) Nagelglieder lang
(7) Fingerspitzen mit Tropfen
(8) Mittelglied Daumen schmal, dünn
(9) Mittelglied Daumen eingeschnürt
(10) Mond/Neptunberg stark
(11) viele Linien
(12) schmale Linien
(13) Linien faserig/verästelt
(14) Kopf- und Lebenslinie verbunden
(15) Papillarmuster fein
Sex, Interesse an (10). Siehe auch beweglich, energisch, genußsüchtig, neugierig, triebhaft
(1) Daumenballen stark entwickelt (besonders unten)
(2) Sexlinie
(3) Linien rot (besonders Herzlinie)
(4) Venusgürtel
(5) Linien aus dem Daumenballen zur Kopflinie
sorgfältig → Kleinigkeiten, zuverlässig
sorglos → haltlos, optimistisch
Spielernatur (14). Siehe auch haltlos, optimistisch, verschwenderisch
(1) Finger nach außen gebogen
(2) Daumen kurz
(3) Mittelfinger kurz
(4) Mittelfinger konisch
(5) Ringfinger lang
(6) Venusberg stark entwickelt
(7) Schicksalslinie fehlt

Sprachbegabung (10)
(1) Kleinfinger lang
(2) Kleinfinger konisch
(3) Kleinfinger Nagelglied lang
(4) Merkurberg gut ausgeprägt
(5) Bewegungslinie gut ausgeprägt
stabil (seelisch) (8)
(1) Handrumpf groß, Finger kurz
(2) Daumenballen gut ausgeprägt
(3) Lebenslinie gut ausgeprägt
(4) Herzlinie doppelt
stolz (8). Siehe auch eitel, verletzlich
(1) Hände schmal
(2) Fingernägel schmal
(3) Zeigefinger lang
(4) Jupiterberg stark ausgeprägt
streitsüchtig → aggressiv
stur (10)
(1) Daumen kurz, dünn
(2) Daumen steif
(3) Daumenansatz hoch
(4) kleiner Abspreizwinkel des Daumens
(5) Kopflinie gerade, lang
systematisch (10)
(1) Hände eckig
(2) Finger eckig
(3) Finger knotig (besonders oben)
(4) Mittelglieder der Finger lang
(5) Knöchel stark

T

tolerant → großzügig
träge (18)
(1) Hände schwammig

(2) Hände kalt
(3) Haut glatt (seidig)
(4) Haut blaß
(5) Sonne-, Mars- und Jupiterberg schwach ausgeprägt oder fehlend
(6) Mond/Neptunberg stark ausgeprägt
(7) Linien grob, breit
(8) Lebenslinie kurz
(9) Kopflinienende tief unten

treu (8)
(1) Hände eckig
(2) Finger eckig
(3) Herzlinie endet zwischen Zeigefinger und Mittelfinger
(4) Bogenmuster

triebhaft (22)
(1) Handrumpf groß, Finger kurz
(2) Hände schwammig
(3) Hände stark behaart
(4) Hände rot
(5) Daumenballen stark entwickelt
(6) Gitter auf Daumenballen
(7) Linien breit, verwaschen
(8) Linien rot
(9) Lebenslinie unten offen
(10) Herzlinie kurz
(11) Sexlinie

U

Überblick (6). Siehe auch entschlußfreudig
(1) Hände klein
(2) Finger glatt
(3) Finger kurz

unabhängig (14)
(1) Daumen gut entwickelt

(2) großer Abspreizwinkel des Daumens
(3) Zeigefinger lang
(4) Zeigefinger abgespreizt
(5) Berg des Ursprungs fehlt
(6) Lebenslinie endet im Mond/Neptunbereich
(7) Schicksalslinie fehlt

unehrlich (10)
(1) Kleinfinger lang
(2) Kleinfinger krumm
(3) Merkurberg stark entwickelt
(4) Gitter auf Merkurberg
(5) Linien wellig (besonders Kopflinie, Bewegungslinie)

unentschlossen → beeinflußbar, Hemmungen, träge

Unfallneigung (8)
(1) Haut rauh
(2) Haut rot
(3) Schnittlinien (besonders Lebenslinie und Kopflinie)
(4) Sterne (besonders in Lebenslinie und Kopflinie)

ungeduldig (8)
(1) Hände klein
(2) Finger kurz
(3) Nägel kurz
(4) Daumen sehr lang

unruhig (10). Siehe auch aktiv, beweglich, nervös
(1) Mondberg stark entwickelt
(2) Lebenslinie am Ende verzweigt
(3) Linien zum Mondberg (besonders Lebenslinie, Kopflinie)
(4) Linien aus dem Mondberg (besonders Schicksalslinie, Bewegungslinie)
(5) Kopflinie am Ende faserig

Urteilsvermögen (8)
(1) Knöchel stark
(2) Finger lang (besonders Zeigefinger)
(3) Mittelglieder der Finger lang
(4) Kopflinie klar

unzuverlässig → unehrlich

V

verantwortungsbewußt → pflichtbewußt
verantwortungslos → egoistisch, haltlos
verletzlich (14). Siehe auch stolz, nachtragend
(1) Finger lang
(2) Lebenslinie mit Zweig zum Zeigefinger
(3) Herzlinie endet unter/in Zeigefinger
(4) großer Abstand Kopf- und Lebenslinie
(5) Sperrlinie
(6) zerrissener Venusgürtel
(7) Spiralmuster
verschwenderisch (10). Siehe auch genußsüchtig
(1) Haut glatt
(2) Finger nach außen gebogen (besonders Daumen)
(3) Finger fächerförmig auseinander
(4) Jupiterberg stark
(5) Vernusberg stark
verschwiegen → abgeschlossen, Hemmungen
verständnisvoll → großzügig, sensibel
vielseitig → neugierig, zersplittert
vorsichtig (28). Siehe auch ängstlich, Hemmungen, mißtrauisch
(1) Hände eckig
(2) Knöchel stark
(3) Hände groß
(4) Finger eckig
(5) Finger knotig
(6) Finger zusammen
(7) Nägel lang
(8) Daumen kurz
(9) Daumenansatz hoch
(10) Daumen Abspreizwinkel klein
(11) Daumennagel von außen unsichtbar
(12) Linien schmal
(13) Kopflinie und Lebenslinie miteinander verbunden
(14) kleiner Abstand Kopflinie – Herzlinie

W

willensstark (6)
(1) Daumen lang (besonders Nagelglied)
(2) Kopflinie gut ausgeprägt
(3) Kopflinie lang, gerade
Wissenschaftler (14)
(1) Mittelfinger: Nagelglied lang
(2) Kleinfinger eckig
(3) Saturnberg gut ausgeprägt
(4) Merkurberg gut ausgeprägt
(5) Kopflinie lang
(6) Kopflinie endet im Mondberg
(7) Bewegungslinie gut ausgeprägt
witzig → gesprächig, originell

Z

zäh (16)
(1) Hände spatelig (oval)
(2) Hände dick
(3) Hände hart, fest
(4) Hände stark behaart
(5) Finger spatelig
(6) Lücken zwischen den Fingern
(7) Daumen steif
(8) Daumen lang, eckig
zärtlich → gefühlvoll, sensibel
zersplittert (10)
(1) Berge durchkreuzt
(2) Linien schlecht (faserig, verkettet, zersplittert, gespalten)
(3) absteigende Linien von der Lebenslinie
(4) Linien mehrfach
(5) Doppelschleife

zuverlässig (10). Siehe auch pflichtbewußt
(1) Hände eckig
(2) Finger eckig
(3) Sperrlinie
(4) Saturnberg gut ausgeprägt
(5) Schicksalslinie gut ausgeprägt

Eigenschaften

abgeschlossen
aggressiv
aktiv
ängstlich
anpassungsfähig
außersinnlich
autoritär
beeinflußbar
begeisterungsfähig
beweglich
charmant
cholerisch
egoistisch
Ehebedürfnis
ehrgeizig
eifersüchtig
einfach
eitel
energisch
entschlußfreudig
erfolgreich
ernst
erschöpft
extravertiert
Familienbindung
Familiensinn
Gedächtnis gut
gefühlvoll
geistig
geizig
genußsüchtig
Geschmack
gesellig
gesprächig
gesund
großzügig
gründlich
haltlos
hart
Hemmungen
impulsiv
intelligent
introvertiert
intuitiv
kaufmännisch
Kleinigkeiten
kleinlich
konservativ
konzentriert
krankheitsanfällig
kriminell
kritisch
kühl
künstlerisch
logisch
Materie
melancholisch
mißtrauisch
mystisch
nachtragend
nervös
neugierig
oberflächlich
optimistisch
Organisationstalent
originell
pflichtbewußt
phantasievoll

praktisch
rücksichtslos
Schauspieler
schicksalhaft
Schönheitssinn
Schriftsteller
selbstbewußt
sensibel
Sex
Spieler
Sprachbegabung
stabil
stolz
stur
systematisch
träge
treu
triebhaft
Überblick
unabhängig
unehrlich
Unfallneigung
ungeduldig
unruhig
Urteilsvermögen
verletzlich
verschwenderisch
vorsichtig
willensstark
Wissenschaftler
zäh
zersplittert
zuverlässig

Inhalt